陶富源文集

第 11 卷

流年履踪的哲学随想

陶富源◎著

安徽师范大学出版社
ANHUI NORMAL UNIVERSITY PRESS
·芜湖·

责任编辑:刘　翠
责任校对:李晴晴
装帧设计:张　玲
责任印制:桑国磊

图书在版编目(CIP)数据

流年履踪的哲学随想 / 陶富源著. — 芜湖:安徽师范大学出版社,2024.8
(陶富源文集)
ISBN 978-7-5676-6753-2

Ⅰ.①流… Ⅱ.①陶… Ⅲ.①哲学—文集 Ⅳ.①B-53

中国国家版本馆CIP数据核字(2024)第080401号

流年履踪的哲学随想
LIUNIAN LUZONG DE ZHEXUE SUIXIANG
陶富源　著

出版发行:安徽师范大学出版社
　　　　芜湖市北京中路2号安徽师范大学赭山校区　　邮政编码:241000

网　　　址:http://www.ahnupress.com/
发 行 部:0553-3883578　5910327　5910310(传真)
印　　　刷:江苏凤凰数码印务有限公司
版　　　次:2024年8月第1版
印　　　次:2024年8月第1次印刷
规　　　格:700 mm × 1000 mm　1/16
印　　　张:21.25　　　　插页:2
字　　　数:351千字
书　　　号:978-7-5676-6753-2
定　　　价:118.00元

凡发现图书有质量问题,请与我社联系(联系电话:0553-5910315)

陶富源先生的母亲

陶富源先生与夫人

出版前言

陶富源（1944.11.3—），江苏海安人，1969年7月毕业于北京大学哲学系，安徽师范大学马克思主义学院教授，博士生导师。曾任中国历史唯物主义学会常务理事、中国人学学会常务理事、国家社会科学基金学科评审组专家，终身享受国务院政府特殊津贴。获全国模范教师、省级教学名师、省十大杰出教师、省五一劳动奖章、安徽好人等10多项荣誉。主持和完成国家社会科学基金项目3项。独撰和合作出版著作、译作13部，发表论文240多篇，其中在《中国社会科学》《哲学研究》《马克思主义研究》发表论文20篇。获省部级教学科研成果一等奖、曾宪梓教育基金会高等学校教师奖三等奖等10多项奖项。

《陶富源文集》原10卷本，390余万字，于2016年5月由安徽师范大学出版社出版。2023年12月，陶富源先生又增加2卷本内容，并对原有10卷本进行修订，现为12卷本，470余万字。各卷的书名分别是《形上智慧论》《实践主导论》《终极关怀论》《哲学与马克思主义哲学》《青年马克思与费尔巴哈》《唯物辩证论与实践智慧》《唯物史观在当代》《政治文明的哲学观照》《精神家园的哲学守望》《面向世界的哲学沉思》《流年履踪的哲学随想》《学术论文写作通鉴》。

本套文集为陶富源先生从事马克思主义哲学研究50多年成果的结集，分别以哲学基本理论、马克思主义哲学基本理论、马克思人学基本理论、马克思主义辩证论、历史论、价值论、政治论、精神论等为主题，对学术界的既有成果给予了科学概括、论证和创造性理解、说明。本套文集视野开阔、时代气息浓郁、学术品味醇厚，全景式展现了一代哲学家的思想轨迹和学术贡献，从一个侧面反映了中国哲学理论研究的新进展和新成就，对推进中国哲学理论研究具有重要的学术价值。

由于收入本套文集的大部分作品为公开出版或发表过的，因此为了保留原作的本来面貌，除对个别文字、标点符号、部分参考文献作必要的技术处理外，对原文不作实质性改动。文集难免有文字讹错之处，敬请方家批评指出，以便今后重印时改正。

安徽师范大学出版社
2024 年 7 月 20 日

总　序

哲学是时代的产物。

党的十一届三中全会开启了中华民族走向经济腾飞、文化复兴的伟大时代。这是一个古老民族从挫折中总结，于艰难中奋起，不断走向昌盛的时代，是一个解放思想、继往开来、锐意革新的时代。

沐浴着时代风雨，鼓荡起哲思才情，50多年一路走来，我共独撰和合作出版了著作和译作13部，发表学术论文240余篇，这些是我在哲学旅程中的一些思考和记录。在发表的论文中，有近半数的论文被《新华文摘》《光明日报》《中国人民大学复印报刊资料》《全国高等学校文科学术文摘》等转载、摘介和被多种著作所引用。

我信奉马克思主义哲学，因为它是指引人类走向彻底解放的真理，是科学的哲学。和一切科学一样，马克思主义哲学会随着时代的变化而发展。它的某些具体结论和具体原理，有的可能有错而被证伪，有的也会过时而被取代，但其基本原理具有持久的生命力，是不会从根本上被驳倒，被推翻，因而是必须坚持的。当然，马克思主义哲学的基本原理也要与时俱进，要经过不断改进、补充和丰富，从而能更系统、更全面、更正确地反映不断发展着的时代精神。

我这几十年来，除对自己留意以外，确也时时想到国家，想到社会，想到自己的责任，因而对治学始终持一种认真的态度，并以能为马克思主义哲学的宣传和发展尽自己的一点微力而感到欣慰。

承蒙学界朋友的鼓励和支持，我对多年来撰写和发表的部分文稿进行了梳理和审定，按相关专题，分成12卷出版。这12卷的书名分别是《形上智慧论》《实践主导论》《终极关怀论》《哲学与马克思主义哲学》《青年马克思与费尔巴哈》《唯物辩证论与实践智慧》《唯物史观在当代》《政治文明的哲学观照》《精神家园的哲学守望》《面向世界的哲学沉思》《流年履踪的哲学随想》《学术论文写作通鉴》。

　　收入该文集的个别文章在发表时因各种原因删减较多，现恢复原稿，这种情况已在文中作了说明。其余文章，除个别文字校正外，未作修改，以保持原貌。有少量文章是与别人合作撰写的，对此在书中也有标明。

　　本文集的出版，得到了安徽师范大学领导、安徽师范大学马克思主义学院领导的大力支持，得到了我的学生兼好友王平、陶庭马、汪盛玉、方芳、金承志、马和平、杨晶、张涛、黄友生、刘洋、毛加兴等的帮助，得到了我的家人的关怀，也得到了安徽师范大学出版社的鼎力相助。对各方的支持，谨此致以衷心的谢意。

陶富源

2024 年 6 月 20 日

序　言

我母亲100岁离世那年，我也已74岁。母亲在世时，我不敢在她面前说自己老，似乎在那时也没有这一方面的明显感觉。母亲走了以后，我在年龄上成了家中的最长者，因而受到家人的更多呵护。另外，随着年龄见长，渐渐有些力不从心，从而开始感觉自己真的有些老了。人一老，往往恋旧。于是，在近几年，就以往生活的一些片段，或曰"流年履踪"，写了一些文章。目的是通过溯往，回到自己生活的原点，对曾走过的近80年的生活轨迹，力求进行一些哲学思考和言说，或曰"透过生活看本质"。自认为，这或许对子孙后代有些启示。基于这一认识，我把这类文章加以汇总，于是有了现在这样一本文集。

一

在我看来，从对象维度说，哲学的言说大体有大、中、小三种叙事。所谓大叙事或宏大叙事，是指就人与世界总体关系问题所进行的哲学言说。这种言说的成果属世界观哲学。所谓中叙事，是指就人与世界之部分（如自然、社会、政治、经济、科技等），或人之部分（如认识、情感、意志、语言等）与世界的关系问题所进行的哲学言说。其言说的成果属世界观哲学所统摄的门类哲学。比如，自然哲学、历史哲学、政治哲学，以及认识哲学、情感哲学，意志哲学、语言哲学等。所谓小叙事，是指就世界观哲学和门类哲学问题以外的其他具体问题所展开的哲学言说。这类言说，属相对世界观哲学和门类哲学而言的应用哲学。这种言说所涉及的具体问题包括时代课题、社会热点、社会思潮，以及为人处世、婚姻家庭、爱情友谊等。

诚然，这三种叙事不是孤立存在的。按大、中、小的顺序来说，后者依次是前者的支撑，而前者则依次是后者的指导。具体说来就是，在哲学小叙事的基础上，对其成果进行抽象、概括、提升、总结，从而形成了哲学中叙事，并进而形成了哲学大叙事。另外，这种大叙事、中叙事一旦形成，其成果又会成为对哲学小叙事的指导。比如，作为哲学小叙事的关于为人处世的哲学言说，就必须从大叙事及中叙事形成的成果，即世界观、历史观、人生观和价值观等中求得指导。

如上所说，这里的三种叙事是从哲学言说对象的维度来划分的。但如果换一个维度，即从主体人的维度说，这三种叙事与人的关系是有区别，或曰不一样的。其区别在于，按上述顺序，从后往前，因其综合程度和抽象程度愈高，因而对人而言，在距离上愈远、情感上愈疏，然就其意义而言，则愈根本、愈深刻。反之，按上述顺序，从前往后，则愈局域、愈具体，因而对人而言，在距离上则愈近、在情感上则愈亲，就其意义而言，则愈直接、愈现实。由此不难看出，这三种叙事，对人来说，既各有所长，亦有其所短，因而应在对三者的统一坚持中，求得互补。

然而从哲学发展的过程来说，这三种叙事并不是齐头并进、平分秋色的。拿欧洲哲学史来说，在17—19世纪，以前那种以"知识总汇"为内容的古代哲学趋于消解，在这个过程中最先发展起来并占主导地位的，是那种追求哲学理论及其意义之深刻性的大叙事，即世界观哲学。在这个前提和基础上，20世纪以来，那种追求哲学理论及其意义之现实性的中叙事哲学和其后的小叙事哲学才蓬勃发展起来，并逐渐成为主导。

不过，人们关于哲学的认知往往落后于哲学发展的现实。比如，一谈哲学，到目前为止，仍有一种观点认为，哲学是一种高悬于天空中的学问，而否认生活中处处有哲学。其实这种观点还停留在100多年前的关于哲学的认知上，即把哲学仅仅看成大叙事哲学。

另有一种观点认为，政治家、科学家必须懂哲学，不然，就会影响他们的政治命运或科研事业。而普通人，如理发师、修鞋匠、清洁工等懂不懂哲学无甚紧要，不会影响他们的生计。不难看出，这种观点所言说的哲学是一种特指，即指大叙事哲学及某些中叙事哲学，也就是世界观哲学以及对政治家而言的历史哲学、政治哲学等，或对自然科学家而言的自然哲学、科技哲学等。至于作为一种小叙事的日常生活哲学，在这种观点看来，算不上哲学，或至少是"小儿科"，是登不了大雅之堂的。其实，这是一种偏见。

大叙事或中叙事哲学对普通人而言，可能由于条件限制，因而一时难以理解和掌握，但这并不妨碍他们创造条件，通过对大叙事和中叙事哲学的学习和运用，使其在工作、生活中发挥作用。在这一方面，作为工人哲学家的狄慈根（德国人，曾是制革工）和李瑞环（曾是木工）就是其中杰出的代表。另外，作为小叙事哲学的日常生活哲学，对普通人来说，不仅能够理解，而且对过好自己的生活也是很有意义的。比如，谁能否认"自立自强"、"将心比心"（现在所言的换位思考），以及"满招损、谦受益"等人生哲理，对包括平民大众在内的一切人的意义呢？

基于对哲学的三种叙事，特别是作为小叙事的日常生活哲学的上述认知，我是很乐意就自己的一些人生片断进行哲学思考和言说的。

二

我认为，在人生预期寿命获得极大提升的现代中国，80岁是人生的一个重要分界线。站在这个分界线上，往去路看，标志着人生从此进入了一个如同落日余晖的晚年；往来路看，标志着人生积累、社会阅历，以及生活经验等的丰富度都已达到了高端。因而在这个节点上，人生的许多问题都会看得比以往更为清楚，理解得更加到位。难怪黑格尔当年曾发出感叹："同一句格言，在完全正确理解了它的青年人口中，总没有阅世很深的成年人的精神中那样的意义和范围，要在成年人那里，这句格言所包含的内容的全部力量才会表达出来。"[1]

在我近80年的人生中，社会经历是较为丰富的。我曾三度在农村生活。一是从小生长于农村；二是作为工作队队员，到北京郊县怀柔参加劳动；三是到原芜湖县张镇公社张拐大队参加劳动。

我在北大读书期间先后两下工厂。一是二七机车车辆厂，二是石景山钢铁厂。两次分别持续一个月，下到车间，与工人一起挥汗作业。

我还曾被借调到北大革委会下属的宣传组帮助工作。在这一岗位

---

① 　[德] 黑格尔：《逻辑学》，杨一之译，19—20页，北京：商务印书馆，1966年。

上，我对北京市、北京市高校，特别是北大的运动动态，有了比较多的了解。北大毕业以后，我被分配到安徽阜阳六三七七部队插花庙农场劳动锻炼，过了一年的半军事化的军营生活，其余时间是在小学、中学、大学校园中度过的。先是当学生，并担任学生干部。后当大学老师，其间还当过大学校长。除了教书以外，还搞科研，并在担任硕士点、博士点点长期间，带领自己的团队进行学科建设。所获得的最高职称是二级教授，所获得的最高荣誉是"全国模范教师"。

上述这一比较丰富的人生经历，对我了解中国的国情、民情，中国共产党带领中国人民探索和开创中国特色社会主义道路的艰难历程，以及触发对人生的哲学所思、所悟都奠定了较为厚实的基础。

三

人的命运是与时代变迁密切联系的。这近80年，是我国从旧社会到新社会、从贫穷落后到繁荣昌盛巨大变化的时期。社会发展的阶段性，规定和制约着个人的生命轨迹。没有共产党就没有新中国，就没有包括我父母在内的广大穷人的翻身解放，也就没有我这个普通农家子弟从小学到中学，再到北大读书的人生跃迁。没有这些，又何来后来的大学教授。另外，中华人民共和国在前进道路上所遭遇的挫折，也极大地影响了我的人生处境和人生命运。感谢改革开放，40多年来，它不仅极大地提高了广大人民群众的生活水平，而且极大地解放了人们的思想，包括哲学思想。正是这一大背景，触发了我的哲学情思，使我能够取得一些哲学研究的成果。

不难看出，我的人生经历在一定程度上折射出了时代的变迁。作为这一变迁的见证者、参与者和受益者，透过自己的人生历程从哲学上来表现时代的变迁，并借以告诉后人，我们国家是经过怎样的艰辛奋斗，而一步步走到现在的。在我看来，这为一种责任和担当。这本文集正是怀着这种责任感和担当感写成的。

人的命运除了与时代这一大环境相联系以外，也与亲人、朋友、师长等所构成的人生小环境相联系。本文集中所提及的与没有提及的亲人、朋友、师长，都是我心中闪亮的星辰。他们的关爱、友谊、教诲和榜样作用，给我温暖、促我前行。当我把最难忘的人和事回忆一遍的时候，有时真的心如狂澜，感慨万端。我的父母，我的爱人，我的孩子，我的朋友和师长，我拿什么奉献给你们？就献上这本文集吧。仅以此告慰父母在天之灵，告慰我的亲人和良师益友！

　　几十年过往，脚步匆匆，千万风情，千万留恋。感谢为我指引人生方向的中国共产党，感谢让我沐浴阳光的伟大时代，感谢给我温暖的人！谢谢！我这一辈子最感高兴的是，学生、老伴和后辈子孙都非常爱我。谢谢他们的陪伴！

陶富源

2023 年 6 月 20 日

目　录

修齐篇

景行篇

负笈篇

未名湖畔我和我们的故事

朱昌彻同学发来短信，希望北大哲学系64级的同窗，以《我们在北大读书的那些事》为总题目，写作回忆文章，以纪念我们的青春，告慰那段历史。

看到这则短信，50多年前的往事，立刻又鲜活地浮现在脑海。随着时光的流逝，确实遗忘了许多东西，但有些人物和场景，却还保留着当时的色彩、当时的温度、当时的声响，使我感慨，令我沉思。这里先从1964年8月中旬，我收到北大录取通知书一事谈起。

一、收到北大录取通知书

我高中的成绩一向很好。在老师的带领下，我怀着平和淡定的心情，从母校海安县中学出发，坐车到南通市去参加高考。是学校包的车，住宿、伙食也是统一安排的，没有让我们考生交一分钱。

考前没感到有多么紧张，甚至可以说，那时似乎还不知道什么是紧张。看到现在对待高考，从考生到家长，从班主任到全社会那种高度重视的状态，心中不免感叹，那时的自己是多么懵懂无知，即没有深刻意识到这场考试关乎我一生的命运。

可能是得益于这种懵懂，也主要得益于"天道酬勤"，在高考的那几天里，我的情绪稳定，每场考试都发挥得令自己满意。这期间，伙食也比较好，有荤有素、丰富多样，且分量很足。十人一桌，我们这一桌是四女六男。女生本来饭量就小，加之天气炎热，心情紧张，因此在饭桌上，我们男生沾光不少。不过，因为有女生在场，男生在饭桌上的表现，还算优雅。因为吃得香、睡得也香，几天考下来，没有见瘦，还多少胖了一点。回到家中，让母亲有些意外。

　　到家第二天，我就投入生产队紧张的"双抢"（抢收、抢种）之中。那时的口号是"一颗红心，两种准备"。所谓"两种准备"，一是可能考取的准备，二是考不取的准备。对我们这些乡下孩子来说，考不取就意味着要回家种地。当时我确实是做了这种准备的。那时团中央树立了一个典型，即回村从事农业劳动，并做出成绩的高中毕业生董家耕。"学习董加耕"是当时流行的一句口号。那时的我们，可没有现在的高三毕业生那么幸运。因为他们现在如果大学考不取，可以出去打工。那时，可是无工可打。另外，生产队也不许出去。

　　就这样，起早贪黑劳动了20多天。一天下午的两点多钟，我在生产队里正干着活，刚从大队开会回来的生产队队长告诉我一个消息：本村的，我的一位高三同学已经收到解放军第四军医大学的录取通知书。听到这个消息，我原先还算平静的心，一下子慌乱起来。心想，这个同学（也是我的发小），在我们高三（1）班，其成绩平平，至多算是中等，而他却考取了。我的成绩比他好得多，怎么到现在还是杳无音讯？于是，不管不顾，放下担子就往中学母校一路奔去，想探个究竟。暑假期间，校园内人甚少。我找到校长办公室。被告知，我已被北京大学录取。学校昨天下午收到我的录取通知书，随即就转而发往我家所在的海北公社。听到这个消息，我那颗悬着的心，才算有了着落，好像也没有特别高兴，因为在我心中，这是当然的。

　　我从母校出来，又奔去海北公社机关所在地。出乎我的意料，这个消息在公社机关上下已经传开，人们纷纷议论，并表示赞叹。社长办公室的一位干部模样的人热情接待了我。他一把抓住我的手，高兴地说，恭喜你，考上了北大。百里挑一，了不起啊！他还说，谢谢你，为全公社争了光；还告诉我，我们公社已有三名考生被大学录取，这开创了历史纪录。这位干部的一席话，使我第一次深切感受到，考取北大不仅是个人的荣幸，而且也给家乡带来了荣光。

　　北大寄来的信封中，除装有录取通知书以外，还附有北大校团委和学生会的信函："亲爱的新同学，首先让我们向你表示衷心的祝贺，祝贺你考取了北京大学，即将开始新的学习和生活。"

　　那年，海安县中学的高考录取率比较高，据说稍低于苏州一中，在全省完全中学中位列第二。有两个人考取了北大，两个人考取了清华。此事还在全县大会上赢得了县委书记的表扬和赞誉。现如今，大学教育已进入大众化阶段，考取大学已成平常之事。但考取北大、清华，仍然是令人瞩目的。

二、担任班团支部书记

8月下旬的一天，我带着简单的行李，一顶蚊帐、一床被子，包有几件衣服的一个包袱（包袱是我姐送的，红色的）和一个装有脸盆的网兜，去往京城。离家那天，我姐夫送我到海安汽车站上车。行到八圩，过长江轮渡到镇江上火车。一路上，感觉从镇江到南京这一带是繁华之地。车越北去，越显荒凉。到天津、北京，则又是另一番美好光景。

到北大报到以后，第一天上午，我用两个多小时，沿着北大围墙外面的路，边走边逛，走了一圈，感到北大很大。下午，又在校园内玩了不少地方，感到北大很美。有山有湖有塔，古树参天，雕梁画栋的楼宇掩映其间。在北大求学期间，我曾到北京其他一些高校去玩，后来工作以后，也曾到全国不少高校或参会或访问或交流业务，感到不少高校的校园都很美。但总体而言，如北大那般美丽的，并不多见。后来，随着对北大了解的不断加深，我感到北大不仅很大、很美，而且很神圣。即它扎根中国大地，沐浴世界风雨，大师云集，是学术高地、思想圣殿、中国马克思主义的原乡、中国共产党得以诞生的一个重要源地。以至毕业以后，每次旧地重游，都对它怀有圣徒朝觐般的虔诚。正如曾任北大校长的林建华先生在其就职演讲中所说："北大从来不只是一所学校，它是人们心中的图腾，寄托着民族的未来和希望；未名湖从来不只是一潭湖水，它荡漾着学者淡泊名利的誓言；静园也从来不是一方草坪，它承载着学子仰望星空、追求真理的执着！这里的一木一石，即使再普通不过的园林景观，也都被赋予了太多的梦想与期望。的确，世界上恐怕从来没有一所大学，能如北大这样，与一个民族的命运如此紧密相连、休戚与共。"

连续几天新生报到，我班的同学陆续到齐。班主任许全兴老师召集大家开会，说是宣布干部名单。我听到自己的名字，而且是第一个，要我担任班团支部书记，有些诧异。因为通过几天的接触，我已了解到，我班同学中人才济济。他们在原中学都是学习尖子（现在被称为"学霸"），而且有多位也曾在中学担任过团委会、学生会的干部。从言谈中，我也初步感到他们的见识和能力高我一筹。

会后，我去找许老师，陈述了我想让贤的请求。许老师告诉我说，这个干部名单是在我们来北大报到前，通过查看我们的档案初步确定的。"你在原中学是校团委组织部部长，高考成绩在我们班又名列前茅。另外，报到后这几天，我也注意对你进行了考察，你忙前忙后，感到你还行。"他接着说，"先干着，再说吧。"当时通行的原则是"服从组织安排"。因此，我也就不好再说什么。

当上团支部书记以后，我第一次召集大家开会，还没说上几句，便引来大家议论，并爆发出一片笑声。原来我的口音太重，语速又快，因而使听众不知所云。这是我担任学生干部多年来，第一次遭遇尴尬与挫折。在我们班，像我这样说家乡"鸟语"的还有好几位。难怪互相听不懂。后来，大家都向普通话靠拢，并逐渐相互适应。不过，乡音难改。当上大学老师以后，在讲普通话的时候，乡音也总是跑出来刷刷存在感。这多少影响了我的教学效果。我实际成了乡音难改的受害者。当然，这是后话。

在大学当学生干部与在中学不一样。中学的学生干部大体是班主任老师的"跑腿"，跟着班主任的指挥棒转。在大学，班干部是班级的真正管理者，或者说，是学生自己管理自己。班主任到班上来得比较少。一个月，来两三次就算不错了。来了，也主要是听听班干部的工作汇报，了解一些情况，给予一些指点，但从不插手具体工作。因为大学生毕竟不同于中学生。

另外，在中学，团支部书记和班长在班级领导班子中的核心作用往往比较突出。在大学，这种核心作用大为降低。因为班级领导班子中，每个成员能力都很强，都是独领一方的"高手"。作为团支部书记，我只要积极支持他们的工作，并在力所能及的范围内积极参与，就可以了。再者，同学们的思想素质、自律意识都很强。在我的记忆中，似乎还没有遇到过一件同学间闹矛盾，以至需要我这个支部书记出面调解的事。

班级工作除了组织政治学习、文体活动、游园活动，比如爬香山等以外，还有安排班上同学到食堂帮厨、植树、参加修建学校游泳池的劳动、打扫校园卫生，以及协助系里组织同学到四季青人民公社学农，到二七机车车辆厂和石景山钢铁厂学工等活动。那时的口号是，"教育为无产阶级政治服务，教育与生产劳动相结合"。

三、评上一等助学金

我和我班的一些从南方来的同学，一是因为生活困难，二是因为生活习惯，因而从家中所带来的有些日常用品，并不适合北京的生活。比如，广东来的同学，有的是穿着拖鞋，还有光脚来北大报到的。我曾从一位北大校友的回忆录中得知，他当年，就是从广东来的，光脚走在北大校园里的一位新生。恰好他碰到学校的一位领导，被告知，在北大校园，不能光脚走路，不雅。不久，这个新生获得了救助，领到了一双解放鞋。在我的老家，那时床上只有上面盖的被子，下面铺的席子，没有褥子。报到后不久，学校就赞助了我一床褥子和一个床单。这使我心生暖意。

从家带来的几块钱因买一些日用品和交伙食费，眼看就要花光了。正在发愁之际，班级开始评助学金。最高的是19.5元，其次是17.5元，一般是15.5元，低的5—10元不等。也有少数不享受这种助学金的，主要是干部子弟，特别是高干子弟。学校食堂的伙食标准是每月15.5元。也就是说，交完伙食费，一等助学金有4元零花钱，二等助学金有2元零花钱。

我经过权衡报了二等。一是家中确实困难，二是我作为团支部书记应该有一个好的表现。不久，名单公布下来，我被评为一等。

名单公布后，我到许全兴老师处去打听，是否因为我是班干部而有所照顾。他说：你想多了。你家在农村，是家中独子，父亲亡故，母亲年近半百。在农村挣工分，能挣回自己的口粮钱，就算不错了。他接着说：国家需要的，不是你每个月为它省下2元钱，而是要你安心学习，将来有出息，为国家做贡献。许老师的这句话，像刀刻似的留在了我的心中，指引和鞭策我不断前行。

我们班26位同学，绝大多数来自工农和一般干部家庭，家中都不宽裕，因而绝大多数同学都享受到了国家助学金。

1964年，祖国的各方面事业都在恢复之中。国家在财政比较紧张的情况下，拿出那么多钱给大学生发放助学金，充分体现了党和国家对我们的关怀和期待。后来听说，我们的伙食标准和粮食定量标准，还是经毛主席他老人家批示最终确定的，说是要保障大学生的体质。粮食定量32斤，其中30%是细粮（指白面、大米），70%是粗粮（指玉米面）。哲学系学生主要在学三食堂就餐。别的食堂烧好吃的，也可以去买。早餐有干有稀，中午、晚上有菜有汤，荤素搭配。过去一年吃不上几次肉，现在天天能吃上肉，这相对于我的以往，有一步登天的感觉。

党和国家如此关心我们，真可谓恩重如山。因而作为一个重要原因，我们班同学把报效祖国视为人生的根本信念。这也是他们在当今这个纷纷扰扰的社会中，走正道、有作为的一个根本动力。

四、难忘的多个"第一"

1.一场精神盛宴

我们新生到校以后，学校党委宣传部、校团委和学生会在东操场隆重召开全校迎新文娱晚会。

在上大学以前，我所见过的乐器有二胡、笛子、锣鼓、钢琴（在中学音乐课上见到过）。观看到的文娱演出，有春节期间民间艺人走村串户表演的"道情"，在农村场地上偶尔放演的电影（总计不超过10次）。那时海安县城里有电影院。我在县城中学念书6年，并没有进电影院看过一场电影。高二时，有一剧团来我县演出，学校购买了一些集体票，学校团委分给我一张。剧团在海安县大会堂演出，演的是海瑞的戏。至于什么剧种，我记不清了。总之，在上大学前，我的文化生活十分贫乏。

这次迎新文娱晚会，我们年级的同学早早来到会场（东操场），坐到统一安排的指定位置。一开始是抱着图个新鲜、看个热闹的心情来的，至于演出水平也没有抱太大希望。然而出乎我意料的是，这次由学校各文艺团体，包括歌咏队、舞蹈队、话剧队等演出的节目，异彩纷呈，令人目不暇接。有独唱、合唱、舞蹈、相声、诗歌朗诵。台上扣人心弦，青春飞扬；台下热情澎湃，掌声不断。我被这一场演出所感染，我们同寝室的同学也为之陶醉。回到寝室，大家还相互交流观感，以至夜深。通过观看这场演出，我们对北大丰富多彩的生活，又多了一个方面的见识。

2.一次爱国狂欢

1964年10月16日晚上九点多钟，校园广播里传来一个振奋人心的消息：中国在西部成功爆炸了第一颗原子弹。这消息从北京传到全国。全北京沸腾了，全中国沸腾了。作为北大学生的我们自然也不例外。宿舍里立刻欢腾起来，有的擂盆、有的敲碗、有的拍桌、有的鼓掌。然而宿舍太小，哪能盛得下这份高涨的热情，于是大家蜂拥而出，在校园道路上集队游行，高呼口号，高唱赞歌，手舞足蹈，兴奋异常。然而还不过瘾，随之又向学校大饭厅涌去。那里已是人山人海，整个大厅灯火通明，鼓乐鸣响。学生、教师、学校领导兴高采烈，欢聚一堂，大家伴着旋律，载歌载舞，尽情狂欢，直至夜深。这是爱国激情的一次自由喷涌，是爱国情怀的一次重大提升。我不会跳舞，但为大家的热情所感染，也主动加入其中，边学边跳，乱舞一气。

中国人为什么如此兴奋？因为那些年，中国人太压抑、太不容易了。三年困难时期人们忍饥挨饿，苏联趁机向中国施压，让中国跟着它的指挥棒转，成为"苏美合作，主宰世界"的附庸，遭到拒绝后，苏联背信弃义、撕毁合同、撤走专家，停止对中国急需的重要设施，特别是关键部件的供应，给中国造成了严重困难和巨大损失，使许多大型工程和高科技研究项目成为"半截子工程"。然而，严峻的现实没有吓倒站起来的中国人民。正是通过发扬独立自主、自力更生的精神，我们成功爆炸了第一颗原子弹。中国人岂能不兴高采烈、兴奋无比！

3.一次外事活动

1965年5月，瑞士有一青年代表团来中国访问。团中央负责接待，从北大、人大、北京音乐学院等高校抽调部分学生参与接待工作。我有幸被抽调。我所在的这个组共三人。除我以外，还有一位北大西语系三年级的姓徐的同学，为我们做翻译。另一位是北京音乐学院二年级的姓周的女生。我们这个小组专为这个代表团中的两个队员服务，主要工作是陪他们去逛长城和十三陵，负责与他们交流，时间为一天。北大的外国人不少，主要是留学生。他（她）们住在北大留学生楼。

但在这以前，我从未与他们有什么交往。此次接待外宾，是有生以来的第一次，而且是以国家主人的身份接待外国友人。

为了做好这项工作，我还提前做了一点功课。接待工作整体说来比较顺利，特别是徐姓同学的翻译给我留下了深刻印象。另外，给我留下深刻印象的是我们陪同的这两位外国友人，相对于我的拘谨，他们显得比较开朗，对中国的许多事都很好奇，凡是不解的什么都问。

比如，他们穿的是皮鞋，我们几位，包括那位女生穿的都是布鞋（我们班没有人穿皮鞋，就是当年在北大历史系读书的毛泽东主席的女儿李讷，也只穿布鞋）。他们其中的一位问：你们为什么不穿皮鞋，穿布鞋？我听后一愣，总不能说，中国人穷吧！于是灵机一动说，皮鞋结实耐穿，但布鞋透气软和，因而穿着舒服。这样回答，诚然也是实话。徐姓同学听我如此说，投来赞许的目光。

那天晚上，我们与外国友人在北京饭店一同用餐。用完餐，我们与外国友人握手告别。此项活动到此也就落幕。

4.一次盛大游行

1965年10月1日，我和我班同学一起参加了天安门广场的国庆游行和晚上的群众联欢。前一天，学校给我们每人发了两块面包、几根香肠，以作为明天的早餐。第二天，我们早上四点多钟起床，走到清华园车站上火车，到东单下，在东长安街列队等候。上午十点钟，庆祝活动开始，检阅队伍依次通过天安门广场。在他们之后，才是群众游行队伍，包括工人、农民、学生队伍。在经过天安门时，我亲眼见到了站在天安门城楼中央的毛泽东主席，以及站在他身旁的朱德、周恩来、刘少奇等其他中央领导同志。他们是解放中华民族、缔造中华人民共和国的一等功臣、伟大人物，能在有生之年，目睹他们的风采，是人生之大幸。因为不是任何人都有这个机会，也不是北京高校的学生都有这个机会。与我同一年来北京高校读书的我的好几位江苏海安同乡，就没能享受到这种机会。说来，也是北大给我们带来的这份荣光。

5.一次炉前体验

1965年暑假过后，学校组织我们年级到石景山钢铁厂劳动。我和另一个同学被分配到平炉车间。工厂配给我们一项白色前进帽，一双厚厚的白色手套。我们的工作不是充当炼钢平炉前的炉前工，而是在车间帮工人师傅干一些辅助性的杂活。也不是跟工人一样，24小时三班倒，而是只在白天上班。但是一天劳动下来，也是腰酸背痛。当时天气尚热，加之炉内温度高达千度。因而在这个车间劳动，脸被熏得发烫，浑身是汗，衣服湿了又干，干了又湿。晚上下班回来，衣服上多了一层白白的盐花。不过，车间有桶装的酸梅汤解暑，随时可以取用。近一个月的劳动，我对炉前工的艰辛有了比较深切的体验，这可没有电影画面中所表现的那样浪漫。另外，也与工人师傅结下了友好情谊。这些普通劳动者十分朴实，埋头苦干，从不说什么豪言壮语。总是嘱咐我们要注意安全，干活不可太猛，要悠着点。你们可是国家的人才，不能有一点闪失。听到这句句肺腑之言，我被工人师傅的真诚所感动。

五、我们的学习生活

在一些同学写的回忆录中，有好几位都谈到我们在北大的读书生活。为避免重复，我在这里谈以下三点体会。

1.老师的教学方法

前文说过，北大大师云集。其实，哲学系何尝不是如此。当时的北大哲学系一级教授就有五位：冯友兰、汤用彤、朱光潜、郑昕和冯定等。他们都是各自学术领域的著名教授。有的还是自成体系的大家、泰斗式的人物。另外，还有张岱年、邓以蛰、周辅成、宗白华、任华、王宪钧、任继愈、齐良骥、程迺颐等教授，以及一大批学术新秀。

当时给我们上过课的，有著名逻辑学家王宪钧教授，他主讲形式逻辑；有著名心理学家程迺颐教授，他主讲心理学。多年后，有不少高校提倡教授要给本科生上课，这是很正确的做法。我们当时是刚进大学的一年级新生，就在课堂上领略了王宪钧、程迺颐等大师的风采。给我们上课的还有一些已经显露头角的学术新秀，他们思想活跃，后来成为中国学术界的著名哲学家。比如，施德福、孙伯鍨、郭罗基、杨克明等先生，就曾分别给我们主讲唯物论、辩证论、认识论、历史唯物论。李景鹏先生给我们主讲中共党史。另外，学校还开了生物、外语、写作等课程。

这些老师个个教学认真，像珍惜生命一样珍惜自己的教学机会（因为每个人所承担的课时都十分有限）。那时的师生关系被对知识的求索密切联系在一起，似乎只是为了知识的传承，除此以外，并没有其他事情。师生们就是生活在这样一种单纯的氛围中。

其中有一个场景令我难忘。那是1964年冬季的一天，天气骤冷，北风呼啸。清瘦单薄的程迺颐老先生，戴着一顶软帽，穿着长袍来给我们上课。因经不住严寒的袭击，先生冻得一把眼泪一把鼻涕，擦个不停。但他仍然侃侃而谈，坚持把两节课上到结束。这一幕，后来常在我的脑海中闪现。

这里最值得一说的，是老师们的教学方法。

一是引导讨论总结法。这是施德福先生所采用的教学方法。施先生在讲唯物论时，先是给我们做了一个概括式的启发引导报告，接着开列了读书清单，让我们自学。然后在这一基础上，我们把所学心得或不解之处，在学习小组会上进行交流、讨论、辩论。最后，有不懂的问题，或争论不清的问题，由施老师在课堂上加以集中解答，并作学习总结。

这种教学方法，一来充分发挥了学生学习的主动性、积极性；二来针对问题，实现了师生之间、生生之间的互动、互激。

二是引述驳论法。郭罗基、孙伯鍨、杨克明等先生在讲课时，常常把一些和自己不同的观点引述出来，然后进行驳斥。比如，当时有人主张一分为二，有人主张合二为一。到底如何理解矛盾的对立统一，孙伯鍨先生就曾提出，要坚持"一分为二"与"合二为一"的统一。

引述驳论法，是以科研为前提的一种教学方法。这种教学方法的采用，一来可以丰富深化教学内容；二来它与那种关于教科书内容的单纯正面传授和阐述相比，更有色彩，更有波澜，因而容易激发学生的学习兴趣；三来能引导学生关注学术的前沿动态，进一步发挥马克思主义哲学的批判功能。

三是设问法。这是李景鹏老师在讲授中共党史课时，经常使用的一种方法。比如，在讲中国的革命道路时，他说，中国的革命首先是在农村发动，以农村包围城市，而在城市发动的革命都遭受了失败。他设问，法国的资产阶级革命在巴黎发动，俄国的十月社会主义革命在彼得格勒发动，继而莫斯科起义跟进，孙中山领导的辛亥革命在武昌发动，这些城市革命都成功了，而唯独中国共产党领导的新民主主义革命，只能先从农村开始，这是为什么呢？接着他就此一一作了解释说明。

设问法的运用，一来有助于激发学生思考，深化对所讲问题的理解；二来制造悬念，可以活跃课堂气氛，消减学生听课的疲劳。

以上这三种教学方法，后来我在教学中，加以继承、借鉴和运用，受益良多。

2.学会辩证思维

如上所言，施老师在教学中运用了引导讨论总结法，这在我们班同学中引起了连锁反应，以至讨论辩论成为一种风气。关于这一点，李中华同学在《五十年的同窗情缘》一文中曾有所忆及。他说："最为活跃的还是我们同寝室的'辩论会'，常为一个哲学问题而辩得不可开交。其中，朱昌彻最为好辩，人小口强，常占上风，陈安东次之。"

其实，李中华在这里，是有些谦虚了。他何尝不是与朱昌彻相类的一等辩论高手，又何曾在辩论中软语让人！当时的我们青春飞扬、雄辩滔滔，那是一番何等令人回味的景象啊！

李中华在文中还谈及我。他说："当辩论激烈时，陶富源一参与，便可平息。大家都觉得陶富源生性公允，持论严肃，固有'革命嘴脸'之称。"

"革命嘴脸"是同学们送给我的一个绰号。是说，我这人讲起话来，一板一眼，严谨认真。我们班同学互相打趣，许多人都有绰号。我当时虽为班上"一号首长"——团支部书记，但也免不了被同学调侃。李中华作为北大哲学系资深教授、博士生导师，在古稀之年，忆当年大学生活，对我作上述肯定性评价，这是我没有想到的。读到这段文字，我心生欣慰与感念，感谢他对我的情谊与高抬。

现在回想起来，通过参加辩论，我的最大收获，是逐渐学会了辩证思维。那时候，我们这些人大多年轻气盛，思想趋于极端，非白即黑，总是把相互矛盾的两个方面，绝对对立起来，不会妥协包容，不会求同存异。通过哲学学习，特别是通过同学间的讨论辩论，我逐渐认识到，上述做法本身就是一种形而上学的表现。我们要摒弃这种思维，学会辩证思维。这种辩证思维方法的掌握，对我其后在许多问题上的认识，以及在走上工作岗位后科研活动的展开，都有很大帮助。

3.高度自觉的学习态度

当年北大的学制是文科5年（图书馆系4年），理科6年。现在的大学本科，大多是4年制。一般说来，一年级是大学生的适应期，二年级是大学生的自立期，三年级是大学生的成熟期，四年级是大学生的收获期。

所谓适应，也就是从高中到大学的适应。这里有两个转换，一是从中学生到大学生的角色转换，二是从中学到大学的环境转换。一般说来，中学生目标明确，且在老师和家长的严格管束下，生活紧张而充实；而到大学后，要重新确立目标，外界管束相对解除，因而大学生的生活显得宽松而自由。在这样一个转折和适应期，如何做人，如何治学，都存在一个"路在何方"的问题。解决好了，前程远大；解决不好，难免蹉跎。这里的关键在于，大学一年级新生的自觉程度如何。

据我的观察，那时在我们年级的同学身上，这个转折适应期并不明显，或者说，十分短暂。大家都比较自觉，深感祖国人民满怀期待，自感重担在肩。大家怀着高度的使命感，如饥似渴地学习。

不久，有些人已对自己的未来有了某种设计，也有不少人开始形成自己的学术见解，其中有才华的"小荷已露尖尖角"，开始试着写作学术文章，有个别同学（比如，我的江苏老乡周振国同学）已在报刊上发表文章。

六、永远的同学

我在北大5年多，与本班和本年级的同学结下了难忘的情谊。有这样几件事，给我留下了深刻印象。

入校的第一学期，冬天来了，虽然宿舍里有暖气，但我因被子太薄，还是感到比较冷。一冷也就睡不着，在床上翻来覆去。睡在我上铺的秦梦竹同学，受到打扰。他第二天早上醒来，探问其故。我如实相告，并表示歉意。他说，这样吧，今天晚上，你把我白天穿的这件大衣盖上，看怎么样。于是，秦梦竹把他的大衣给我盖了整整一个冬天，使我免去了挨冻之苦。

2019年，我们年级的同学到秦梦竹工作的河北承德市聚会。趁此机会，我旧事重提。我对他说，你的那件大衣暖和了我一个冬天，然你的情谊，我一直记挂心间，温暖了我几十年。他笑笑说，这件事，他早忘了。当时也没有想那么多，一件平常事，没有我说得那么"吓人"。

这里还应提到我们年级的三位女同学：林娅、贾秀总和胥正范。一个星期天的早上，当有些男同学还在睡懒觉的时候，楼道里传来了她们三位的叫门声，那是让被子脏了的男同学把被子抱出来，由她们抱回去洗。我虽然没有让她们洗过被子，但她们这种助人为乐的精神令我感动。

我们年级男女同学之间关系亲密，视如兄妹，既没有那么多羞涩，也没有那么多矜持，以至我不知轻重，买了一些毛线，请林娅给我织了一件毛衣。现在想来，真是过意不去。

在那时，每次有同学从家中带来好吃的，都拿出来，不分彼此，共同分享。刘炅东的蜂蜜、李茂盛的辣椒粉，我都分享了不少。

分到外地工作的同学来到北京，北京的几位同学都热情款待，温暖异常。每次同学聚会，他们忙前忙后，牺牲了不少时间和精力，细致的安排、接待和组织工作，使大家都能高兴而来，满意而归。

同学关系是世界上最平等的关系。不论官大官小，还是钱多钱少，我是你的同学，你是我的同学。这是不变的，永远的。

回顾以往，岁月峥嵘。现在我们已是"过七望八"之人，望大家享受人生，保重身体！最后以一首小诗作结：

书海徜徉凭快意，

林荫漫步赏风光。

心胸豁达人经老，

笑口常开寿自长！

实干赢得尊重*
——从北大到部队农场

一、毕业分配的消息传来

1970年2月的一天，一个消息传遍北大校园：大学生即将分配工作。这个消息引起了我们这些在校大学生（64、65级）的骚动和兴奋。因为这对我们来说，乃是盼望已久之事。

二、分配到六三七七部队农场

不久，分配的消息得到证实。

在"文革"前期，我们年级的同学尽管也曾分成两派（"新北大公社"和"北大井冈山"），但大体是所谓观点之争，并未太多伤及感情，况且大家在大联合的教育中，对"文革"也已有了初步反思。临近分配，为了日后纪念，我们年级的同学决定到校外的海淀照相馆去照一张集体照。我至今还保留着这一张珍贵的照片。

对我们这批大学生进行分配的原则是"四个面向"，即面向农村、面向工矿、面向基层、面向边疆。

北京新华印刷厂派驻到我们年级的工宣队中，我交往比较多的杨排长和负责联系我们班的段师傅，都是具有工人阶级本色的好人。因我积极参加大联合，并与另一派的张小恒同学主动结成对子，在年级会议上作典型发言，以及其他方面的良好表现，他们对我印象不错。

---

* 得悉2017年9月18日，原六三七七部队插花庙农场的战友在分别46年后将重新聚首合肥，随着日期的临近，思绪绵绵，是以为记。一些具体的历史事实，为准确起见，在写作的过程中参阅了鲍寿柏、张宝林主编的《拒绝遗忘：北京老五届在插花庙的岁月》（深圳：海天出版社，2015年）。

一开始，我被分配到河北省一个工厂当工人。当时算是一种优待，因为工人职业在那时被人们视为地位最高的职业，因而有"工人老大哥"之说。但从内心来说，我还是愿去南方。因为我的老母、妻儿在江苏老家。

我班一同学得知这个消息后，希望我把去工厂的这个机会让给他。于是，我随即找到段师傅，经过一番请示汇报，工宣队竟然同意了我的请求。前后不到两个时辰，该同学如愿以偿，很是高兴。

邢台不去了，我被改分到江苏省清江市。然而不久，陡生变故。我系65级有一同学（他的名字我忘了），是清江地方人，说家中有常年生病的奶奶和身体欠佳的寡母，找工宣队要求，希望分回清江。段师傅出面，找我商量此事。我只好把名额让出。

最后我被分配到安徽阜阳六三七七部队插花庙农场。段师傅觉得对我有些亏待，在我离开北大前，她宽慰我说，鉴于我的良好表现，工宣队已以组织名义写了一份建议，放在我的档案袋里，即建议部队农场将来分配时，尽量把我分到江苏南京附近，以照顾我的家庭。

作为个人，我无从看到这个建议。不过一年以后，我离开农场，被分配到离南京很近的芜湖，从而间接证明这个建议是有的。我真的十分感谢驻我年级的工宣队师傅，为他们的善良和对同志负责的精神所感动。

我离开北大时，我班那些分到外地的同学，绝大多数已先我陆续离京。送我去火车站的是李天顺同学。他一米八以上的个子，一路掉泪，我也心怀酸楚。由此一别，天各一方，人生路上，前途迷茫，不知哪年才能再会。那情那景现在回忆起来，还历历在目。我与天顺感情深厚，如同手足。

三、在插花庙农场八二分队八班

北大（250多名）、清华（30多名）共计近300名大学生于1970年3月17日，人大、北京体育学院、北京语言学院、北京政法学院、中央财经学院、北京广播学院等100多人于1970年8月，先后从北京乘坐火车抵达安徽蚌埠车站。然后乘坐部队来接站的卡车，一路颠簸来到安徽阜阳六三七七部队插花庙农场报到（场团部坐落在阜阳插花镇东南方约3公里处）。（安徽阜阳俗称安徽的"西伯利亚"，十分落后，沿途所见，人们衣衫破旧、脸色蜡黄，草房低矮，公路两旁林木稀疏。此种情景，使我们产生一种被"流放"之感。）幸好，我们这些大学生适应能力强，不久也就适应了农场的生活。

到农场报到以后，我们随即被分到八一、八二、八四等三个连队或分队。八四分队是以女生为主的男女混合编队，驻地在场团部，那里的生活比较方便。八一、八二是男生队，分别住在离场团部比较远的地方，生活条件相对较差。

我被分在八二分队。连里指定我为三排八班副班长。我们班共12人，有孙宝其、曹文益、张凯平、朱培高、汪仁华、王文方、杨德兴、张启琛、钱凤春、陈水贯、袁承忠和我。孙宝其为班长，他是上海人，原是北大数力系学生。他为人厚道、工作踏实、能带头吃苦。在他的带领下，我们班成为一个团结的、有战斗力的集体，比较好地完成了上级交给我们的各项急难险重任务。因而我班经常获连排首长表扬。在八二分队100多人要种近千亩地的严酷生产任务面前，连排领导只有依靠能吃苦耐劳的班排带动大家完成生产任务。我们班的成员个个都是干活的好手。在艰苦的生产任务面前，大家相互帮助、相互关照，干起事来争先恐后。在我的印象中，没有人因怕苦而退缩，也没有人因畏难而逃避。当然，在性格上他们也各有可爱的特点。比如：汪仁华踏实、张凯平率真、钱凤春热情、王文方幽默、朱培高文静、杨德兴执着、陈水贯聪慧、曹文益通达、张启琛沉稳等。这些都给我留下了美好印象。

现在回忆起来令我欣慰的是，我们班完成那么多艰巨的任务，没有人落下伤病，在"左"的形式主义盛行的背景下，也没有人在政治上受到伤害，总体上还算平安。曹文益来农场前就患有腰伤。班长和我为了照顾他，从不让他到大田劳动。多次借口让他管理内务，实际是让他在宿舍休息。对全班战友的关怀，曹文益铭记在心，后来与我见面时，每每提及，感动异常。这位北大中文系毕业的才子，后来身体康复，在教育和出版战线做出了自己的贡献。

我和宝其相互信任，工作上相互支持，相处极好，他和我也曾分别被团部授予"学毛著积极分子"称号。他后来被分配到合肥市十一中当教师，后又调到上海一所中学教书。农场离别后，我们有过多次往来。

我们三排的副排长叫虞志方，江苏丹阳人，北大西语系学生，为人阳光真诚，办事认真严谨。他的革命样板戏清唱，享誉全连。每逢开会，似乎总少不了请他高歌一曲。他也乐意为之，每遇这种情况，从不推辞，而是笑着站起，以手示意，随即歌声响起，全场寂然，一曲唱罢，掌声四起。我和志方是推心置腹的朋友，在农场期间，我们晚上常常一起在田埂上散步，无话不谈。从农场分配以后，有一次我去合肥他家中，他留我住宿，他家当时没有客房，于是我俩便倒腿睡在一张床上，互吐心曲，以至夜深。他后来成为教育厅副厅长，为人干练清廉，留有政声。难能可贵的是，他不仅把做好本职工作视为人生使命，而且还把工作视为研究对象，写作和正式出版了50多万字的研究成果。他把作品送我，我为他感到高兴。

四、自己动手改善生活条件

农场的生活条件，自然与北京高校无法比，但比起周围农民，还是好了很多很多。重要的是，开始发工资了，每月43.5元，除去伙食费13.5元和日常开销，还有不少盈余。这样就可以贴补家用了。十多年来，上学读书，一直是用家里的钱，现在开始有能力回报家庭了。我们三排七班有一个叫陈兆午的战友，他隔三岔五，就请假回家一次，看望他年迈的母亲。他的老家在苏北，途中要换好几次车。有一次我对他说，你拿的那点工资都花在路上了。他说了一句至今令我感动的话：钱以后可以再挣，可母亲就一个，而且是看一次就少一次。多么孝顺的一个人啊！

我们在农场住的是平房，砖墙瓦顶，以土坯支起的木板当睡床。起初照明用的是煤油灯，后来我们栽上水泥电线杆，架起了电线，通了电。洗漱用水是我们自己开挖的营房门前的井水，井不深，仅有两米左右。我们农场所在地是淮北平原，地下水较为丰沛。吃的主要是自己种的蔬菜（刚来时，是从市场上买的）和部分自己饲养的猪，以及粮站供应的大米白面。当地农民偶尔也能吃到白面，但主要是吃山芋干，这东西酸性大，吃的时间长了烧心。时任安徽省革委会主任的十二军军长李德生，在一次会议上曾讲到淮北农民主要靠山芋干生活的场景："锅里煮五斤，锅底烧七斤（农民缺少燃料），两眼泪涟涟。"在农忙时节，农民很愿意被农场请来帮忙。往大处说，有利于增进军民关系；往小处说，农场付给他们工钱，特别是他们能改善一下生活，即能吃到他们平常在家吃不到的白米干饭，另外，还有两三个下饭菜。

附带说一句，我们八二分队的炊事班很能干，轮换做着米饭、面条、炒面、馒头、包子，以及各种菜类等，变着法儿改善大家的生活。夏秋农忙季节，他们把饭菜送到田间地头；为了给我们消暑解渴，中途还送来一桶桶放了糖的绿豆汤。在拉练（后文还将提及）途中，炊事班则更为辛苦。炊事班的班长先是北大毕业的陈忠宝，后来接替他的是人大毕业的陈贤忠。陈贤忠极有组织能力，后来成为安徽省教育厅厅长。我俩关系不错。炊事班的良好工作，对安定人心发挥了不小作用。

我们这些大学生，许多事一开始不会做，显得笨手笨脚，但上手快，善琢磨，用不了多久，可能就会干得比常人更好。这就是知识的力量。我作为副班长，与周围农民打交道比较多，也有心多接触他们，以增长一些社会知识。正是在一位王姓农民的指导下，我们班不仅种菜，而且还开了一块地，学种各种瓜，特别是西瓜。这位农民给我们无偿送来了瓜苗，还手把手教我们栽种、施肥、浇水、间苗。经过艰苦劳作，我们种的瓜喜获丰收。菜瓜被直接送到炊事班去腌咸瓜条，结果腌了满满一大缸。出乎我们自己，也出乎指导我们的那位王姓农民所料，我们种的西瓜又大又甜，有的重达二三十斤。在收获季节，全连所有的班都尝到我们班种的西瓜。开干部会时，连部领导也往往叮嘱我们班送一些西瓜去，以解馋、解暑。

与农民交往多了，对他们的生活境况也有了更多了解。当地的农村，相对我苏中家乡的农村更为贫困。在我的家乡，再穷的人家也总有几件像样的家具或摆设。可在这里，不少人家都是家徒四壁、一贫如洗。农民谈到三年困难时期，常常哽咽难言、泪流满面，我也特别难受。从此，"不实事求是，是要死人的"这句话，成了刻在我脑海里抹不去的警语。后来在给大学生讲哲学时，我也经常以此语告诫我的学生。

离开农场到芜湖工作后，我一直挂念那里的乡亲。每逢遇到那里的人，也总爱打听那一带的变化情况。俗话说，百闻不如一见。后来终于有了一次机会，我被阜阳师院请去讲学。该学院党委书记吕绳振善解我意，找了一辆小车，伴我去部队农场旧地重游。据说农场的土地早已交与地方经营。我再次来到这个当年几百名大学生留下青春、热血和汗水的地方，走下汽车，放眼望去，麦苗青青，如绿色丝绒般铺陈开来，直达天际。阳光下，白墙红瓦的农舍，还有那一栋栋二层小楼。看到这番景象，我的心醉了，默默念叨"亲爱的农民兄弟，祝福你们"，也十分感叹，改革开放政策给淮北平原农村所带来的巨大变化。

五、半军事化的劳动生活

我们在部队农场，归纳起来主要做了三件事。

一是政治学习。比如，开会听报告、学文件、读报纸、学毛选等。

二是军事训练。比如，列队、走步、射击、投弹，晚上放哨等。还进行过手枪、半自动步枪和扔手榴弹等的实弹射击。另外，在夜里，还搞过几次紧急集合，拉出去，来回跑上几公里。我们虽然不是部队正规编制，但照样参加军事训练，这让我们的人生又多了一种体验。

三是干各种农活。比如开沟挖渠、捉虫治虫、田间施肥、割麦收麦，以及种植瓜菜之类。我出身农家，许多农活我都干过，但农场的劳动强度之大、时间之长，是我没有经历过的。比如，最紧张的夏秋农忙季节，我们都是凌晨3点多钟就起床干活，一直干到晚上7点多钟。回到营地，简单洗漱，倒头便睡。一觉还没有睡醒，起床号响起又得起床，每天要干10多个小时，平均每人每天割麦一亩多，农民一般都割不到一亩。

还在北大时，我得了急性肝炎，住北大校医院，经20多天治愈。到部队农场后，在初期，身体还比较虚弱，后来经过一段时间的锻炼，成了农场的一等劳动力。与我班汪仁华同学一起，抬起300多斤的化肥或粮食，走很远一段路（农场地多，有的地块比较远），都不在话下。可以说，艰苦的劳动锻炼了我的体质，同时也磨炼了我的意志。

如上所说，我班还有一块不小的瓜菜地。有一段时间，每天从大田劳动回来以后，还要拖着疲惫的身体，到瓜菜地里浇水、施肥。浇水的工具就是自己的脸盆。要先下到沟里取水，然后再端着装满水的脸盆上坡。全部菜地浇完一遍，每个人来回要跑好多趟。这多少难为了班里的战友，但干部带头，以身作则，他们也就没有更多的话说。

在离八二分队驻地东南方三四里远的地方，有一片农场的麦地。到6月，麦子熟了，为了护麦、收麦，有一天，连长和三排排长把我班班长和我找去，先是讲了一些表扬的话，说领导很放心，把这个任务交给我们班去完成。接到这个任务后，我们在该麦地中心处搭了一个棚子，派人白天和晚上值守。晚上两班倒，上半夜一班，下半夜一班。最难熬的是夜里，蚊虫叮咬，一咬就是一个包，疼痛难忍。为了防止蚊虫叮咬，大热天，我们只好长衣长裤全副武装。麦子成熟时，安排（请周围农民帮忙）收割、脱粒、翻晒、归仓，前后忙了一个多月，总算没有辜负连排领导的信任。

六、随部队野外拉练

1971年2月5日，按毛泽东主席指示，部队搞野外拉练。所谓拉练，也就是全副武装，长途行军。我们学生连也被编入其中。我们没有武器，但要背一个背包。其中包括一床盖被、一条垫被、换洗衣服、一双备用的解放鞋，外加洗漱用具、干粮或米，大约30斤。有次拉练从插花庙驻地出发，经利辛、蒙城，再北到宿县，参观淮海主战场双堆集，津浦线重镇符离集，最后到达萧县，参观省学大寨先进典型——郭庄大队。后经濉溪、涡阳、利辛返回，为期21天，行程815里。其中最远的，是2月9日下午1点30分到2月10日凌晨2点长途奔袭100里后，休息3个小时后再出发，行军60余里，总共160多里路。一天走下来，没有人的脚掌是不起水泡或血泡的。于是，每次宿营前，战友间相互挑泡成了一个惯例。不然，第2天就无法走路。当然，实在走不动，也可上收容车。在我的印象中，我们连似乎没有人坐过收容车。之所以能如此，一是靠一路上的宣传教育，二是靠自己的刻苦坚持。

这次拉练对学生连来说，是一个严峻考验，可对部队而言又何尝不是？部队有一位老首长，与年轻战士一起负重前行。但由于平时缺少锻炼，加之上了年纪，其双脚越走越肿，一路上，接连三次换上大号鞋，最后还是不顶事，被战士扶着、拉着，既不愿坐车，也不肯骑马，硬是咬着牙，走到了宿营地。如此严于律己，令人心生敬意。

拉练队伍经过当年的淮海战役第二阶段的主战场双堆集。它位于宿县城南，是一个有100多户人家的平原集镇。"双堆"因两个古老的小土包而得名，一个叫平古堆，一个叫尖古堆，两个土包高约30米，相距约3里路。1948年11月至12月间，黄维兵团4个军11个整师12万人，就是在这里被刘邓大军和华东野战军全数歼灭的。行走于当年惨烈的淮海战役主战场，沿途看到不少烈士墓地。所谓墓地，也就是在一片小树林下的土地上密密麻麻排列着一大片由比砖头稍大一点的混凝土墓碑所构成的碑群。每个墓碑上都刻有四个字：烈士之墓。也就是说，许多战士为了人民的胜利，献出了自己宝贵的生命，可他们连自己的名字都没有留下。我们伫立在和平的阳光下，心灵受到了极大的震撼：革命胜利真是来之不易；但也不免唏嘘，当时我曾设想，这些分散的墓地应集中起来，建一个无名烈士墓，以重新安葬这些烈士的遗骸，供人凭吊，以激励后人，不忘历史。

为新中国奠基的无名烈士成千上万，他们塑造了历史，也深深埋入了历史之中。因其无名，才不会被人忘记；因其无名，才显其牺牲之伟大。后来闻知，双堆集修建了烈士园林，这算是了却了我一桩心事。

七、一段难忘的生活经历

1971年3月，我们离开部队农场，实现再分配。这期间，前后共一年时间。一年在人生百年中并不算长，但它对我们一生的影响，却不是任何平常一年所能比的。大学生分配到部队农场劳动锻炼，这是那个特殊年代发生的一个特殊事件。曾经的不解与抱怨，日后都变成了回忆与品味。相对于其他部队农场的大学生，我们这批人还算幸运。我们是一年后再分配，可他们是一年半、两年，甚至两年多才被分配。

在农场待的时间长，劳动强度大，还在其次。重要的是，政治上是否受到待见。在那个"左"的年代，我所在的八二分队，从部队派到我们学生连的解放军连长、指导员，以及各排排长，对我们这些大学生，总体上还是友好的、真诚的，甚至可以说，是尊重的。大家在共同的劳动生活中，逐渐形成了比较融洽的关系。以至在我们离开农场，他们也从部队转业到地方以后，作为昔日的朋友，相互之间还有一些联系和往来。

之所以能形成这种比较融洽的关系，我以为有以下两个原因。一是，部队派到我们八二分队的干部比较正派，有能力、有水平，凡事能带头，从而赢得了大学生发自内心的认可和信任。二是，也是主要的，我们这批从北京来的老五届大学生，是解放以后，经过系统、完整的小学和中学教育，作为执政党的中国共产党一手培养起来的最早的一批大学生，是同时代人中的佼佼者。其中，北大、清华的学生，更是千里挑一。就我们64级来说，据教育年鉴记载：1964年全国高校招生总人数为14万人，其中本科生招生名额不足7万人，北大、清华、人大等一流名校只有几千人。我们这些大学生以自己的实际行动，证明了自己的高素质，证明了自己的聪明能干，而且许多事我们都干得有声有色，以至超出了他们的预期。

人们通常说：尊重别人，才能获得别人的尊重。此话有理，但并不全面。因为尊重别人，只是获得别人尊重的条件之一，问题的关键在于你要有可尊重之处，即你的人品或能力值得别人尊重。极而言之，没有人会尊重懒汉、懦夫、叛国者。在这个世界上，受尊重的是勇敢、无畏，有本领和为国做出贡献的人。

另外，还有一点，我们这些大学生与解放军干部"本是同根生"，即都是普通工农子弟和干部子弟，同属一个年龄段，同受恩于共产党、新社会，且都是解放以后，才得以念小学、上中学。所不同的是，他们在初中或高中毕业后，穿上了军装，并提了干，而我们则考取了大学。

部队农场的磨炼，对我们来说，最大的收获在于，使我们具有了某种审视的眼光和清醒的头脑，用现在的话说，是脚踏泥土，接了地气，即从社会底层认识了中国的国情，对普通民众的疾苦、思想和愿望有了更为深刻的体认。这促使我们在各自的岗位上，努力做出自己的贡献。

回忆这段在部队农场的峥嵘岁月，我十分感慨！多年来，我们八二分队三排八班的战友，与我有联系的只有孙宝其、曹文益，其余的，我不知道你们现在在哪儿？过得好吗？你们的老副班长，惦念你们！

喜读《告别未名湖》*

朱昌彻教授写就《告别未名湖》一书不久，把书稿用电子邮件发给我，想征求一下我的意见。收到书稿后，我马上放下手头的工作，花了近一天时间，从头到尾一口气把它读完。边读边想，由此生出无限感慨，以至兴奋异常，不由自主勾起了对往事的许多回忆。

朱昌彻是我北京大学哲学系64级（1）班的同学；是我同寝室的室友；也是毕业多年来，一直保持联系的相知较深的朋友。他在南京大学读研时和在赣南师院工作期间利用出差的机会，先后到我家来过两趟。后来，他于2011年邀我到赣南一些高校去讲学，其间在一家饭店，受到他和夫人的热情款待。

在北京大学5年多的时间里，昌彻给我留下了两点深刻印象。一是他精力充沛、为人坦诚，善于交友。在我们班、我们年级，以至我们系，与他谈得来的同学不在少数，特别是那些品学兼优的同学，他尤喜结交。毕业后，他也是与我们年级的同学联系最多的一个。二是他很有思想，喜欢辩论，且常有不俗之论。至于当时所辩话题，以及他所持见解，现已无从记起，但有一点是肯定的，即那时所辩论的，并非生活中的鸡毛蒜皮，也非个人的恩怨情仇，而是当时面临的现实理论问题和社会问题。

我们班的李中华同学，曾在《五十年的同窗情缘》一文中忆及此事。他说："最为活跃的还是我们同寝室的'辩论会'，常为一个哲学问题而辩得不可开交。其中，朱昌彻最为好辩，人小口强，常占上风，陈安东次之。"

我们班的同学，主要是工农子弟，其余是干部子弟。朱昌彻和我

*原刊于朱昌彻：《告别未名湖》，保定：河北大学出版社，2019年。此次出版，按原稿恢复了部分文字。

一样，都是贫苦农民家的孩子，是共产党领导的人民革命，推翻了旧社会，建立起新社会，才改变了我们这些穷苦人家的命运，才使我们能够从小学读到大学，而且上了北京大学。因此，共产党对我们恩重如山。于是，胸怀天下，立志报国，也就成为我们这些人永不改变的人生情怀。我想正是这种情怀，使朱昌彻屡屡做出惊人之举，并能一辈子保持干净、有担当的一个重要原因。

毕业分配时，朱昌彻作为一个南方人，主动报名到冬天达零下40摄氏度的黑龙江嫩江县工作。我也是南方人，深知南方人对寒冷气候的不适，何况那么严寒的地方。作为他的同学，我当时觉得他的选择是一个惊人之举。我劝过他，不过，他还是义无反顾地去了。在那里，他干得风生水起，做出了闪光的成绩，赢得了领导和同事的友爱和赞许。在《告别未名湖》这本书里，他用不少笔墨赞美了那里的秀丽风光和风土人情，特别是王桂英、刘公平两位领导和同事。尤其是王桂英，一个风风火火，落落大方，对工作极为负责，对下属万般关心，我们党的一位中年女干部形象，被朱昌彻生动地写了出来

可见在那片土地上，朱昌彻在洒下辛勤汗水的同时，确也收获了丰富的情感。然而情感有多种，同志之情代替不了恋爱之情。昌彻满腹才气，但因个头太小，没有被嫩江漂亮姑娘所相中。无奈之下，作为一个重要原因，他只好回到原籍，寻觅芳心。昌彻有幸，终于与段连生姑娘结为连理。我第一次见到段女士，是2004年我们北大同学聚会期间，昌彻带着她和小千金丽娜，一同来到北大，当时只是瞥了一眼，因为人多，没有交流，初步印象不错。她比昌彻高出一截，人也长得漂亮清秀。第二次见面，是上文提到的我到赣州讲学，他们夫妇招待我。席间，在我这位老同学面前，他们不加掩饰，笑谈着他们之间发生的一些有趣的故事。由此我得知，段女士不仅外表可人，而且很有眼力、心地善良、勤劳能干。段女士谈到昌彻对她的关心，对她父母的孝顺和所受到的学生的爱戴等事时，眉宇间荡漾着幸福的笑容。我为昌彻有这样一个美好的家庭而感到高兴。

说实在的，如果没有段女士的支持，已34岁，且作为两个孩子爸爸的朱昌彻，是不可能去读研的。有一次，我到南京大学去看望孙伯鍨先生。谈及此事，他不胜感慨。孙先生说，你们这一届学生，没有读多少书，朱昌彻毕业后，又多年从事行政工作，学业自然荒疏，加

之家中又极为困难，考上研究生不易，能毕业更不容易，实在难为他了。

朱昌彻在高校工作期间，无论在赣南医专，还是在赣南师院，基本都是双肩挑。我长期在高校教书，也曾任过校长，深知要把两副担子一起挑起来，确实不易，除非十分杰出。正是因此，我主动辞去了校长职务，而朱昌彻却坚持了下来，不仅挑了起来，而且走得稳当。我到赣南讲学，才知道昌彻在赣南师院老师中的威望之高、受学生爱戴之深，不身临其境，是难以体会的。作为高校老师，我对学生也算负责，对教学还算认真，也受到学生的欢迎，但比起昌彻来，则差距不小。学生对他的爱，用文学的语言来说，"是对父亲般的爱"。

朱昌彻的品质是高尚的。虽多年担任领导职务，但他从不利用权力谋取私利，且为了追求第一等的工作，不惜付出健康的代价。2001年7月，他给我来一电话，说他负责学校"迎评促建"的筹备工作，因负担太重、压力太大，疲惫不堪，现已不能继续工作。我的心为之一揪，好几天缓不过劲来。后又去电话慰问，他说学校已安排他到昆明疗养。不久又得知，他身体已渐康复。

如前所说，这几十年，我与昌彻联系比较多，我敬重他的为人。每出一本新著，也总是在第一时间送他一本。一是，让他分享我的快乐；二是，也想从他那里得到指点和鼓励。他的这本书稿《告别未名湖》即将出版。我为他高兴，向他表示祝贺！

一个不吝称赞别人的人*
——黄枬森先生百年诞辰纪念

黄枬森先生，是我十分敬重的一位师长。他作为哲学专业理论家，是改革开放以来中国哲学界高举辩证唯物主义旗帜，对马克思主义哲学守正创新的第一人。他的道德文章影响了包括我在内的许多后辈学人。

我与黄先生相识较早，那是50多年前的事。我于1964年8月入北大哲学系学习。在北大的5年多时间里，绝大部分时间被"四清""文革"占用，正常的上课学习时间仅一年稍多，学业耽误过甚，此为终身憾事。但是尽管如此，北大仍然是我的学术航程的起锚之地，包括黄先生在内的一些老师的教诲和榜样作用，影响了我此后几十年的人生。

黄先生不是我的任课老师，没有给我们上过课。我与黄先生相识是在当时的哲学系资料室里。黄先生原先也是哲学系专任教师，后被调到资料室担任副主任。

我当时担任班级团支部书记，常因公跑系办公室。当时系资料室与系办公室同在一座名叫"南阁"的楼里，故而我到系办公室办完事以后，也顺便到系资料室走走。几乎每次都能碰到黄先生，于是渐渐熟识起来。黄先生面善、平和，说话不快不慢，但透着几分坚毅。一开始，我以为黄先生是到资料室来查找资料的老师，后来才觉察他是系资料室的一名工作人员，进一步交谈中，我才发现，他对一些哲学问题都有自己的思考，其谈吐，非我心目中的资料室一般工作人员可比。我不时向他请教一些现在看来很为幼稚的问题。不过，他不是三言两语加以打发，而是热情指点，有条有理地加以分析说明。他与我

*原刊于王东、韩庆祥、徐春主编：《当代中国哲学创新：黄枬森先生百年诞辰纪念文集》，长春：吉林人民出版社，2021年。

交谈时的那种胸有成竹，抓住机会，一吐为快的样子，给我留下了深刻印象，至今回忆起来，还历历在目。

有一次，在谈到我们当时学的马克思主义哲学原理教科书，即艾思奇主编的《辩证唯物主义历史唯物主义》时，黄先生说，学习马克思主义哲学，既要学原理，也要读原著。说实在话，这是我平生第一次听说"读原著"这个概念，至于读原著为什么重要，刚开始也是心中无感。但我还是按照黄先生的指教，捧起马克思主义原著读起来。我在北大读的第一本马克思主义原著是恩格斯的《反杜林论》。后来到高校从事马克思主义哲学的教学和研究工作，更是反复阅读了大量的马克思主义原著。几十年来，我深切体会到，学习马克思主义原著，是构筑马克思主义研究的根基，也是我能在学术上略有建树的看家本领。

1970年3月毕业分配离开北大以后，由于多方面的原因，我与黄先生中断联系长达30多年。然而在此期间，我对黄先生参加和主持的学术活动，一直予以关注，对黄先生发表的学术成果，怀着本然的亲近，尽量搜求，认真拜读。在黄先生9卷本（后为11卷本）文集出版以前，我虽不敢说阅读了黄先生发表的全部论著，但我敢说，我阅读了其中的大部分论著。另外，我还敢说，除马克思主义经典作家以外，黄先生的论著在我所阅读的个人论著中是最多的。

正是在黄先生和其他许多哲学同仁的研究成果的诱导和启发下，作为一个原因，我从1993年到2003年，用10年时间先后写成了三本系列著作：《形上智慧论》《实践主导论》《终极关怀论》。最后一本是阐述马克思主义人学思想的。黄先生是中国马克思主义人学学科的主要开创者和做出重大贡献者之一，由此我萌生了一个大胆的念头：请黄先生为该书作序。然而又一想，这可能不行。一是多年没有联系，黄先生还记得我吗？二是这本著作能入得了黄先生的法眼吗？不过，虽有疑虑，但我还是决心一试。很巧，机会来了。

2003年11月，上海召开了一个全国性马克思主义哲学研讨会，我获得邀请。于是我带着书稿赴会。不出所料，黄先生也来参会。在接下来的几天里，我与黄先生朝夕相伴，交谈甚欢，谈到在北大受到的教诲，先生欣然。他说，读过我发表的一些文章，认为写得不错。我顺势告诉他，我带来一本书稿，想请他指点，如有可能想请他作序。

黄先生接过书稿，没有马上答应，只是说，"我带回去认真拜读，你等我的消息"。

大概过了一个月，黄先生给我寄来他写的"序言"。该序言不是就书论书，而是把该书放在一个大的时代背景下来加以考察，洋洋洒洒写了3500多字。概括起来，讲了五个方面的内容：一是国际人学研究兴起的原因；二是人学研究的两种路向，即抽象人道主义与历史唯物主义；三是改革开放以来我国人学研究成为学术焦点；四是我国人学研究的状况；五是本书的理论成就与不足。在最后一部分，黄先生对拙作给予了一个总体的评价，认为这"是一本时代气息浓郁、内容翔实，学术品味醇厚的，对人学理论进行了深入系统研究的力作"[1]。

黄先生当年八十有二，如此高龄，他在不太长的时间里，看完了我那厚厚的长达42万字的书稿，并写了一篇比较长的序言，这令我很感动。使我更为感动的是，黄先生作为学术前辈，作为中国马克思主义人学领域的泰斗式人物，对我这位后学的作品作如此高的评价，这是我没有想到的。我感到这是先生的鼓励，也是巨大的鞭策。

2016年12月，黄先生文集9卷本出版，作为对黄先生哲学思想进行系统研究的专家、曾是我的博士生的金承志[2]副教授送了我一套。我当即放下手头的工作，花了3个多月时间，从头至尾通读了一遍。通过阅读，我发现，黄先生不仅对我不吝称赞，而且对不少人赞赏有加。

我感到黄先生对人的赞赏有其特点。其一，既重学问，也重人品。他在赞赏别人学术成就的同时，也赞赏其真善美的高尚品德。其二，他对别人的赞赏，往往把自己摆进去，联系自己的不足和对自己的激励，来肯定别人的优长。其三，与一些学人只对古人、外国人抱赞赏态度不同，黄先生所赞赏的对象主要是现代人。具体说来，是他的学术前辈、同辈和后辈。其中所折射的是他对前辈的敬重、同辈的欣赏和后辈的激励。这令我心生波澜。

比如，黄先生赞扬前辈学人冯友兰先生心怀祖国，志在真理；[3]赞扬贺麟先生一生追求真理，坚持真理，是一个真正的学者；[4]赞扬艾思

---

① 《陶富源文集》第3卷，2004年版序言，芜湖：安徽师范大学出版社，2016年。

② 金承志在读博期间，以"黄枬森哲学思想研究"为其博士毕业论文的选题，该选题获2011年国家社科基金资助。其结项成果《黄枬森哲学思想研究》于2018年在安徽师范大学出版社出版。

③ 《黄枬森文集》第9卷，10页，北京：中央编译出版社，2016年。

④ 《黄枬森文集》第9卷，77页，北京：中央编译出版社，2016年。

奇不仅属于过去，也属于今天和明天，是哲学史上一座不会坍塌的丰碑；①赞扬杨献珍先生对马克思主义的坚定信念、从事研究的科学态度和提出新观点的勇气。②

与对前辈学者持赞扬态度相比，我以为能对同辈学人持欣赏态度，更显可贵。这是因为同辈人之间可比性强，往往容易计较，从而去分出彼此的高低。我以为，通常所说的"文人相轻"，主要是指同辈文人的彼此相轻，然而我在黄先生身上看不到一丝这种庸俗气息，他总是对不少同辈学人给予真诚的、实事求是的肯定和褒奖。

比如，黄先生赞扬同辈学人钱学森先生的"大成智慧学"，"把辩证唯物主义摆在他的现代科学技术体系金字塔的顶端，给我极大的鼓舞，也给了我极大的启发"③。他赞扬胡绳先生说：读了《胡绳文集》（1979—1994），感到其中处处闪耀着思想的光辉，给人以深刻的启示。④他肯定自己北大曾经的同事孙伯鍨先生，"作为一个马克思主义专业理论家，他给后代留下的遗产是丰富的、宝贵的，其中不但有思想深刻精当的大量论著，而且有他立身行事的高尚风格，特别是他的学术道路，更是我学习的榜样"⑤。

如果说对同辈学人的赞赏，表现了赞赏者的一种高尚风格，那么可以说，对学术后辈的赞赏，则更多地寄托了赞赏者对未来的希冀与情思。

比如，黄先生称赞后辈学者许全兴先生：他的性格和文风颇具特色。他的党性是鲜明而坚定的，又喜欢独立思考，只要有真凭实据，他是敢想敢说的。⑥黄先生在这里饱含深情，寥寥几笔，就把许先生的学识、人品、闪光个性，画龙点睛般地勾画了出来。其实，在我看来，这里的评价对黄先生来说何尝不是一种自我写照。黄先生还一改他通常的比较平实和略带古板的行文风格，以欣喜的、颇为感性的笔调，赞扬起他曾经的学生田心铭先生的作品：《认识的反思》。他说，在阅读这本书的过程中，"我仿佛跟随作者经历了认识论领域的探险，一道

---

① 《黄枬森文集》第9卷，9、15页，北京：中央编译出版社，2016年。
② 《黄枬森文集》第9卷，18页，北京：中央编译出版社，2016年。
③ 《黄枬森文集》第9卷，121页，北京：中央编译出版社，2016年。
④ 《黄枬森文集》第9卷，14页，北京：中央编译出版社，2016年。
⑤ 《黄枬森文集》第9卷，55页，北京：中央编译出版社，2016年。
⑥ 《黄枬森文集》第8卷，157页，北京：中央编译出版社，2016年。

道难关，都被作者凭借着马克思主义哲学的智慧，一一跨越了"①。在这里，黄先生作为哲学名流，不见其任何显赫，反倒把自己放得很低，只是学术探险中的一个跟随者。先生如此低调，如此谦逊，令人叹服。特别应该提到的是，黄先生在《创造性是博士论文的灵魂》一文中，称赞他的博士生王东，认为其博士论文"探索辩证法体系的'列宁计划'"，在水平上已经超过了作为导师的他。②看到这一段文字，我很感动。尽管在中国历史上，早有"弟子不必不如师，师不必贤于弟子"的古训，然而现实生活中，那些习惯了别人恭维的"名流"，能放下教师爷的架势或身段，如此坦诚地称赞学生对自己的超越之处，恐不多见，因而极为难能可贵。何况，还是见诸文字的公开赞扬。在我看来，这表现了黄先生灵魂的坦荡与高洁。为什么会如此？因为黄先生早已把作为自己的个我，融入了马克思主义哲学促进人类事业发展的"大化"之中。

结识先生是我之幸。

黄先生作为一位在新中国成长起来的哲学家、哲学史家、哲学教育家，承时代的造化、人民的养育。他也以自己一生的奋斗，奉献给了时代、奉献给了人民，为后人树立了一座道德文章的丰碑。让历史永远记住这个名字——黄枬森。

---

① 《黄枬森文集》第8卷，203页，北京：中央编译出版社，2016年。
② 《黄枬森文集》第7卷，27、28页，北京：中央编译出版社，2016年。

师恩难忘*
——历历往事寸草心

一

古人云：岁月如梭，光阴似箭。年轻时不以为意，及至年老，方有所悟。1964年8月下旬，我从江苏海安的乡下，带着母亲和乡亲的殷殷嘱托，怀揣北大录取通知书，背着行李，步行到县城，坐汽车、过长江轮渡，从镇江上火车，一路兴奋，于25日下午抵达北京。从北大东南门入，大饭厅前，绿树一片，蓊蓊郁郁，偌多青年男女，散坐其下，或专注阅读，或掩卷沉思，或细语轻谈。书香氤氲，青春气象，此如画一幕，突入眼帘，不禁为之一振，此乃读书之胜地也！这是北大给我的第一印象。弹指50年过去，恍若梦幻，似在昨天。

在北大的5年多时间里，生活学习在64级（1）班，不敢说，青春无悔，因为正常的上课学习时间仅一年稍多，其余时间被下厂下乡、"四清""文革"占用，学业耽误过甚，此为终身憾事。不过也有另外一面，即了解社会，经受锻炼，也是人生的另类财富。我们班的25名学员毕业以后，虽从事的工作不同，但都过得比较踏实，且都能有所作为，应该说，与这一段经历不无关系。就我而言，除了上述这一点以外，在北大的几年，不仅得到许多关爱，结下真挚情谊，而且奠定了未来发展的基础。可以说，北大是我的精神家园，学术旅程的起锚之地。特别是许多老师的教诲和鼓励，使我终身受益，没齿难忘。这里不能不谈到黄枏森、许全兴、杨克明、施德福、孙伯鍨等诸位先生对我的影响。

---

* 原刊于孙兰芝、张从、奚学瑶等主编：《告别未名湖：北大老五届行迹2》，北京：九州出版社，2014年。

二

刚进北大时，我还保留着中学时的学习习惯，即围绕着教科书打转转，死记硬背，把考试成绩看得很重。但不久，在读什么书和如何读书的问题上，我受到两点启蒙。一是来自黄枬森先生，二是来自许全兴先生。说来都有些偶然。

开始我作为班团支部书记，往系办公室跑得比较多，顺便也到系资料室走走，几乎每次都能碰到黄枬森先生。后来熟识了，不时向先生请教，黄先生待人诚恳，每次都热情指点。所谈内容大都忘却，然有一点至今铭记。有一次，黄先生问我，在看什么书。我说在看艾思奇主编的哲学教科书。他说，作为哲学系学生，学习马克思主义哲学，既要学原理，也要读原著。从此"读原著"三个字，深深印入我的脑中。许多年后我才知道，黄先生在那些年，正带领一些老师对列宁的《哲学笔记》及《唯物主义和经验批判主义》展开深入研究。可见，当年黄先生所言，并非随口一说，而是经验之谈。

许全兴先生1964年毕业于北大哲学系，后留系任教，曾担任我们班一个多月的班主任。因住房一时未落实，于是有几天在学生宿舍与我同住一室，故而接触较多。我看到许先生读书认真，还不时在本子上记着什么，于是向前探问。原来先生是在写读书笔记。这是我生平第一次听说，读书还要做笔记。许先生还给我讲了做读书笔记的重要性和如何做读书笔记。

黄先生的点拨和许先生的榜样对我的意义非同小可，促使我真正告别了中学时代，开启了一扇通过自我求索走上学术之路的门。从那时起，我遵循黄先生的教导，开始学习马克思主义原著。我在北大自学的第一本马克思主义著作是恩格斯的《反杜林论》。也是从那时起，我开始学着许先生的样子，做起读书笔记来。后来走上高校教学岗位，更是系统阅读了大量马克思主义原著和其他著作，做了许多读书笔记，写下了不少心得体会。这件事做起来烦琐、费力，但我坚持做了几十年，而且乐此不疲。到目前为止，已写下各式各样的读书笔记一百几十种。这也为我的研究奠定了比较坚实的学术功底。回顾以往，我之所以能在学术上取得一些成绩，得益于此多矣！不仅如此，我还借给一些学生和青年教师搞研究、写论文，在资料方面为他们提供了不少方便。

我自己大量读书、做读书笔记，也指导学生这么做。不仅如此，还注意总结其中的经验教训，继而把内容加以扩充，并以此作为讲义，主动给本科生开了一门选修课："文献检索与论文写作"。这门课连续讲了十几年，受到学生好评。我又把这门课的讲义整理成一本书：《学术论文写作通鉴》，由安徽大学出版社于2005年出版。该书写成以后，我第一个想到许先生，想请他写序。不出所料，许先生欣然应允。在序中，许先生不仅认为我先前出版的《形上智慧论》《实践主导论》《终极关怀论》"三大著作，构成了一家之言"，而且还认为《学术论文写作通鉴》"是一本视野开阔、立意高远、系统论述治学与写作规律，富于实际操作性和带有个性色彩的学术论文写作著作"①。

毕业以后，由于多方面的原因，我与黄先生联系中断，直到2003年11月在上海召开的一次人学会议上，才与先生不期而遇。接下来的几天，与黄先生朝夕相伴，交谈甚欢，谈及在北大受到的教诲，先生欣然。后来黄先生还为我的《终极关怀论》一书作序，认为该书"是一本时代气息浓郁、内容翔实、学术品味醇厚的，对人学理论进行了深入系统研究的力作"②。

许先生和黄先生对我作品的上述肯定，使我十分感动。我自知，上述两本小书缺陷不少，二位先生有些过誉。不过，已是海内著名哲学家的二位先生的肯定和鼓励，对我的促进和鞭策作用是很大的。

三

杨克明先生，又名杨适，1962年毕业后留校，是我班的第二位班主任，也是我们年级的马克思主义哲学课教师。杨先生很有才情，我们进校不久，杨先生就在北京市委宣传部主办的《前线》第16期上发表了《一分为二和阶级分析》一文。这篇文章，对幼稚的、刚进校的我们来说，读起来犹如雾里看花，但当年刚刚30岁出头的杨先生发表

---

① 《陶富源文集》第10卷，2005年版序言，芜湖：安徽师范大学出版社，2016年。
② 《陶富源文集》第3卷，2004年版序言，芜湖：安徽师范大学出版社，2016年。

学术论文这件事本身，在我们班引起了轰动。大家认为杨先生有能耐，了不起。不由自主，我在头脑中也萌生了这样一个念头：如果将来在高校当教师，也应像杨先生那样，既搞教学，又搞科研。这个念头，在当代人看来，似乎比较平常，可能算不得什么，可在随后到来的那个年代，正是这样一个简单的念头，曾在毕业以后的一些年中，影响了我的人生选择。

1970年3月我离开北大，到安徽阜阳六三七七部队插花庙农场劳动锻炼。一年后，于1971年3月到芜湖市教育局报到。当时面临两种选择：一是留在生活较为方便的芜湖市内，到中学当教师；二是到条件较为艰苦、地处芜湖远郊的芜湖师专任教。当年一起到芜湖报到的9位农场战友中，只有我和同年级的郑庆林同学，为了学有所用和能有机会从事科研工作，而毅然选择去芜湖师专任教。

"文革"后期的芜湖师专，说其破败也不为过。两根水泥立柱当校门，园内荒草丛生。走的是泥巴路，用的是池塘水，竟然还有一些老师在用毛竹搭成的简易棚子里办公。学校没有围墙，外人随便出入。学校的篮球场、足球场分别成了附近农民的晒谷场和放牧场。另外，寄信、买粮、买油都要到离学校六七里外的小镇上，工作生活极为不便，不少老师忍受不了这份辛劳，于是纷纷调离，但我和郑庆林坚持了下来，我们与学生为友，以教书为乐，相互激励，积极进行学术研究。可以说，是我们两位和中文系两位老师，共同开创了芜湖师专的科研风气。

在"文革"风波尚未消去的年代，要进行学术研究还是要冒一些风险的。记得那时该校一位分管教学的副校长就曾在全校教职工大会上宣称："教授就是要教，讲师就是要讲。"言下之意，你们这几个人搞科研是不务正业。不过，我们并没有理会，照样"我行我素"。之所以有如此胆气，说到底，还是受益于在北大受到的教育和北大老师的榜样。

由于在学术研究方面先行一步，也庆幸论资排辈陋习的破除，我和郑庆林于1980年破格晋升讲师，1986年评为副教授，1991年跃升教授。我们俩当年是安徽省最年轻的讲师，也是最年轻的副教授、教授。人生的这样几步，相对同辈人而言，在时间上可能提前了至少5年，在有限的人生中，5年可不是一个小数字！不过，在这里，还得感谢邓小平同志的改革开放政策，使我们赶上了一个好时代。

由于有了一些声望，1984年，我在复旦大学进修，在毫不知情的情况下，被群众民主推荐（后来名曰"海选"），当上了芜湖师专的校长。尽管毫无思想准备，也从未有过此种念头，但我还是服从了组织的安排。在担任校长期间，我夙兴夜寐，除旧布新，与学校领导班子成员共同努力，不仅使"文革"遗留下来的许多问题得以妥善解决，而且还迅速打开局面，使学校工作上了一个新台阶，为该校后来被表彰为省"优秀师专"和被评为芜湖市"花园式单位"奠定了一定基础。当学校工作步入正轨，能够健康地前进时，我主动辞去了校长职务，继续留在该校当一名普通老师。当时不少朋友表示不解，说"校长当得好好的，怎么说不干就不干呢？"还有人说，"放弃校长（副厅级）142元工资不拿，却心甘情愿去拿讲师的97元工资（'文革'后，第一次工资改革），这不是傻吗？"其实有什么傻不傻的，就是情系讲台，志在科研，不忍割舍。1995年调入安徽师范大学以后，也曾有两次从政的机会，但都被我婉言谢绝。在我看来，从事教学科研是我的兴趣所在，快乐所在，更能实现我的人生价值，人生几十年，我不能把自己放错了位置，不然会死不瞑目。

多少年来，我孜孜矻矻，不敢懈怠，一直在教学科研园地上辛勤耕耘。俗话说，天道酬勤，故而我也有一些不错的收获。到目前为止，共主持国家社科基金项目三项，著有《形上智慧论》《实践主导论》《终极关怀论》《中国特色协商民主论》《青年马克思与费尔巴哈》《唯物史观在当代》《唯物辩证法与实践智慧》等12部著作，其中独撰7部，主编教材4部，发表论文180多篇，其中，在《哲学研究》上发表8篇，共获得省部级科研成果一等奖1项，二等奖3项，三等奖2项。

四

如前所说，我在北大得到许多关爱。比如，我在班上享受的是一等助学金19.5元；在得肝炎期间，得到了校医院的医生、护士和同年级不少同学的照顾。使我不能忘怀的，还有施德福和孙伯鍨两位先生的关心。

施先生有古仁者之风，他是我们班的第三位班主任，是到宿舍看望学生次数最多的人，对我们这些来自农家的贫困学生，先生更是呵护有加。

孙先生是（2）班的班主任，与学生关系亲密，视生如子。一年夏天，孙先生到学生宿舍来看望大家，有人带头打起了孙先生的"秋风"，要孙先生拿钱请客，孙先生笑称忘记带钱。一女生表示不信，竟伸手掏起了孙先生的腰包。可孙先生不以为忤，相反还脸挂笑容。师生间如此融洽，如此人文，实在难得！后来孙先生调南大任教，因离得较近，所以我常去看望，得孙先生教益甚多。他也曾主动给我的《实践主导论》一书写序，给予肯定和鼓励，使我心中暖如春阳。

点点滴滴，滋润心田，化为我对教育工作的投入和对学生的挚爱，由此我也得到了来自学生的认可和尊重。有几位我所教过的毕业生曾先后在报刊上发文，给予我鼓励性的肯定和赞扬。诚然，作为安徽师范大学马克思主义哲学学科带头人，我还是做了一些事的。比如，组织领导该学科于2001年成功晋升为省级重点学科，并以我为首于2005年成功申报了马克思主义基本原理博士点。另外，坚持科研育人，我所指导的博士生，在读期间，其毕业论文有1/3获国家社科基金的立项资助，另有1/3获教育部科研基金的立项资助。由于在教学科研、学科建设、人才培养等方面做出了一些成绩，我曾被评为享受国务院政府特殊津贴专家、全国模范教师、国家社科基金评审专家、二级教授、省级教学名师、省优秀教师、省十大杰出教师，获曾宪梓教育基金高等学校教师奖三等奖、省五一劳动奖章、北京大学优秀校友等称号和荣誉。

在评上教授以后，我被不少高校，包括南京大学聘为兼职教授，也不时被一些高校请去给学生讲学。按照惯例，在开讲以前，主持人总要把我介绍一番，以表敬意。然而在介绍的众多"名号"中，"北京大学高才生"这一称谓被学生最为看重，因而所获掌声也最为热烈。起初我有些不解，后转念一想，释然！我所取得的这些成绩、所表现的所谓"精彩"，不都是北大之赐吗？

行文至此，赋诗一首，以为总结：
历历往事寸草心，
悠悠思绪燕园情。

心怀学坛桃李梦，
情喜九州生气盈。
最后，祝燕园更加美丽，祝祖国更加繁荣！

盈科篇

在张拐的那些日子[*]

一

1976年，注定已成为中华人民共和国历史上极为特殊的一年。这一年，开创共和国的三位伟人——周恩来、朱德、毛泽东相继离我们而去。^①国失梁柱、天地为悲，而"四人帮"图谋抢班夺权，凶焰正盛。党和国家正处危难之中，国人心头愁云紧锁。

也就是在这一年，作为驻张拐大队基本路线教育宣传队成员的我们，以上述三位伟人为榜样，化悲痛为力量，胸怀党国、心忧人民，在力所能及的范围内，尽量减轻极左路线的危害，做了一些顺应当地民心之事。现在看来，在那样的年代，这也不失为一个小小的奇迹。这个奇迹就是在一个常闹饥荒的地方，领导人民大力发展生产，使全大队粮食产量一年增长百万多斤，即全大队3000多人，人均增长330多斤，而这相当于每人半年多的口粮。由此，我们也获得了群众的真诚拥戴。

张拐地处安徽省芜湖县万春圩东部边缘，当年是张镇公社下属的一个大队。"圩"或"圩区"是在低洼湿地，四周筑堤，排干堤内之水，加以开垦而成。万春圩为北宋时代所垦。圩区最怕的是水患。一旦遭受连日暴雨，或内水排泄不及，或外水破堤而入，圩区则成汪洋泽国。这样，不仅粮食颗粒无收，而且还会危及人畜安全。张拐大队又处万春圩较低地段，因而难免遭灾。加之长期以来，大队干部领导

---

*原刊于陈孔祥主编：《赭麓记忆：安徽师范大学口述实录》第三辑，芜湖：安徽师范大学出版社，2021年。

① 1976年1月8日，周恩来去世。1976年7月6日，朱德去世。1976年9月9日，毛泽东去世。

· 43 ·

不力，张拐成了那一带出了名的后进大队，不少百姓处于深度贫困之中。

1975年11月下旬，芜湖师专接到中共芜湖（现为宣城）地委通知，要以芜湖师专委派人员为主，组建一支基本路线教育宣传队。我作为该校哲学教师，也被列入其中，并被委以宣传队秘书之职。我们一行9人（王俊杰、王万远、周俊、周荣鑫、苏学卿、华一德、车学书、唐德明和我），在时任芜湖师专党委副书记王俊杰的领导下，于12月18日上午，从学校出发，坐上送我们去的卡车，来到张镇公社集合。驻公社宣传队领导发表了讲话，吃过午饭以后，我们便于当日下午背着行李，步行来到张拐大队。从此，开始了我们在当地的基本路线教育工作。

二

王俊杰是早年参加革命的一位老同志，河北束鹿（现为辛集）人，于1928年出生于一个小职员家庭。8岁丧父，主要靠其母纺织和变卖家产，艰难度日。抗日战争爆发以后，共产党来到了他的家乡，受到党的教育，他走上了革命道路。他于1939年参加中共抗日少年先锋队，1946年加入中国共产党。1949年随解放军南下，先后担任徽州地区（现黄山市）休宁县粮食局局长、副县长。王俊杰原本只有小学文化程度，但他坚持自学，并向有学问的人虚心求教。在一些年中，他甚至屈领导之尊，执弟子之礼，每周有一到两次，利用晚上时间，到一位普通教师家中，听其授课。由此，他的文化和理论水平不断提高，加之工作认真，对党忠诚，于是他被上级信任，调往中学（屯溪初中、屯溪女中）担任校长；1958年又被调到大学（芜湖师专）担任分管教学的副校长。

三

我于1971年3月来到芜湖师专工作，当时王俊杰早已官复原职。在这次下乡从事宣传队的工作以前，他作为领导，我作为普通教师，我们之间已经相认相知，也有一些直接交往。因为他的办公室与我的办公室（兼卧室）处在同一层楼上，因而在楼梯和楼道里不时照面并打个招呼。除此以外，他也偶尔来到我的房间，或探讨一些理论问题，或讨要一点茶叶（他忘带了），或往杯里续一些开水（他办公室的暖水瓶空了）。我那时是教工排球队队长，我们排球队一般是利用下午课外活动时间，一周集中训练几次。他下午5点左右下班回家，路过排球场地，有时也会放下手中提包，与我们一起玩玩排球。当时他给我的印象：这是一位工作上勤勤恳恳、学习上善于思考、日常交往中笑意迎人的好领导。加之，他作为老革命，又一头白发（后来我得知，他是少白头），因此我对他心怀敬意。他对我也似有好感。这里的"似"只是一种直觉，因为他从来没有当面表扬过我。可能在他看来，在我们之间这样做，有些"外道"。不过，我被任命为宣传队秘书这件事，虽然是学校党委的决定，但我猜想，按照一般工作程序，多半是作为队长的他提议的。这从而也可视为他对我有好感的一种间接的证明。但总体来说，我们那时相知不深，关系也谈不上亲密。我们真正成为朋友，并进而视为知己，还是从在张拐一起工作的时候开始的。

在张拐，我们共住一室、一同工作、一起散步，可谓形影不离，无话不谈。在这个过程中，我走近了他，他也走近了我。

所谓他走近了我，是指在他的心目中，我不仅是一个大学教师，而且是一个有着深厚农民情怀的大学教师。我是农民的儿子，那时我的母亲和妻儿都还在江苏农村，是日出而作、日落而息的挣工分吃饭的农民。我家的亲戚也都是农民。我曾经的中小学同学，有不少也是留在当地当农民，或是拿工分的农村基层干部。我到大学工作以后，每年寒暑假也都要回到农村老家，帮助家里打理农活。因此，我对农村、农民、农事比较了解，对农民有着深厚感情，在如何看待和解决农村的种种问题上，也能提供一些有参考价值的见解。王俊杰对我的这些见解，也颇为重视，这与他在这一方面存在短板有关（他在这以前一直没有从事过农村工作）。因此，在这个意义上可以说，在工作队工作期间，我不仅是听他指挥的秘书，而且还成为他的得力助手，以至某种程度的"智囊"。

所谓我走近他，是指在我的心目中，他已不仅是过去我所了解的一个一般的好干部、好老头，而且是一个对自己要求很严、党性很高的好干部。从严于律己来说，他为了和农民打成一片，一身农民打扮：晴天一双布鞋、雨天一双胶鞋，下水田干活，则是打着赤脚。在张拐一年，我们工作队没有收过一份礼，除在离村前的一天晚上，与大队干部告别吃过一顿饭以外，没有吃过一次请（我们是自办伙食），真正做到了不拿群众一针一线。工作队其他队员不时有人因事请假，可王俊杰从没有一次因私离队。1976年春节，他安排别人回家过节，却让自己和我，以及另一位队员周俊同志（曾参加过皖南新四军）一同留守农村，说要与农民一起过年。在这期间，他还协助大队干部，为安排好军烈属、五保户、困难户的生活而操劳奔波。总之，他操心工作、操心群众，就是很少操心自己。他的党性极强，集中表现在他的"唯实"和"唯民"的作风和品格方面。

四

从事任何社会工作，总要发现问题、分析问题，并解决问题。这其中，解决问题是目的，（正确）分析问题是关键，发现问题是前提。但问题有真假之别、大小之分。在宣传队工作期间，王俊杰经常挂在嘴边的话，就是要重视群众揭发和反映的问题，但一定要重证据、重调查研究，要分清两类不同性质的矛盾（敌我矛盾和人民内部矛盾），绝不能造成冤假错案。因此，群众所揭发的大队干部的那些问题，他往往要亲自过问，找知情人、当事人谈话，了解核实情况，仔细查看票据，甚至派人外出调查。

我们进村不久，有人反映说，某人之所以能当上大队干部，是因为他母亲是一个"狐狸精"，专会拉拢腐蚀上级。这还了得！当天晚上王队长即拉我一起，到这个大队干部家中去探个究竟。一见面，一聊天，才知道，他母亲哪是什么"狐狸精"，只是人长得小巧，衣着整洁（相对于其他农村妇女），善于言谈又不失礼貌而已。

在张拐工作期间还发生过这样一件事，即我们大队有一位女青年因邻里纠纷，不断上访，从公社到县里，以至闹到县委召开的农业学大寨动员会上，造成了恶劣影响。于是，县公安局局长带着一帮警察来村里抓人。这位女青年躲入已长到半人高的麦地里，结果逃脱。可这位局长为了推卸责任，竟诬说我村一位姓汪的生产队队长妨碍执法，致使犯人逃脱，于是要捉拿问罪。其实，这位生产队队长当时正领着群众在水田里插秧，看见警察抓人，只说了一句，人民内部矛盾，何必抓人。王俊杰了解此情况后，要我立即写报告，向县委反映，说明真相，从而避免了这位生产队队长的牢狱之灾。这位县公安局局长不久即被调离，并受降职处分。

在张拐工作期间，我们没有发现或无根据地揪斗一个"阶级敌人"。对干部中存在的问题，比如个别干部的作风不正、干部之间的不和、干群之间的矛盾，以及党员老龄化等问题，都是通过组织学习、热情帮助和严格要求来加以解决。比如针对党员老龄化问题，就是开办入党积极分子学习班，展开教育，从而陆续吸收了一些优秀中青年入党，这些人不久也就成为大队各级干部的后备人选。正是这些认真细致的工作，理顺了干部之间、干群之间，以及群众之间的种种关系，从而为生产发展提供了政治条件。

五

农村基层的一切工作都是为了发展农业生产，改善人民生活。在这方面，我们驻村工作队与大队干部一起，围绕生产发展，主要做了三件事，即帮群众解燃眉之急、疏现实之困、破长久之忧。

所谓解燃眉之急，是指进村以后，通过调查，我们发现，有85%左右的农民家庭口粮短缺、青黄不接，不少农民面有饥色。此事紧急，我们工作队经过积极努力，及时得到了上级支持，下拨了一批救济钱粮，从而调动了农民的积极性，使生活和生产得以正常进行。这件事，快速拉近了我们和群众之间的距离。

另外，上文提到的我们工作队队员周俊同志是我校一位经验相当丰富的校医。他把药箱带去农村，指导大队"赤脚医生"，并和他们一起给农民看病。这消息传得很快，也快速增进了我们与群众的感情。

所谓疏现实之困，是指救济钱粮只能解一时饥荒，而要改善生活，消除贫困，只有大力发展生产。在这方面，我们工作队协助大队干部主要抓了三个方面的工作。一是，不违农时。在农忙时节，停止一切与农业生产无关的活动，全体动员、全力投入。我们工作队队员也下到田间地头，与农民一起参加农业劳动，抢收抢种。二是，提高干部领导和管理生产的能力。注意总结经验，表扬先进，以带动一般。比如，对抢收抢种的进度、质量及时加以掌握，对先进者利用村头广播加以表扬。三是，推广科学种田。组织有知识的农民和下放"知青"积极参加公社和县里组织的农技培训班学习，回村后，组织推广、落实。

所谓破长久之忧，就是在驻公社宣传队和公社党委的领导下，利用冬季农闲时间，开展水利建设大会战。把原先一条又浅又窄的小河沟，拓宽深挖为一条有利排灌的大水渠。我们驻村工作队和大队干部一起组织农民积极参加，以生产队为单位落实责任，分片包干，做好后勤保障工作，并实行奖惩政策。驻村工作队除个别留家烧饭的人以外，全部来到工地参加劳动。工作队中最年长的队员王万远同志，是一位50多岁的参加过抗日战争的老同志，也来到工地，为大家加油鼓劲；年近半百的队长王俊杰，则下到沟底挖泥装运；队里的两位老大姐，苏大姐和华大姐也不甘落后，与男队员一起参加劳动。我们这些稍年轻的队员就更不用说了。尽管我们与农民不同，没有土方量要求，但一天劳作下来，也是腰酸背痛。夜里稍有恢复，第二天一大早还得上工。这对我们这些常年坐办公室的人来说，确实是一个不小的考验。经过20多天的奋战，这一造福后代的工程终于如期完成，并在当年就发挥了作用。

由于驻村工作队指导思想正确，大队干部领导有力，人心和顺，上下一致，加之风调雨顺，全大队庄稼长势喜人。广大农民走在地头，乐在心头。收获季节，一位老农对我说，打记事起，就没见过收获这么多的粮食。我所分管的生产队，这一年还获得了特大丰收。农民分得了许多粮食，一些农民家的箩筐装满了，粮袋装满了，还是装不下，干脆就把分得的粮食临时堆放在堂屋中。

粮食获得了丰收，农民也没有忘记为国家做贡献。先是要交作为农业税的"公粮"，然后要卖"统购粮"，后来又接到上级号召，希望农民再卖一些"光荣粮"，以支援国家建设。我把这个号召与生产队队长说了说，让他回去组织讨论，并说，如果大家不愿意，也就算了。说心里话，对此我也没有抱太大希望，因为农民饿肚子饿怕了，好不容易取得一个大丰收，要他们再卖"光荣粮"，这个工作不好做。然而，我低估了农民的觉悟。不多一会儿，队长来告诉我，大家一致赞同再卖一些"光荣粮"。农民也懂得抓住机会在乡邻面前风光自己。他们在稻箩上，插上写有"光荣粮"三个字的红纸小旗，20多位青壮年农民，挑着装满稻谷的箩筐，和着步点，喊着整齐嘹亮的劳动号子，大步走在通往粮站的乡村道上。看到这一幕，我心生感慨：在早春时节，因分配救济粮还曾斤斤计较的农民，不到一年就变得如此豪迈大方，这是物质变精神啊！

　　1976年底，我们在张拐的工作临近结束。在离村的前一天，我们工作队的全体同志到各分管的生产队，走庄串户，对共同战斗过一年的乡亲，作最后一次走访和告别，芜湖师专领导派来卡车接我们，校办还派人带来放映机，在晚上给农民放了一场电影。第二天吃完早饭，我们一行正准备坐车启程，猛然间，从四面八方涌来一大群人，男男女女，老老少少，人们穿着走亲戚才穿的衣服，分列道路的两旁，敲锣打鼓，掌声震耳，与我们依依话别。情儿牵牵，车行缓缓。原本从大队部到公路，最多不过20分钟，结果汽车足足开了40多分钟。我们的农民兄弟太好了，其实我们只是做了一点该做的事。这也使我们深刻领悟到，民心就是最大的政治。然而人民需要组织、需要领导，特别是一个地区、一个单位的第一把手，尤为重要。在这个意义上说，如果没有王俊杰这位好队长，也就没有我们工作队与张拐干群一起创造的生产奇迹。几十年来，张拐农民欢送我们离村的热烈场面，已成为令我兴奋的永不褪去的记忆。

六

　　回校以后，我仍当我的大学老师。不久，王俊杰被调往中共芜湖地委党校任副校长，后又任中共宣城地委宣传部副部长。开始几年，张拐大队也曾有一些干部和群众到学校来看望我们这些工作队队员。我们都视之为朋友，给予热情招待。王俊杰调离学校以后，我们之间也一直保持联系，并像走亲戚似的常有往来。自然是我去看他的次数多，他偶尔也到我家来做客。因为芜湖师专在芜湖市远郊，我的两个孩子那时在市区上中学，学校还没有接送车，因而早晚来回很不方便，有一段时间无偿地借住在他家的一处小房子里，得到他和家人的许多关怀和照顾。这一恩德我们全家至今铭记。我们的交往一直持续到2013年他去世。这种真诚的交往是人世间最为难得、最为珍贵的东西，令人回味、令人陶醉。难怪古人会感叹：人生得一知己足矣！我们宣传队的王万远、周俊同志也先后离去。

　　"清明时节雨纷纷"，今又清明思故人。忆想当年，权作此文，以表达对王俊杰和上述王、周两位同志的怀念。

遵从本心

——担任和辞去大学校长职务的前前后后

我曾于1984年3月到1985年9月，在芜湖师专担任校长。任命下达时，我正在复旦大学进修。对我来说，这个任命颇为突然。履职一年多后，学校面貌有所起色，可以说，工作干得好好的。可正当此时，我又主动辞去校长职务。这确实又出乎上上下下许多人的意料。这里，就其前前后后的那些事，回忆如下。

一、结束进修，回校履职

1983年4月，经自己主动联系和报芜湖师专领导批准，我争取到了一个到复旦大学哲学系（现为哲学学院）进修的机会，从1983年9月开始，时间为一年。对这个难得的机会，我是很珍惜的。

其一，我从1971年到芜湖师专工作，到1983年的10多年间，除了有一次到苏州大学哲学系短暂（一个月）进修以外，一直在校内忙于教学。长期处于农村闭塞的环境中（芜湖师专地处芜湖市远郊），实在需要走出去见见世面，透透空气。另外，我预感到真理标准问题大讨论所引发的思想解放潮流，必将促进哲学本身的解放。我自忖，虽不能成为这次解放的弄潮儿，但也决不能置身事外，成为一个落伍者或旁观者。因而渴望通过进修学习，去感受和领略这个解放的气息。

其二，我在多年的教学和科研工作中，确实有了不少思考，积累了不少问题，希望通过进修、学习，以求得名师指点。

其三，复旦大学哲学系为我国哲学重镇，在全国哲学院系中，是有较高知名度的。因此，主动联系到这里来进修，我自认为一定会不虚此行，大有收获。后来的事实证明，确是如此。

长期以来，在我的人生阅历中，逐渐形成了这样一个观念：求学要追求名校，深造和进修要追求名师。如果二者不可兼得，那么只能舍名校而取名师。

为了能早些熟悉复旦大学的学习环境，我于开学的前3天，急不可耐地离开芜湖前去报到。报到那天，我受到热情接待。系里预先已有安排，指派屠玉琴先生为我的指导老师，并把系里各位老师在本学期开设的课程，及其所在班级、时间、地点等列表告知我，由我按自己所需，自由选择，随堂听课。

1. 结识周荫祖老师

办完各种报到手续以后，我来到宿舍。一个房间安排5人住宿，有一位从青海师大来进修的周荫祖老师已早我先到。我们自报家门。周老师突然冒出一句："你是名人啊！"我问："我怎么是名人？"他说：你发表了不少文章，我都看过，很有见解。我说，没有你夸得那么好，还是请你多加指教。他说，你得多帮助我才是。周老师的谦逊，令我感动。从此，我俩成为知心朋友，不仅有时一起上课、一起散步，交流学习心得，各自写了文章，也相互切磋，而且在进修结束各自回校以后的几十年中，仍保持联系。其间，他从青海师大调到中共南京市委党校工作，我利用出差的机会还先后顺道去看过他三次。每次他都热情款待，并把他出版的著作赠给我。

我敬重周老师的为人，他身上有一些闪光的东西。

周老师，江苏金坛人，长我6岁，到复旦进修那年，已44岁。他于1960年毕业于华东师大政教系。为支援西部建设，他服从组织安排，来到青海工作，在那里一待就是20多年。可能由于青海水土方面的原因，刚来复旦时，他脸色黄黄的。他的进修时间为半年。在临离校时，他的脸色已经由黄转白，似乎还胖了一点。同是进修老师的小徐打趣说，周老师你这次回家，周师母可能已经认不得你了。

周老师是农家子弟，是家里的长子，有一弟一妹。因其父身体欠佳，故而他在大学毕业工作以后，也就成了家中的经济支柱，供弟妹读书学习，其弟还上了大学。他自己育有一男两女。在那个低工资的年代，他的家庭负担不轻。他来复旦时穿了一件中山装，大热天，我劝他买一件衬衣。他说，再过些时日，天就凉了，买一件回去用不上（青海夏天比较凉爽），岂不浪费。周老师对自己如此抠门，可在离开上海返回青海之前，却出手大方，像发了一笔财似的，为家人和朋友，手提肩背买了不少东西。细想起来，何独周老师如此，我们那一代中的不少人，不都是自己节衣缩食，而对子女、亲人关爱有加吗？

周老师在事业上很有追求。他原先在青海西宁市一所中学教书，后因表现突出，被青海师大看中，调往那里工作。在青海师大，他也是比较早地评上了副教授、教授。我感到他有两个长处：一是特别勤奋。有那么一股子劲，就是不懈怠、不服输，要把自己的工作做得很出色。作为一个原因，他发表了不少切合时代需要的学术成果。二是记忆力和口头表达能力极强。在一次全国性的学术会议上，我遇见了他所在单位即中共南京市委党校的一位同事。据这位同事说，他的课很受学员欢迎。一场报告，不看讲稿，滔滔不绝，连着讲三四个小时，对他来说，那是常事。不过，记忆力和口头表达能力，也是他勤奋练就的，不是生来如此的。

2.感恩胡曲园先生

到哲学系办公室报到的那天，有一位老者也在场。我出于礼貌，喊了一声"老师好"。随即，在旁的一位青年教师介绍说，这是我们系的老主任胡曲园先生。在那个资讯不发达的年代，加之我个人孤陋寡闻，先前从没有听说过胡曲园这个名字。不过，出于礼貌，我还是伸过手去，与他相握，并说了一句客气话：今日得见胡先生，很为高兴。接着告之，我叫陶富源，来自安徽芜湖，是来进修的。胡先生说，那你先报到，等日后有机会再聊。这次偶见胡先生，开始被我视为人生平常，压根儿没有放在心上。日后才知道，我这是遇上了人生的"贵人"。

大概过了一个多月，即10月上旬的一天下午，上完两节课以后的4点多钟，在回寝室的路上，我又与胡先生不期而遇。我俩一边走一边聊。聊了些什么，有些早已记不清了，但有三点至今还印象深刻。

一是胡先生还记得我的名字。他说，你的名字叫陶富源，怎么我听起来并不陌生，好像在哪儿见过。我说，我在《哲学研究》、《国内哲学动态》（现名《哲学动态》）和其他一些刊物上发表过文章，您可能在浏览相关杂志时，不经意间偶尔看到过我的名字。胡先生听我如此说，似有所悟，连声说，可能就是，可能就是。他说，能在这些全国知名的大刊物上发表文章，可是不易。

二是他接着问我毕业于哪所大学？我答曰：北京大学哲学系。胡先生感叹道：怪不得，你原来学于名门。后来我才得知，胡先生曾两度就读北大，是我的北大前辈校友。心想，好险啊！庆幸当时没有在胡先生面前，表露出半点得意之色，不然将无地自容。

三是胡先生接着问我，现在在研究什么问题？听胡先生如此问，我随即从包中取出刚写好的一篇文章——《过程是辩证法的重要范畴》，交予胡先生，请他指教。他说，我先睹为快。现在看来，这篇文章还留有那时的一些稚嫩的痕迹。

几天以后，胡先生让给我们讲授列宁哲学思想的余源培先生捎话给我，说我的那篇文章，他已推荐给《复旦学报》编辑部，让我得空，到学报编辑部去找一位叫张家骏的编辑，交换一下看法，听取他的意见。获胡先生如此青睐，我开始有些不敢相信，似有天上掉馅饼的感觉。余先生看我有些发愣，提醒一句："这事要抓紧啰！"我这才回过神来，确认这是真的。那天上午两节课，余先生讲的内容，我似乎一点也没有听进去，老是想着这件事，有些兴奋。一上完课，我就连走带跑，直奔学报编辑部而去。

来到学报编辑部，张编辑听我说明来意，给我让座、倒水。并说，陶老师，你坐一会儿，我出去办点事，马上就回来。我原以为，是什么紧急事。可等张编辑回来以后，我才知道，他是到楼下小卖部去买了一包烟，来招待我。我虽然不抽烟，但他的热情确实让我感动。张编辑告诉我，他是胡先生的学生。胡先生难得帮人推荐稿件，凡他推荐的稿件，质量肯定是高的。并说，编辑部已决定在明年（1984年）第2期发表。接着我们聊到胡先生的为人。从张编辑口中我才第一次得知，胡先生早在1927年底就加入了中国共产党，后来在许多年中不顾白色恐怖，在思想理论战线上为党做了许多工作。他是复旦大学哲学系的创始人和做出杰出贡献者，是复旦大学资深的、德高望重的学者、教授。听之，我肃然起敬，景仰之情油然而生。

再次遇见胡先生是在系资料室（我在课余时间常在那里看书）前的走廊上。我把学报编辑部关于我那篇文章的用稿意见告之，并表示对他的谢意。从胡先生的表情看，似乎他早已得知这个消息，或这一结果本来就在他的预料之中。他突然向我提出一个问题：想不想调来复旦工作？我如实告之，没有敢想，但求之不得。不过，我现在还在进修期间，原单位派送我来进修，我现在提出调离，似有不妥。容我进修结束后，再行努力。胡先生也感到我言之有理，没有再说什么。

不久，芜湖师专政史系主任龚品馨老师到外地出差，路过上海，特地到复旦来看我，我与她顺便谈及调动一事。她说，这事恐怕难度极大。确实，在那个人才单位所有制的年代，如果单位领导不同意放人，那么个人一点办法也没有。不久，进修还没有结束，就被迫回校当校长，因而调动之事也就只好作罢。

离开复旦前，因时间紧迫，我没有来得及向胡先生当面辞行，便写了一封信说明原委，托系办公室转交，以感谢胡先生的知遇之恩。

2016年，胡景中等六位先生，在纪念复旦大学哲学系建系（院）60周年的一篇文章——《哲学与时代担当》中写道："无比爱惜人才，这是复旦哲学系异常突出的一点，无论哪一辈老师，也根本无关专业，学生稍显才华，便爱惜有加，唯恐提携奖掖不及。"此文关于复旦大学哲学系这一特点的概括，我深以为然。我作为一个进修生，算不上什么人才，也没有特别的才华，只是与胡先生在校园里偶然相遇过极为有限的几次，即获胡先生如此的真诚相待和无私帮助，这使我深为感动。几十年来，我一直对胡先生怀有深深的敬重之情。

3.认真研读经典

复旦大学哲学系为本科生和研究生开设的课程，其中有不少是经典著作研读。我从中选择了一些课程进行学习。比如，马克思的《1844年经济学哲学手稿》《〈黑格尔法哲学批判〉导言》，恩格斯的《反杜林论》《自然辩证法》，列宁的《哲学笔记》，还有黑格尔的《小逻辑》等。除了学习这些经典著作外，我还有选择地听了"马克思主义哲学史""中国哲学史""西方哲学史"，特别是"现代西方哲学"等相关课程。其中，有五门课参加了考核，以作为进修成绩记录在册，即记入《进修登记表》，作为对进修生派送学校的一种交代。

在复旦大学哲学系进修，虽然只有短短的7个月，但眼界大开，表现在两个方面。一是，相关课程的学习，特别是经典著作的研读，使我终身受益，从而在学术上奠定了进一步发展的基础。二是，通过听课和课下与老师交流，领略了许多名师的风采。老师们的讲课都进行了认真的准备，融入了自己多年的研究心得和独特见解，对相关的学术纷争及其实质也能进行深入分析，许多问题的讲解也都富有说服力。先生们对讲授的内容也都烂熟于心，在讲课中很少有重点不明、重复和条理不清的现象出现。我作为已有十多年教龄的进修教师，比一般学生更能从老师的讲课中听出其中的奥妙、品味其中的精彩，当然也包括发现某些不足。讲课老师对我这位进修老师似乎也有些另眼相看，不时征求我的意见。这给了我与这些老师进行交流和向他们请教的极好机会，使我从中受益良多。

这种交流是真诚的、平等的。对老师讲课之优长，我不是笼统地加以赞美，而是讲出其精彩之道；对老师讲课的不足之处，也不是点到为止，而是说出所以然。令我感佩的是，我的并不忌口的说三道四，老师不以为忤，而是勉励有加。一些老师成了我要好的朋友。由此我想到，师生关系的最高境界莫过如此，即亦师亦友，教学相长也！

其中，我交流比较多的是黄颂杰先生。黄先生给我的总的印象可以用一个"温"字来概括，即温雅、温和、温暖。我听他讲的是"现代西方哲学"这门课。这在20世纪80年代可算是一门热门课程。对我来说，也很新鲜。因为缺乏这一方面的背景知识，有些内容不好理解，笔记也记不下来。黄先生得知这一情况，竟然将他的讲稿主动给我，让我带回宿舍去看。我也是当教师的，深知讲稿是一位老师呕心沥血写成的，通常是不会轻易交给别人的。黄先生对我这般的无私和信任，几十年后，每当想起这件事，我总是无比感动。

4.请教谢希德校长

1984年3月18日下午，我寝室一位进修老师从哲学系办公室带回一份我的电报。这是以中共安徽省委组织部和芜湖市党委（当时芜湖师专属省和芜湖市双重领导）的名义发来的，说我已被任命为芜湖师专校长，要我速回学校，组建领导班子，尽快上岗履职。看到这份电报，我的脑子一下子乱了，怎么会有这事？毫无喜从天降之感，而是被压得喘不过气来。那一夜，我在床上翻来覆去，没有合眼。作为一个党员，我总不能拒绝吧！如果回去就职，这个校长怎么当，我的心中一点底也没有。我只是一个平平凡凡的普通教师，连教研室主任这种最基层的职务，都没有担任过，可以说，毫无从政经验。

另外，在思想上，我也从未想过，要去谋得一官半职，一心只想搞好自己的教学科研。世界上的事情有时很是奇妙，有些人绞尽脑汁、削尖脑袋想当官，反而不能如愿以偿；而我这个毫无此种意愿者，竟在无意中，一下子被推到副厅级的位置上。

在心情极为不安和烦躁之际，我想去拜访一下复旦大学的谢希德校长，以求得她的指教。经复旦大学校长办公室一位女同志协调，我于3月20日上午10时，如约来见谢校长。谢校长个头不高，微胖，面带微笑，说话声音缓缓的，如聊家常，给人一种家中老奶奶温和而慈祥的感觉。

对如何当好一个大学校长，谢先生给我讲了不少，归纳起来，有以下几点。一是，大学是"文革"的重灾区，现在还处在恢复阶段。现在要做的，首先是改善学校办学的基本条件。二是，"文革"中，学校的许多制度遭到破坏，要抓紧把各项规章制度建立健全起来。三是，要建设一个团结的、能相互理解支持，能办事的领导班子。你是这个班子的班长，首先要做好自己，发挥带头作用。四是，一个学校办得好不好，关键在教师队伍，要认真落实知识分子政策，调动广大教师的积极性，特别是对名教师要给予尊重和信任。他们在师生中有威望，一个人能带动一大片。我深切感到，谢先生的指点句句到位，是经验之谈。听了她的这一席话，我原来那紧绷的神经才稍稍得到了缓解。

二、努力改善办学条件

我作为一个普通教师，何以一下子被推荐为大学校长，带着这个疑问我回到了学校。回校不久，我对此逐渐有了一些了解。

1.机缘巧合，历史偶然

与其他单位一样，芜湖师专以往的领导班子，都是由上级主管部门任命的。这样做，自然没有群众的事。通过对以往经验的总结，干部选拔中的民主原则受到重视。我校的主管部门规定，从我们这一届班子的组建开始，要注意听取群众意见，要在群众民主推荐的基础上选拔和任用干部。这无疑是一个历史的进步。但如何做好这项工作，上上下下都没有经验，因而还有一个探索和总结的过程。

为了进行这项工作，芜湖市委组建了一个工作组进驻学校。工作组首要的工作是物色校长和书记人选。于是，召开了各种座谈会，听取意见，在这个基础上初步内定了人选名单。一开始，是在原有的中层干部中进行选拔。不知怎的，当工作组把初步内定的人选在扩大的范围内征求意见时，却遭到不少人的否定。在此情形下，不得不扩大选拔范围。于是完全放开，不设层级限制，即芜湖师专的所有教职员工都有被推荐的资格。为此，学校工作组召开了两个集中推荐的会议。一是全体党员参加的推荐会，二是讲师以上教师参加的推荐会。这样的推荐方式也就是后来人们所概括的"海选"。因此，我是通过"海选"被捞出来的。当时这样做的，也非芜湖师专一家，安徽师大也曾这样做过。不过，这只是一时之举，后来也就有了更为健全、更为成熟的选拔方式和程序。

工作组原先内定的校长人选，为什么没有获得广泛的认同，除了与当事人的个人原因有关以外，还与当时的环境有关。"文革"中，芜湖师专与其他许多单位一样，也分成了两派。这两派的形成，除了与"文革"这一政治因素有关外，还与其他种种社会的、地域（来自不同地区）的，以及情感等的因素有关。在"文革"遭到否定以后，政治因素的作用虽有所消退，但与此同时，其他因素的作用则依然如故。这就为使当事人获得广泛认可，增加了难度。而我是在"文革"高潮过后，才来到芜湖师专工作的，与原先的两派没有任何瓜葛，因而作为一个原因，也就在无形中减少了获得认可的阻力。

不过，我自知，我作为一个大学老师比较适合，这也是我的志之所在，而作为一个大学校长就不甚适合。这里的不合适，不关教学科研能力和人格品质，主要是缺乏从政经验。如前所说，我长期以来，一直是个被领导者，没有经过几个台阶逐步提升的历练，一下子被提升到了高校行政第一把手的位置上，确实是力不从心。

诚然，我也有我的长处。一是，对学校基层情况比较了解。二是，教学和科研做得比较好，做出了一些成绩，从而在师生中形成了一定的声望。三是，曾在"文革"后期，担任过芜湖师专教工连（那时学习和模仿部队的编制）的副连长，也曾长期担任校教工排球队队长（这支排球队当时在与芜湖市一些单位的比赛中，也曾取得了一些不俗的成绩），我还积极参加学校组织的农业劳动（学校有校办农场），这些活动使我获得了在全校教职员工面前露脸的机会，积累了一些人脉。四是，比较认真的干事习惯。正是自己的"三勤"，或多或少弥补了从政经验较为缺乏这一短板。所谓"三勤"。其一是勤于动口，向有经验的人请教；其二是勤于动腿，注意走到群众中去进行调查研究，了解情况；其三是勤于动脑，认真思考，从而形成点子，去促进问题的解决。我不是那种碰到困难，头脑呆滞、坐以待毙之人，而是要千方百计想办法和发动大家一起想办法，去对问题加以解决。这一方面的优长，可能得益于我对哲学的长期学习和运用。在古希腊时代，哲学就曾被理解为爱智之学。五是，我没有什么权力欲望，没有保"乌纱帽"的所谓思想负担，秉公办事，不想讨好任何人，一心只想把工作做好，从而能对得起拥护我担任校长的广大教职员工。

2.勉为其难，奋力前行

这里的难，有以下三个方面。

一是，我个人的从政经验几乎为零，这在前文已经说过了。

二是，学校党的领导没有得到很好落实。在我履职期间，学校党委没有很好地组建起来，只有一位党委副书记，既没有任命书记，也没有任命委员。学校的各项工作，没有学校党委作后盾，在需要由行政第一把手作决定、拍板或拿主意的时候，因缺少分担，缺少支持，所以我作为校长往往感到很是无助，有一种如履薄冰，如临深渊的感觉，因而感到肩上和思想上的负担特别沉重。

没有经历过那段历史的人们，可能很难想象一个单位的党委领导是这样一种状况。其实，那时，也不独芜湖师专如此，不少单位都有类似情况。其共同原因是"文革"造成的人才，包括党务人才的断层。"文革"中，搞所谓"踢开党委闹革命"，许多领导干部被打倒。后来落实干部政策，解放老干部，他们又得以重新走上领导岗位。等他们超龄服务再退下来的时候，不少年轻干部已经丧失了培养和锻炼的机会，因而一时难以接班，这就造成了人才断层。另外，原来各方面条件不错，被组织所看中的一批年轻干部，有的因在"文革"中，走过一段弯路，要获得组织的重新认可，还得经过一个过程。

所幸的是，我校当时的行政班子，在总体上还是健全的。学校每次召开决定重大事项的行政会议，我都事先与党委副书记进行沟通，并邀请他参加会议、发表意见，以求得他的支持和帮助。

三是，学校积累的"欠账"太多。芜湖师专创建于1958年，接着遇上三年困难时期，后又经历了"文化大革命"，可以说，历史从没有给它安安生生搞建设的机会。学校的一些基础设施还是建校时仓促置办的，既老又破。长期以来，基本上处于勉强维持的状况。学校的各项工作，面临着诸多困难。一个穷单位与一个穷家庭一样，矛盾多、问题多。可以说，每天上班或上班路上，都可能碰到令人头疼的事。一些老师和学生向我反映他们所遭遇的困难和问题。这其中不少问题，在我看来，都提得很是在理，也早该加以解决，但苦于缺乏条件，因此我只能对他们说，请相信我，请给我时间。

解决问题的困难在哪里？主要是缺钱。为了解决这个难题，我经常携带写好的报告，跑教育厅（那时叫省教育委员会，简称"省教委"）。有时一个月跑两趟，诉说学校的困难，请求领导的理解和帮助。真的很感谢当时省教委领导的关心和真金白银的支持，使我解决了工作中的许多难题。

在任校长的一年半时间里，我没有休过寒暑假和星期天（当时每周工作6天），真可谓夙兴夜寐，一心扑在工作上，只求不辜负大家的信任和支持。所做的工作，一是解决"文革"中的一些遗留问题，二是配备和健全学校各级行政领导班子，三是建立健全各方面的规章制度，四是做好学校各项常规性的工作。除此以外，还从一个大学未来发展的角度着眼，做了筑墙、绿化、购书、改善生活设施、稳定教师队伍等工作。

筑墙。就是建筑校园围墙。这确实是关系学校长远发展的一件事。从建校以来，学校一直没有围墙，这也是学校每届领导班子想做而没有条件做的一件事。因为学校没有围墙，周围农村的农民可随便出入校园。学校的足球场成了农民的放牧场，篮球场成了农民的晒谷场。学校周围居住的农家，几乎每一户的家中，都有一件或几件学校的桌椅板凳。有不少农民穿的鞋子，也是从学校"捡"来的。农民经常到学校里来割草，到粪池里掏粪，顺带到学生宿舍楼下"捡"东西。因而学校师生与周围农民的纠纷，时有发生。

为了建筑学校围墙，我校从省教育厅争取到了一笔7万元的经费。这在当时可不是一个小数目，也是跑了多趟，磨破了嘴皮才争取到的。有了钱，还要求得学校所在地当涂县大桥公社（现为大桥乡）大圣大队（现为大圣村）等各级干部的理解和支持，要请他们出面帮助我们去做好学校周围农民的工作。因为学校建围墙，确实给周围农民的出行带来了很大不便。

农村基层干部的工作做起来有难度。难就难在要与他们建立信任和友谊。有了信任和友谊，再难的事，也就不再是难事。还好，芜湖师专历届领导都很注意与当地干部搞好关系。比如一些重大活动，包括新生开学典礼、毕业典礼之类的，有时也请他们到台上坐坐，会后给予招待。他们在工作中遇到什么困难要学校帮助解决，学校也都会伸出援手。对此，当时校内有些人颇有微词，认为这种高规格的接待，有些失格，有伤学校尊严。其实，这是不谙世事的偏颇之词。农村的基层干部，你敬他一尺，他会敬你一丈。由于有了这种长期构筑的感情基础，因而在建墙这件事上，也就进行得比较顺畅。由于工作做到了家，所以学校围墙建成以后，也就没有发生一件遭人为破坏的事。

绿化。学校是读书的地方，校园美化、环境绿化很重要。由于没有围墙，学校的绿化工作一直没有很好地开展起来，树很少，稀稀拉拉的。我说，别的工作可以往前赶，但绿化工作赶不得，只能早抓，坚持抓。我上任以后不久，就组建了学校绿化小组，当年拨款1万元，购买树苗。几十年以后，树长高了，长大了，校园里绿树成荫、郁郁葱葱。夏日炎炎，师专校园里却一片清凉，校园内比校园外的温度竟然低出好几度。

树长大成材了，安徽师大南校区建设，需要绿化，从北校区（原芜湖师专所在地。2005年，芜湖师专整体并入安徽师大）移走的大树就多达400多株。当时分管南校区建设的安徽师大副校长，为此事，还在电话里给我讲了一通感激的话。他说，这给南校区的绿化工作省下了一大笔钱。

购书。这是大学的另一项基本建设。那时不同于现在。现在的学生可以用自己的零花钱购买自己喜欢的书，也可以在网上看电子书。老师也有钱自己购书，建起自己的书房。那时是低工资，老师困难，学生更困难，哪有钱自己购书。在上课之余，学生基本上是在图书馆里借书、看书。老师大体也是这样。因此，那时学校图书馆的图书建设显得特别重要。我作为教师有切身的体会。因此，我把图书馆的图书建设列入了我的办事日程，当年拨款1.5万元购买图书。据说，当时安徽师大每年的这项拨款是5万元。相比师大，师专是个小学校，这1.5万元也是咬咬牙才拿出来的，因为需要用钱的地方实在太多了。

改善生活设施。芜湖师专地处芜湖市远郊，师生的生活，特别是老师的生活有很多不便。比如，看病、买菜（周围没有菜市场，许多老师都在学校食堂就餐)、住房等方面都存在很多困难。为了使这些困难能多少有所缓解，我们改建扩建了学校医务室，增添了相关设备；改建了锅炉房，开辟了教工餐厅(以往教工与学生在同一个食堂排队打饭)，对部分教职工的住房进行了改造，从而增加了稍多一些的活动空间。

稳定教师队伍。要办好大学，教师是关键。要调动教师的积极性，其中最关键的是要关心教师的职称晋升。1980年，按省教育厅有关规定，我校第一次进行了职称评定。这次评定主要是解决"文革"前从大学毕业的老师的职称问题，属于还历史欠账的性质。那时的教师职称评定很不正常，不像现在一年评一次。1980年评了一次以后，就停了好几年。这样，在职称评定问题上，也就造成了在还历史欠账的同时，再添新账。为了解决这个问题，我在校领导班子会议上提议，高级职称的评定，是省里统一搞的，但初级和中级职称的评定是学校职权范围内的事，我们不妨在校内自己启动这两个级别职称的评审工作。

我的这一提议遭到与会者的普遍反对，党委副书记还在会上提醒，别违反党的政治纪律，犯政治错误。我想，这样做，对学校工作有好处，既然是做有好处的事，有什么可怕的。于是两种意见相持不下，最后没有办法，我说，我作为行政一把手，此事如有什么责任，上级追究下来，由我一人承担，与在座的各位无关。话说到这个份上，大家也就不好再说什么。

这是我当校长期间，第一次，也是仅有的一次在校领导班子会议上表现得如此强势。因为在座的校领导，包括党委副书记和副校长等在内，都是我过去的领导，也都曾有恩于我。况且，在年龄上，他们也都大我一截。因而在与他们的相处中，我还是比较能注意分寸的。他们对我的工作也都给予了真诚的支持。

另外，这里的强势也非作为第一把手要所谓个人权威，或现代语言所说的凸显个人存在感，而是事关几十位青年教师的学术前程和命运，关系学校的未来发展。

这次初级和中级职称的评审工作开展得很顺利，效果也是好的，对稳定教师，特别是青年教师队伍发挥了很好的作用。事前人们所曾担心的所谓责任追究之事，事后也并没有发生。

一年多以后，经过学校领导班子齐心努力，工作局面打开了，做出了一些成绩，为芜湖师专后来的发展奠定了初步基础，为该校后来被表彰为省"优秀师专"和被评为芜湖市"花园式学校"提供了一定条件。当然这是后话。在学校面貌发生了可喜变化，师生员工的心情也比较舒畅之际，我为什么突然要提出辞职呢？这其中有根本原因和具体原因。根本原因如前所说，我志不在此，因而并没有长期从事学校管理工作的打算，原只想干3—5年（那时，上级还没有关于高校领导班子4年一届的规定），等学校面貌有了较大改变，即学校办学规模进一步扩大，档次进一步提升以后，再行辞职。可是，1985年上半年发生了一件事，打断了我原先的设想，因而作为一个具体原因促使我提前辞职。

三、主动回归教学岗位

改革开放以后，在大学里和社会上流行一种"双肩挑"的说法，即既做好专业工作，又做好管理工作，把两副担子一起挑起来。其实，这要看如何理解。如果这里的"双肩挑"，指的是日常工作，或是指某种"兼顾"或"附带"，那么这个说法大体可以成立。但如果是指两项工作都做得很投入，且做出值得称道的成绩，那么这一说法恐难成立。其原因有二：一是，一个人的时间和精力是有限的；二是，每一项工作要取得好的成绩，都必须全身心投入，切忌分散精力，心有旁骛。

在刚担任校长的时候，我有些不自量力，自以为正值中年（担任校长那年，我39岁，是那时全国最年轻的大学校长），精力旺盛，可以把行政管理工作和教学科研工作两副担子一起挑起来。后来的事实证明，真做不到。一天到晚忙于管理工作，根本不能抽出整段时间，安安静静坐下来读书和思考一些学术问题，没有这个条件，哪能谈得上搞什么科研。因而我在担任校长期间，科研工作几乎停顿。虽然也承担了每周几节课的教学任务，但也基本上是吃老本，重复以往的讲稿。我讲的课是"马克思主义哲学基本原理"。讲好这门课的关键在于：理论联系实际。而实际是流动的、鲜活的。因而这门课要讲好，也就要求授课老师必须追着时代跑、追着问题跑、追着学生的需要跑。而为了把握时代脉动、问题缘起和满足学生需要，教师就必须先学一步、学多一点、悟深一点，这样讲起课来，才能得心应手、入脑入心。在课堂上，也才能师生互动，而达于心灵共鸣。

对于思想者来说，科研所得是一种莫大快乐；对讲课者来说，学生认可是一种人生享受。但自从担任校长以后，这种快乐和享受便离我远去，而成为历史记忆。科研园地失去了往日的繁荣，教学园地也失去了曾经的灵动。因此我心愧疚、疼痛异常。一个声音在呼唤"归来吧，归来兮"。这呼唤，句句入耳、声声动情。然而与此同时，还有另一个声音在耳边响起："你是校长，为全校师生所系，不可辜负。"这两种声音相互排斥、纠缠，实际上是上述所言的"双肩挑"的不可兼取，即鱼与熊掌不可兼得的矛盾在思想情感上的反映。

其实，不独我有这种思想上的矛盾，那时为党组织所重视，而被推举到管理岗位上的一些专家学者也都会面临此类困惑。这里存在一个认识上的误区，即有不少领导认为，给知识分子以一官半职，就是一种重视。其实，不是。给他们创造必要的条件，让他们在自己的专业岗位上做出应有的贡献，才是真正的重视。可叹的是，在长期的"官本位"思想影响下，一些专家学者，也往往以获得一官半职为荣耀。这实际是一种扭曲。在这种扭曲的背景下，上述人等从政，尽管也面临着专业被耽误的烦恼，但仍然忍受着，并享受着外界对自己"双肩挑"的，然而并不符合实际的赞誉。以致临到退休，回头一看，才猛然感到，丢弃了自己心爱的专业，是何等的痛心。然而，事已至此，悔之无用。人生不能重来一次。因此，我曾劝一些青年朋友，要注重自己的志之所在，如果志在管理上做出一番事业，那么就好好地为大家服务，专心于此，做出成绩。如果想在专业上做出一番贡献，那么就要埋头苦干，不要东张西望。总之，不要受外界的诱惑和干扰，要听从自己内心的指引。我之所以选择辞职，也是听从内心指引的结果。

诚如上文所说，这个辞职决定如此快地做出，是因为一件事的发生。

1985年4月，我参加了省教委的一个高校领导干部会议。会上流传着一个消息，即从当年7月开始国家要进行工资改革。这是从1966年以来的19年中，国家所进行的第一次工资改革。与会的校长、书记听到这个消息都很兴奋，大家议论纷纷。

听到这个消息，我也很高兴。我的职称是讲师，多年来每月工资是65元，按这次改革方案可以提高到97元，翻了将近半倍，多了30多元。无疑，这将改善我的甚为拮据的家庭生活。当时全家5口人，总收入才85元。如果按校长职务提升工资，那么每月可拿到142元。而这比我原来的工资多了一倍还多。这样一来，不仅可以极大地改善家庭生活，而且还会有不少盈余。

然而在高兴之余，也引起了我内心的极度不安。因为我原打算再干两三年就辞职的啊！这可怎么办？我总不能拿上了校长工资再辞职。诚然，校长不当了，工资也会降下来。不过这一升一降，可不是小事！比如家庭这一关就不好过。在我老家农村有一句话：人往富处，好过；人往穷处，难过。这可怎么办呢？我思虑再三，决定提前辞职。

从省里开会回来以后，我把自己的想法与我的母亲和妻子商量。没想到她们都很支持，并说"你自己想好的事，自己拿主意"。辞职这件事，事关重大。在那个时代，几乎没有先例。况且，在不少领导眼中，似乎也并不认为这是正常之举。但不管怎么说，我是党员，我是组织任命的干部，不能随意撂挑子，说不干就不干，而必须过组织批准这一关。至于能不能过这一关，那时，我的心里直打鼓，一点底也没有。

随后不久，市里召开了一次干部会。我与当时分管文教的副市长胡培英坐在一起。她原先是中学教师，我与她有过多次交往，人很好相处，我们俩也比较能谈得来。利用这次机会，我向她吐露心声，也是一种试探，即十分怀念当老师的生活，希望能退下来，继续在芜湖师专当一位普通老师。胡副市长听我如此说，并没有表示不同意见，作为曾经的教师同仁，她似乎很能理解我的心情，并表示，由她把我的想法跟金书记汇报一下。能得到胡副市长如此理解和支持，我的心中燃起了希望。

金书记是指当时芜湖市委分管文教工作的副书记金庭柏[①]。我与金书记交往不多，但在这不多的直接交往中，他给我留下了深刻印象。他是一个理论素养比较高、工作能力比较强、十分开明的领导，是我党有书卷气的、不可多得的一位好干部。在他退休多年并过世以后，

---

① 金庭柏，1932年出生于安庆潜山，1950年参加工作，同年入党，1983年担任芜湖市委副书记，1988年到1992年担任芜湖市委书记，1992年到1998年担任安徽省政协常委，1998年退休。

芜湖市的许多干部谈起他，都还是满怀深情。要不是有幸遇到金庭柏这位开明的好书记，我的辞职申请能否得到批准，都很难说。因此，几十年来，在辞职的问题上，我一直十分感激金书记的关心和理解。

在与胡副市长透露自己的心思以后不久，大约一个星期，金书记来电约我，到他的办公室一谈。所谈的就是辞职一事。他对我提出辞职这件事颇为不解。他说，一年多来，你的工作很出色，师生们都很拥护，最艰难的时期已经过去，为什么要辞职？他还说，你长期在芜湖师专工作和生活，如果因熟人难办事，人际关系不好处，可以由市委，或由市委与省教委协调，换一个新单位工作。我说，不是因为工作负担重，也不是因为熟人难办事，就是想退下来，在芜湖师专当一个普通老师，搞搞教学科研。

金书记问，你这个决定，你家里人怎么看，商量过了吗？我说，商量过了，家里人都很支持。金书记接着说，这件事不是小事，我劝你回去好好想想，别忙做出决定，我今天也不会给你明确答复什么。他说，你自称能搞科研，那么请你下次再来，不妨给我带几篇已经发表的文章，让我开开眼界。听金书记此言，我心想，这哪里是要开眼界，分明是要摸摸我科研能力的底数。

过了几天，我正式写了一份书面的辞职报告，还真的带去了几本发表我论文的杂志，前去见金书记。他边翻杂志边说，看来你的科研能力是很强，并开玩笑地说，副教授、教授的位置正等着你去坐呢。我心想，我的猜测没有错，金书记是代表党组织，对我退下来的处境表示关心。组织上的这份情义，令我心生暖意。金书记从我手中接过了我的辞职报告，对我说，要正式批下来，还有一个过程，主要是，要等新校长的人选确定下来以后，才能成行。并嘱咐，在等待期间，你可一定要把学校的工作抓好。我说，那是当然。

跟金书记这次谈话以后不久，我要辞职这件事在学校传得人人皆知。出乎我意料的是，这在全校上上下下，特别是在我的那些朋友中引起了强烈反响。俗话说，"知我者，谓我心忧。不知我者，谓我何求"①。说我"不可理喻"者有之，说我"犯傻"者有之，反正说什么的都有。这种情况，我在以前的回忆文章中都曾有所涉及。故在这里

---

① 《诗经·黍离》。

不再重复。其实，从就读北大哲学系开始，在一些老师的影响下，在我的心头就已萌生了一个念头：成为一个哲学家。我曾从书中得知，古希腊有位哲学家曾说，求得一个原因的解释，比得到王位还重要。我想，为了实现自己的哲学梦想，还有什么不值得放弃的呢？

顺便说一句，在我从校长岗位上退下来以后，胡副市长到芜湖市三十二中视察工作，还顺道来芜湖师专看望过我一次。作为老朋友，这次交谈也就进行得比较随意。在交谈中，她透露说，要不是碰上了这次工资改革和我有亮眼的科研成绩，我的辞职报告恐怕不可能这样顺利地得到批准。她告诉我，金书记曾与她私下说，马上到手的高工资不要，却要辞职，心甘情愿去拿低工资，此等决心难以撼动，遂了他的愿吧！如此心胸，或许能因此成就一个知名学者。他还说，成为一个好的大学管理者不易，成就一个知名学者更难。我说，十分感谢金书记如此宽容和理解。

此后，我等了两个多月，即在1985年新生到校前，学校收到了上级同意我辞职的正式批文。新校长的人选也已确定，是从市里调入的。但他并没有按时到岗，据说他在原单位的一些工作还没有交接完。这就造成了学校主要领导的空档期，为了不影响学校开学和接下来的新生报到工作，我思虑再三，决定破例召开一次中层以上干部会。在去开会的路上，我碰到一位参会的中层干部。他问我，开什么会，是不是"告别会"？我说，我退下来还在学校当老师，抬头不见低头见，告什么别啊？新生马上就要报到了，我召集你们来，是开一个工作会。听我如此说，他一脸愕然。这次破例的工作会议，人到得特别齐，会上我所提的工作要求，也都得到了大家的理解和支持。

四、担任校长的两点体会

担任了一年多的校长，除了对学校发展有所贡献外，对我个人的成长也颇有助益。这里谈两点体会。

一是，德高才能服众。德有三个层次：私德、公德、大德。私德关乎个人品行；公德关乎公序良俗；大德系牺牲小我，成就大我。大学是科学殿堂、道德高地。大学校长在这一方面应成为全校师生的榜样，容不得半点疏忽、来不得半点变通。我认识不少高校领导。有些人德高望重，被师生称道。但也有些人，被人瞧不上，在退下来以后，终日生活在人们鄙夷的目光之中，还不如一个普通人那么自在。那么其原因何在呢？主要在于，其在任时私心太重、搞小圈子、因私害公、道德缺失。比如下棋，此一着走错了，满盘皆输。

诚然，此一着走对了，也非全盘皆活。因为德高可以服众，但不足以聚力。德高只能是领导者对自己的要求，而不能去苛求被领导者。或者说，只能"孤芳自赏"，而不可强加于人。不然，曲高和寡，那也真就成了孤家寡人。因此，除了上述这一点以外，还有第二点。

二是，胸广才能聚力。所谓胸广，就是从工作大局出发，坚持底线思维。或者说，大局是其根本，底线是其边界。也就是说，要当好干部，包括当好大学校长，要有"气度"。这气度的基础就是为了把学校工作干好。有了这个基础，才能有气度，或大气度。

其一，相对来说，当一个教师可以只跟志同道合，或谈得来的人交往，而当大学校长就要学会跟各色人等交往，包括跟那些不那么诚实，甚至不怀善意的人交往。

跟这类人交往，一般说来，有些令人发怵，或头疼。不过，学会跟这些人交往，还是很有趣味的。这里少不了斗智斗勇。这里的斗，不是比着要心眼，也不是整人，而是做好预案，提前招呼，明确底线，告之利害，动之以情，晓之以理，以达于团结一切可以团结的人。这样，也就体现了工作的艺术性。我猜想，前人所说的"世事洞明皆学问，人情练达即文章"，其所表达的大体就是这层意思。我理解，这里的"文章"，即行事漂亮精彩。也就是说，有气度，才能团结绝大多数，把工作干得有声有色。

其二，当一个教师，事必躬亲，而当一个大学校长，不必如此。他必须发挥组织机构的作用，按工作的层级原理办事，从而调动各方面的积极性，让大家在各自的层级上展现自己的辉煌。这里的关键在于，学校行政第一把手，占据要津，要抓大放小，抓主放次，重工作部署，更重效果检查。也就是说，有气度，才能发挥组织功能。

其三，学校校长往往是学校各种矛盾的汇集点，而集中到校长那里的，往往又是最棘手、解决起来难度很大的矛盾。怎么办呢？不要急，要学会迂回，要寻找突破口，要创造和积累条件去加以解决。也就是说，有气度，才能学会迂回取胜。

总之，担任了一段时间的校长，丰富了我的人生阅历，让我领略了社会百态，少了一些书生意气、主观偏好，多了一些沉稳持重、智慧融通。

过了一些时日，即新生报到后十多天，新校长到任，我与他交接工作。他看到学校各项工作的安排和运行都还算正常有序，甚为高兴。

五、重操教业的生活心境

交接完工作后，我逐渐淡出了众人的视野，开始恢复了作为一个普通教师的工作和生活，有了时间和身心的自由，孤独而又忙碌地耕耘着自己的教学园地和科研园地。我喜欢当老师，喜欢上课。因为在教室里，我很享受那份庄严和神圣。

金书记说的那句"副教授、教授的位子正等着你去坐呢"的玩笑话，我却是听得认真。这就叫说者无意，听者留心。辞去校长职务一年后，即1986年，我被评为副教授。又过了5年，即1991年，我评上了教授。在当时的安徽省，我是最年轻的副教授、教授。

从校长岗位上退下来，一晃35年过去了，虽不能说成果满仓满囤，但确有不错的收获。能干自己喜欢的事，并多少干出一些成绩，这就够了。提出"需要层次论"的美国学者马斯洛曾谈到人的最高需要是"自我实现"。他说："一个作曲家必须作曲，一个画家必须绘画，一个诗人必须写诗，否则他始终无法安静。有这种需要的人干事情主要不是金钱的回报，而是全神贯注在自己感兴趣的事业上，忘记周围的一切，热情会像水流般扩散出去，等工作完成时会感到心灵的宁静与安详，感受到生命的快乐与喜悦。"[①]马斯洛说得太对了。我在教学和科研工作中，确实享受到了这种心灵的宁静与安详，体验到了生命的快乐与喜悦。学哲学、教哲学、研究哲学，这是我的热爱。我深切体会到热爱是最大的动力。

我在芜湖师专担任校长的时间不长，仅一年有半。但我与许多干部和老师在那段艰难岁月中结下了深厚情谊。几十年来，这种情谊一直滋润着我的心田，并催促我不断前行。

---

① [美] 马斯洛：《马斯洛谈自我超越》，石磊编译，19—20页，天津：天津社会科学院出版社，2011年。

过客人生与事业承传*

——从文先生手中接班

这里的"接班"或"交班"，是指文秉模先生于1999年，把他担任了17年，并为之付出巨大劳动和心血的安徽师大马克思主义哲学学科带头人的岗位，传递和托付于我。

一、一个有格局之人

与文先生相识以前不少年，我就听说过他的名字。这里还得从一本书说起。那是1974年下半年的某一天，我在芜湖师专（我那时的工作单位）图书馆的书架上，看到一本由商务印书馆出版的新书——《西欧近代哲学史》，我的眼睛为之一亮。因为那时，十年动乱尚未结束，偌大的中国，书林凋散、学园荒芜。当此之时，这本书的出版，犹如一株出土嫩芽，带来了春天的信息，我为之欣喜。尽管在现在看来，这本书还留有那个时代不少"左"的痕迹，但仍不失为一本严谨的、洋洋大观（该书40多万字）的学术著作。

该书的署名为"安徽劳动大学《西欧近代哲学史》编写组"。看到这个署名，我又添一喜，原来是安徽人写的！作为一个安徽人，我感到十分骄傲。后经多方打听，才知道该书作者是文秉模、任吉悌、钱广华、金隆德等4人。这是我第一次听说文秉模先生和其他三位先生的名字。俗话说，"山不在高，有仙则名；水不在深，有龙则灵"，坐落在安徽宣城麻菇山沟下的安徽劳动大学，由此名声大振。该校政治系，遂成为安徽省的哲学重镇。与此同时，上述四位先生也就进入了安徽哲学界，进入那个时代为数不多的标志性人物的行列。

---

　*原刊于陈孔祥主编：《赭麓记忆：安徽师范大学口述实录》第三辑，芜湖：安徽师范大学出版社，2021年。

　　4年以后的1978年10月,"全国外国哲学史会议"在芜湖市芜湖饭店召开。此次会议由中国社会科学院与安徽劳动大学共同举办。这是改革开放初期召开的、具有"开风气之新"的一次重要的全国性学术会议,因而有着特殊的历史意义。后来人们把它简称为"芜湖会议"。会期前后4天,我那时因承担很重的教学任务,一时安排不开,只参加了第一天的会议。文先生作为会议的倡导者和发起人之一,会上会下十分忙碌。我作为一个普通与会者,不便前去打扰,只是经人指认,远远看了一眼:文先生中等偏上身材,头发梳得一丝不苟,衣着鲜亮,颇有风度。

　　又过了4年,即1982年,安徽劳动大学撤并,文先生被安排到安徽师范大学担任政教系主任。安徽师大与芜湖师专同在芜湖,因而在地理位置上我与文先生近了,但仍没有捞到机会与之相见。

　　直到1984年,我在《安徽师大学报》(哲学社会科学版)第4期上发表了《坚持实践观与物质观的辩证统一》一文(在此前,我已在《哲学研究》《哲学动态》等刊物上发表过文章)。文先生看到此文,对我有了初步印象。何以见得?因为在此文发表后不久,即那年的11月,安徽省哲学年会在马鞍山市委党校召开。在报到大厅,我看见了文先生,并趋前向他自报家门,表达敬意。文先生听我说罢,"啊"了一声说,"你就是陶富源老师",并同时伸过手来与我相握。他边握边说:"你原来一表人才。你在师大学报上发表的文章写得好,很有见解。"听文先生这一通夸奖,我一时不知所措,只是连声说:谢谢!谢谢!文先生随后约我,晚上有空,到他房间聊聊,并告知了他的房间号码。

　　那天晚上,我如约来到文先生房间。打开门,往里一瞥,原来椅子上、床上已坐了好多位。附带说一句,在以后的交往中,我发现文先生很有魅力,用一句现在流行的话说,"很有人气"。只要他在,马上会以他为中心,形成一个气场。我进得门去,文先生把我介绍给在座的诸位,也把他们一一介绍给我。在他们散去以后,文先生把我留下,又聊了好长一段时间。聊得比较随便,我毕业的学校、所学专业、所教课程、研究方向,反正啥都聊。最后,在临别时他叮嘱我,师大和师专要创造机会,加强交流。文先生长我11岁,且学养深厚,然毫无架子,温蕴和蔼、待人真诚,给我留下了深刻印象。

　　1991年我评上了教授职称。从1992年开始,我被省教育厅聘为省高级职称评审专家。文先生多年来一直担任省高级职称哲学评审组组长，我在他的领导下开展工作。这为我近距离了解文先生提供了一个窗口。

高级职称评审，是一项极为重要而又复杂的工作。一是十年动乱，历史欠账很多；二是由于这项工作积累的经验不足，因而省教育厅相关文件对评审标准的制定，还较为笼统；三是来自全省各个高校的评委，其所在学校的申报对象以及该校的领导对他们都有所期待，因而他们也都是肩负压力而来。在这种情况下，如何统一大家的思想，如何在坚持公平为先的基础上，把原则性与灵活性结合起来，这对评审组组长的人品和能力都是一个考验。

但文先生以他的公允、睿智、声望和胆识，使其中的许多关系得以理顺，很多矛盾得到化解。在评审期间，文先生特别忙。他要认真看每一份材料（主要是教授申报材料），做阅读笔记，形成自己的判断。在这一过程中文先生与我交流比较多，很注意听取我对一些问题的看法，从而加深了他对我的了解和信任。与此同时，我对文先生也逐渐形成了一个新的看法：此乃有格局之人。

从1996年开始，我接替文先生出任省高级职称哲学评审组组长，历时8年。这期间，基本上是"萧规曹随"，即以文先生为榜样，坚持公平公正，认真对待和处理职称评审工作中的各种问题，为安徽高校的人才选拔和维护高级职称的学术尊严，尽了自己的一份力量。现在回忆起来，心中欣然。

在与文先生的交往中，我还发现文先生所好广泛，富有生活情趣。他喜欢运动，尤喜足球；他喜欢唱歌，因而在系里的晚会上，少不了他的深情演唱（苏联歌曲《莫斯科郊外的晚上》、朝鲜族民歌《阿里郎》、日本民歌《四季歌》等，都是他的拿手曲目）；他喜欢邀朋友三五，把盏言欢；在外出开会之余，他喜欢给自己的老伴张老师挑上一两件衣服。有一次在苏州开会，他劝我和帮我也给老伴选购了一件上衣。回来以后，我老伴一试穿，既合身又养眼。因而她夸文老师比我强，很会挑衣服。

不过，对文先生何以能成为有格局之人，我好长时间不得其解，直到文先生2008年驾鹤西去，人们陡然发现，损失巨大，于是纷纷追忆。由此，我才得以从各种渠道，逐渐知其身世。原来他是一个有过大起落，见过大世面之人。

二、先生起落的人生

　　文先生非我想象的出身书香门第，而是和我一样来自农村，且是贫苦农民之家。文先生原属朝鲜移民之子。1933年3月，他出生于我国东北鸭绿江朝鲜一侧的平安北道义州郡的一个农民家里。他在家中排行老二，上有一个姐姐，下有一个妹妹。5岁那年，她母亲带着3个孩子，在老家忍饥挨饿，无以为生，不得不背井离乡来到中国东北，与在那里给人家做佃农的父亲团聚。小小年纪，就尝到了人间的辛酸，这是生活给小时文先生上的最早一课，也是后来激发他求学上进的一个基础动力。来到我国东北以后，生活虽然十分艰辛，但一家人总算团聚了。东北那地方，地广人稀，土地肥沃，只要勤劳就能得到丰厚的回报。后来文先生一家在离牡丹江市五六十里的海南乡中兴村开荒种地、落户生根。

　　其父很有些眼光，尽管家中十分贫穷，但还是省吃俭用，送自己唯一的儿子上学读书。13岁那年，文先生读完小学，家中再也无力支撑其继续读书，于是他只好辍学在家，帮助家里打理农活。然而对学习已产生浓厚兴趣的他，并不甘心如此下去。恰好这时，解放军来到了他的家乡，实行土地改革，并大力发展教育事业。于是，文先生才得以获得了继续上学的机会，从而顺利完成了自己的初中和高中学业。

　　在中学党、团组织的关心培养下，文先生因学习成绩优异和热心班级公共事务，被推选为学生会干部，于1949年2月加入中国新民主主义青年团（现为共青团），并于1953年加入中国共产党，同年被选为牡丹江市第一届人大代表。六年的中学生涯，不仅使文先生在学业上获得了极大长进，而且在人生境界、思想品德和组织能力等方面，也都得到了锻炼和提升。这集中表现在：他已从往昔那个只知报父母之恩的农家孝子，成长为一个有着家国情怀，立志为祖国和人民奋斗的先进青年。相比于同龄人，青年文秉模显得更为成熟、豪迈，因而展现在他面前的路也更为广阔。

　　高中毕业后，文先生以高分考入东北师大政治教育系。可对他来说，好运才刚刚开始。在入学以后半年多的时间里，他又经过考试和选拔，被学校推荐为留苏预备生。接着，顺利通过了国家考试，于1954年9月来到北京，到北京外国语学院学习俄语。经过刻苦学习，他达到了出国要求，于是在1955年9月，被派往苏联留学，就读于莫斯科大学哲学系。一个乡下孩子，在5年多的时间里，从一个农村集镇来到中等城市牡丹江市，后又到省城长春，不久又来到首都北京，最后来到全世界第一个社会主义国家的首都莫斯科。这一过程，称其为火箭式腾飞也不为过。支撑这种腾飞的，除了外界条件，主要还是个人的努力。"机遇只会青睐有准备之人，成功只会降福有行动之人。"这句话千真万确。

苏联横跨欧亚两大洲，是东西方文化的流转交汇之地。莫斯科大学是"俄国科学之父"罗蒙诺索夫于1755年创办的。它不仅历史悠久，而且大师云集，是俄国顶尖高等学府。它开设的课程丰富多样。文先生所在的哲学系，除开设了"马克思主义哲学"，特别是"列宁哲学"，以及"外国哲学史""当代资产阶级哲学"以外，还开设了多门自然科学和社会科学课程。比如，"现代生物学基础""现代物理学基础""高等数学"，以及"伦理学""逻辑学""美学"等。除了学好系内开设的课程以外，文先生还到外系去听各种讲座。比如"俄罗斯文学讲座""俄罗斯艺术讲座"等。到了寒暑假学校还组织学生，或到工厂、农村劳动，或旅游。总之，莫斯科大学的生活丰富多彩，哲学系开设的课程，也比较符合哲学人才成长的规律，即广基础、窄专业，或曰精通一门专业，但要有多元知识背景。在莫斯科的5年，文先生如饥似渴、刻苦学习。功夫不负苦心人，文先生收获满满。他曾说："莫斯科大学的学习，使我打下了广泛而坚实的知识基础，开阔了学术视野，为我后来直到现在的学术生涯铺平了道路。"文先生于1960年通过了毕业论文答辩，获得了学校颁发的优秀生毕业证书（红皮证书）。

文先生留学回国以后，被分配到合肥师范学院执教，虽然那时处于三年困难时期，物品极为短缺，但文先生还是以满腔热情投入工作，为学生开设了"外国哲学史""马克思主义经典著作选读""专业俄语"等多门课程。

1966年"文革"发生，文先生遭到迫害。他作为一个共产党亲手培养成长起来的青年学者、一个对祖国和人民怀有赤子之心的大学老师，竟然被扣上"反动学术权威""里通外国的修正主义分子"，以及"朝修特务"等帽子，遭受轮番的抄家、提审、请罪、示众，并被关进"牛棚"（"牛鬼蛇神"反省批判之所），长达3年有余。

文先生人生的这一大起落，真可谓是从云端坠至深渊。事情何以至此？文先生深陷痛苦，一时不得其解。但他并没有停止思考，也没有因此消沉。后来，即1987年，他在与一位采访者的谈话中回忆说，他利用这段时间，进一步认真学习了马克思主义著作和党的历史，从而更加坚定了他对马克思主义的科学信仰，坚信自己所走的路没有错，从而认定：尽管现在阴雨满天，但总会雨过天晴。

然而春天对文先生来说，是逐渐来临的。1970年文先生从"牛棚"出来，被分配到安徽劳动大学，重获工作机会；1973年上级让其从事学术研究，参加《西欧近代哲学史》的编写工作；1974年上级让其重新走上讲台，给学生授课。此时，文先生经多年积蓄和长期遭受压抑的能量一下子迸发出来。这种巨大能量的投射与那时工农兵大学生澎湃的求知热望相互碰撞，以至形成了蔚为壮观的景象。教室里，座位满满，过道挤挤；走廊上，前后相拥，水泄不通。文先生的课受到学生热烈欢迎，在校园里引起轰动，获得了极大成功。

随着"四人帮"的倒台，春天终于来了。文先生以更加饱满的热情，拥抱生活，投入工作，奉献新的时代，他个人的命运，也随之发生了彻底改变。真可谓春和景明、一路花香。他分别于1978年和1986年成功晋升为副教授、教授，1985年被安徽省人民政府授予"省优秀教师"称号，1992年享受国务院政府特殊津贴，1987年被提拔为安徽师大副校长。

文先生给安徽师大政教系所做的一个重大学术贡献，就是在他的领导下，分别于1982年和1984年，成功申报了马克思主义哲学硕士点（以文先生为首）和中共党史硕士点（以黄德渊先生为首）。也正是为了马克思主义哲学硕士点的可持续发展，才有后来发生的我被引进安徽师大这件事，以至在文先生退休之时，我被他选定为接班人。

三、来校接文先生的班

我于1995年离开芜湖师专调到安徽师大时，在那里已经工作了25年，且那时已50岁。自1991年评上教授，就陆续有一些本科院校，特别是知名高校与我联系，要我调入他们那里工作。特别是东南大学，不仅与我联系，而且开出优厚条件，在征得我个人的同意后，还郑重给芜湖师专发来了商调函。

这些高校之所以如此，我估计，可能是看中了我的科研能力。因为在那时，我已在国家级和国家重点级刊物上发表了30多篇论文，其中，在《哲学研究》上发表了4篇。另外，因十年动乱，各大学都面临人才断层之虞，急需补救。然而我的请调要求，被当时芜湖师专一位主要领导以工作需要为名加以拒绝。不过，我的决心已定，我想尽量以正常途径调出，以免伤及以往交情。如果这条路走不通，也只好走辞职一途，到新单位重新建档（这在那时的南方已有先例）。我深知，如此年龄，留给我调动工作的机会已经不多了。

僵持之际，1995年3月的一天，安徽师大党委沈家仕书记、前副校长文秉模先生、前系主任臧宏先生，一行三人来到芜湖师专。先是与师专领导见面，后又来到我的家中与我交谈。三位重量级人物大驾光临，顿使小屋蓬荜生辉。我与文先生在省里一起参加职称评审工作已有三年，故而很熟；与臧先生也已见过多次；唯独与沈书记是第一次见面。然而其言之恳恳，心之诚诚，令我感动（后来调到师大以后，我与沈书记成为互相欣赏和惦记的朋友，因而20多年来，每逢春节，我们都互致问候和祝福）。其实所谈就一件事，即希望把我引进安徽师大工作。

这里还想说一个细节，即那天，上述三位先生离开我家，我给他们送行。文先生走得落后一点，他边走边拉着我的手，轻轻跟我说："我碰到难处了，你调过来是来帮我！"我这人心肠软，听文先生这么一说，心灵深处受到触动，从而进一步坚定了我调往师大的决心。文先生这一招，多少年后有一个说法，叫打"个人感情牌"。但在这里，我还要帮文先生辩白一句：他这样做，只是热衷于事业的真情流露，而非工于心计的情感利用。至于文先生碰到什么难处？他当时没有明说，我自然也不便探问。

但随后不久，这个谜很快揭开，原来其难处是指：那时安徽师大马克思主义哲学硕士点正在为迎接教育部将要组织的考核评估做准备。其程序是：先由各单位根据相关标准组织自评，然后报送材料由教育部组织专家会评。一开始，安徽师大马克思主义哲学硕士点按相关条款进行自评，其结果不甚理想。一是导师组的职称结构和年龄结构尚有欠缺。该硕士点有三位导师是正教授，然而都已60多岁，其余导师都是年纪较轻的副教授，如果有作为正教授及50岁的我的加入，这一结构上的缺陷也就多少得以弥补。二是该硕士点的导师发表了不少科研成果，但高级别论文，特别是马克思主义哲学方面的论文尚显不足，如果把我发表的学术论文纳入其中，自然会增色不少。从这个角度说，安徽师大领导把我从芜湖师专引进，应该说，这个决定还是果断的、正确的。最后，这次参评的结果也还令人满意，在教育部组织的苏州评审会议上，安徽师大马克思主义哲学硕士点获得了"优秀"等级的评价。

四、把学科建设推向前进

来到安徽师大不久，我即被学校聘为硕士生导师。除了承担作为导师所应承担的工作任务以外，文先生还让我参与了硕士点管理上的一些事务性工作，并就硕士点的建设经常与我交换看法。1999年，出于年龄原因，文秉模和臧宏、方永祥等三位先生退休。于是由我承担起了马克思主义哲学硕士点点长的工作。对诸位先生的这份信任，我铭记于心；对他们的这份真情，我心怀感激。

他们把马克思主义学科带头人的接力棒交到我的手里，我一干就是11年。我深知，这是一份郑重的托付、一种殷切的期待。所幸我没有辜负前辈学者的期望，经过不懈努力，使学科建设上了一个新台阶。我主要做了以下几项工作。

第一，抓住"两头"，完善课程结构。

所谓抓"两头"，一是加厚基础，二是开拓前沿。因为哲学是一级学科，马克思主义哲学属于其下的二级学科。因而为了加厚基础，开设了"哲学概论"这门新课。为了开拓前沿，开设了"哲学热点专题研究"这门新课，因其内容新颖、时代气息浓郁，而受到研究生的欢迎。在一次全国马哲硕士点教学经验交流会上，我对这门课的开设做了介绍，获得了与会者的高度评价，带到会议上的关于这门课的讲课大纲，也被他们索要一空。

第二，提倡"两个转向"，推动研究生教学改革。

第一个转向是指由过去教师的单纯讲授，转向讲授与讨论相结合；第二个转向是指由过去的单纯接纳型学习，转向科研推动型学习。为了促进这个转向，我们对研究生培养大纲进行了修订。规定每位研究生要拿到学位证书，除了要完成一篇达到及格等级以上的毕业论文以外，还要发表两篇论文。这"两个转向"的实施，目的是要调动研究生作为学习主体的积极性和主动性，培养他们的教学参与和科研能力。这样要求的结果，出人意料。马哲硕士点的研究生参与课堂讨论和进行科研的热情空前高涨。所有的学生都在三年读研期间发表了两篇甚至多篇论文。其中有一位（杨慧民）还发表了十多篇论文，另有一位（丁亚非）还在《哲学研究》上发表了一篇文章。

第三，抓住"两个重点"，提高师资质量。

第一个重点是，大力培养青年教师。因为像我校这种规格的大学，师资质量的提高，靠高质量人才的引进，难度很大，其主要途径，只能是对现有教师，特别是青年教师进行重点培养。为此，我在担任马克思主义哲学学科负责人期间，采取了"导师制"、组建科研团队、鼓励外出进修、支持参加学术会议等措施，帮助青年教师尽快成长。应该说，这一做法成效显著，涌现出了一批校级和省级"优秀青年骨干教师"。

第二个重点是，在提高教师教学水平的同时，重点鼓励学术研究。对于大学教师来说，搞好教学是立足之本，搞好科研是发展之路。而对一个大学的学术团队来说，搞好科研则是其学术生机和创新价值的根本体现。为鼓励科研，作为省级重点学科的我校马克思主义哲学学科，把建设经费的支出向科研倾斜，采取了一系列激励措施，从而极大地促进了我校马克思主义哲学学科科研工作的展开和科研水平的提升。

在老一辈学者所奠定的良好基础上，经过我们这一代人不断努力，我校马克思主义哲学学科于2001年，被评为首批省级重点学科。另外，经过我们马克思主义哲学学科与其他学科的老师一起努力，于2003年安徽省教育厅批准设立"马克思主义研究中心"；并于2005年成功申报了"马克思主义博士点"；2007年被教育部批准为"高校辅导员培训和研修基地"。

令我欣慰的是，在我退休以后，马克思主义学科带头人的接力棒，又传到了我的继任者手里。他们比我们这一代干得更有成就、更为出色。在全国马克思主义学科排序中，我校的名次获得了进一步的提升。通过他们的艰辛努力，我校马克思主义学科于2018年得以晋升为马克思主义博士学位授予权一级学科点，继而成为"教育部高校思政工作队伍培训和研究中心"；2019年，我校马克思主义学院又被教育部评为全国重点马克思主义学院。

如上所言，这一系列成就的取得，都非一日之功。如果往前追溯，那么则可以说，这是解放以来几辈人赓续奋斗拼搏的结果。这其中，文秉模先生和黄德渊先生那一代人做出了重要的基础性贡献。

长江后浪推前浪。这一段峥嵘的薪火相传的历史，令人心醉，令人感慨。其中，每一代人都是匆匆过客，然每一代人都为共同事业的发展贡献了自己的力量。个人有限，历史永恒。看到自己所奉献的事业，如此富有生气，前程光明，文先生地下有知，当会含笑九泉。行文至此，心生联想，社会历史运行如同人之行走，随着双脚的前移，与之伴随的也就是人脑的追思。因而，行走的意义不仅是抵达，而是抵达与开拔的接续；追思的意义不仅是抚昔，而是抚昔与追今的联通。

教学好的最高境界*

在高校要当一个好老师，既要搞好教学，又要搞好科研。就大学教师的成长来说，搞好教学是立足之本，搞好科研是发展之路。下面就搞好教学，来谈一点体会。

就教学而言，搞好教学的最高境界是什么？或者说，仅就教学而言，当一个好老师的最高境界是什么？我认为，对这里的最高境界的理解，必须从"教学"这个概念谈起。什么是教学？在我看来，教学是由"教"和"学"两种密切相关又互有区别的行为结合起来的一种培养人的活动过程。"教"是一种教导和告知的行为，是单纯的"示知"和"告诉"。从教师方面说，说完，也就完了，告诉过了，也就过去了。而"学"既有外在的施与，也有内在的吸取。学生既需要教，也需要学。对学生的成长而言，"学"可以涵盖"教"，而"教"却不能涵盖"学"。"教"在整个教学过程，其分量不过占到20%—30%，而"学"则占到60%—70%，所以"学"比"教"更重要。从教师维度说，教师不仅要在"教"上下功夫，而且要在促进学生"学"上下更大功夫。因此，教学好的最高境界，不在于，或主要不是教师在课堂上的自我精彩，而在于助力学生出彩。

在课堂上自我精彩，在大学教师中不乏其人，甚至可以说，我见得多了。

1980年夏天，我曾利用暑假到苏南某大学进修一个月。其间，有一位老教师给我们进修生讲课。这位老先生是教马克思主义哲学的，学问做得不错，在全国高校马克思主义哲学界都有一些名气。这位先生讲课有一个特点，即走上讲台，一落座，就把眼睛闭起来，既不看学生也不看讲稿，以至完全沉浸在自己的思想世界里，从容不迫，娓

＊本文为2003年给安徽师范大学政法学院教师作报告的部分内容。

娓道来，逻辑严谨，丝丝入扣。一堂课50分钟，该老师只在自己喝茶的时候，把眼睛睁开。他把自己写的讲稿完全背了下来，到了烂熟于心的程度，实在令我们这些听课的学生佩服。

另外，我在安徽师大曾经有一段时间作为文科教学听课组的成员，听过不少老师的课，其中有一位老师的课讲得也很不错。这位老师备课充分，把课讲得津津有味，妙趣横生，因而课堂气氛十分活跃，还不时爆发出笑声、掌声。

以上这两位老师，无疑都是课堂上自我表现十分精彩的老师。对这两位老师，我心怀敬重。但是，后来我在自己的教学实践中逐渐认识到，教师在课堂上的自我精彩，固然应该赞叹，但这还不是搞好教学的最高境界，那么最高境界是什么呢？就是前文所说的助力学生出彩。

孔子曾说，"君子不器"。"器"就是工具。对教师来说，既不能把自己当工具，当所谓教书匠，机械地传授知识，也不能把学生当工具，即容器，我教什么，你就得听什么。教师的课堂教学不能目中无人，而应目中有人，即眼中有作为学习主体的人的存在与参与。另外，我认为，教师在课堂上的自我精彩只是教师的精彩，不是学生的出彩。我还认为，如果老师在课堂上对自我精彩过分追求和过于陶醉，还会在客观上占据学生出彩的空间。犹如在一棵大树下，只长小花小草一样。这好比一个家庭，父母双方或其中有一人特能干，且特强势，凡事包办代替，那么其儿女必定能力平庸。原因不在儿女，而在于父母没有给他们提供锻炼的机会。

所谓让学生出彩，就是让学生在课堂上动起来，或师生互动，或生生互动，使学生在"动"中长本领、长自信。让学生在课堂上动起来，这里的"动"有两个方面：一是脑动，二是手动。这两种动，在不同的教学类型中，其侧重点有所不同。比如示范教学、模拟教学、体验教学所侧重的是手动，而理论教学则侧重于脑动。脑动，不仅是指在课堂上，老师要向学生提出问题，让学生回答，而主要是指让学生参与教学过程。

如何让学生参与教学过程，对博士生、硕士生的课，我一般是这样做的，即在开学前把讲稿（专题）发给学生，让每位学生选一个或几个专题，担任主讲，重点准备，然后由这位学生在课堂上讲课。其他学生也作准备，虽然不是主讲，但必须参与提问题，参与讨论。在学生主讲和讨论中，我不时加以点拨，随机引申，适时归纳，帮学生明确争论的分歧所在，从而聚焦争辩焦点，最后由我进行总结。

为了让大学本科生参与教学过程，在备课时，我在吃透讲课内容的基础上，主要用心用力去设计互动环节，即把讲课内容设置成一些问题，让学生以相应的座区为单位，就分得的一个问题当堂思考，举手发言，在全班展开讨论，从中得出结论。理论教学一般要讲概念、讲判断、讲推理。下面就上述三个方面举一些例子，来具体说明我是如何做的。

第一，关于概念的讨论讲解。比如，我在讲"人化自然"这一概念时，不是把我对这一概念的理解直接端给学生，让学生记下来，然后死记硬背，而是把与人化自然相近、相通的几个概念写在黑板上。这样就有了三个概念：一是"自在自然"，二是"人工自然"，三是"人化自然"。接着提出问题，即这三者的区别？让学生思考两分钟，然后举手发言，展开讨论。通过讨论，学生自己弄明白了。自在自然，是指未被人类作用和改造过的自然物质存在。人工自然是经过实践和观念改造过的自然物质存在，比如黄山上那几块石头，人们的实践并没有改造它，但在观念中进行了加工改造，通过拟人化的移情、联想，于是那里成了一处景点——"猴子观海"。什么是人化自然呢？人化自然无疑是一种人工自然，但它是对人有积极意义的人工自然，即它不同于消极意义的人工自然，如污染的环境，破坏的生态，伪劣产品，以及排放的废气、废渣、废液等。最后通过讨论得出结论：人化自然是体现人的本质力量和服务于人的自然。

可能有人会问，是否任何概念的讲解都可以采用上述这种方法呢？那不一定。一定要具体情况具体分析。但无论采用哪种方式，其目的都是引导学生积极参与。

可以把对一个概念的不同解读列出来，让学生通过比较，加以讨论，分辨其中的是非得失，从而得出正确的结论。如对什么是价值，什么是自由，什么是公平，就有不同解释，不妨把它们列出来，让学生去争辩，然后去取舍。

可以通过对一个概念内在结构的分析讨论，来求得对其内涵的说明，结构是要素的组合方式。比如，关于幸福概念的说明，就不能从单项指标，如金钱与财富，或运气与成功，或健康与亲情来理解。而必须就其整体结构来理解，即从多项要素的综合来理解。为了表达这种关于幸福的总体理解，人们提出了各种各样的幸福指数。其角度有两个：一是个人幸福指数，二是国家幸福指数。这样一来，抽象的幸福概念，通过对其内在结构的展开，也就走向了具体，实现了模型化。这样人们对幸福的把握和对幸福的追求，也就有了可操作性，即把它变成了行动纲领，甚至国家战略。

第二，关于判断的讨论讲解。比如，我给本科生讲"马哲史"，第一堂课是讲绪论。我讲的第一个问题是，什么是"马哲史"。我在黑板上写下了这样一个判断："马哲史"是研究马克思主义哲学的形成变化发展过程及其规律的一门学科。

为了理解这个判断，我在黑板上列出了三个问题，由学生讨论：一是能否把这里的"马克思主义哲学"换成"马克思哲学"；二是能否把这里的"形成变化发展"换成"形成发展"；三是能否把历史过程叙述与历史规律反思二者取一？

写好这三个问题以后，我把学生按左中右三个座区分为三组，每组只要思考一个问题，可以交头接耳，准备时间为三分钟。结果共有10多个人发言，通过讨论，学生明白了"马克思哲学"与"马克思主义哲学"的区别与联系，比如马克思哲学与马克思主义哲学其主体有多寡的区别。马克思哲学作为历史事物与马克思主义哲学作为历史发展事物的区别。另外，马克思主义哲学的历史有前进，有曲折，有高峰，有低谷，虽不是一帆风顺，但总趋势又是向前的。学生懂得了要坚持历史过程叙述和历史规律反思的统一。因为离开了历史规律反思的单纯历史过程叙述，是没有灵魂的流年老账、历史碎片；同样，离开了历史过程叙述的单纯历史规律反思，也只能是没有基础的天马行空、虚步作舞：这两种倾向都是不可取的。

第三，关于推理的讨论讲解。比如，在西方经济学中，古典自由主义有一个核心观点，即认为：经济人是主观为自己，客观为大家。其推理论证有三个前提性假设。其一，经济人是纯粹自私的人，或曰"极端自私的经济人假设"；其二，自私经济人是理性的，这里的"理性"，是特指其精于算计，即能准确评估市场行情，从而得以使自己的利益最大化；其三，自私经济人的经济活动所遵守的制度是理性的，在这种理性的制度下，自私经济人会无意但有效地推进社会公共利益。于是，得出结论，自私自利对社会有益，或者说，这种经济人主观为自己，客观为大家。

我在教学中针对这种推理提出三个问题，让学生进行讨论。一是，个人是平等的"原子式个人"，还是社会性个人？二是，如果承认个人是社会性个人，从而拥有各自不同的资源、权力和地位，由此产生了各自可能的利益空间。在这种情况下，能否认为人们能平等地实现利益最大化？三是，如果只有少数人利用自己的优势实现其利益最大化，那么主观为自己，客观为大家能达成吗？以此来说明上述作为前提的三重假设的虚妄，以及以这三重假设为前提的推论和结论的错误。

这种以问题为导向，以问题的辩论为核心，以求得答案为目的的互动式教学方法，其效果如何？总体而言，效果是好的。有学生在2015年4月2日安徽师大新闻网上发文，认为这种研讨式的授课方式，相对于老师讲、学生听的一言堂授课方式来说，"特别新鲜，特别带劲，特有收获"。应该说，这种互动式教学方法所训练出来的安徽师大马克思主义学院的本科生，特别是我所在的马克思主义哲学硕士点的研究生，以及马克思主义基本原理博士点的研究生，在教学方面，其能力得到了很好的锻炼和提升。

总之，搞好教学的最高境界是通过互动式课堂教学，让学生长本事、长自信，或简曰助力学生出彩。

守望大学精神*

教师节是广大教育工作者的节日。

随着社会劳动分工的发展，社会职业成千上万，各式各样，然而在全世界的许多国家中，普遍为两种职业的从业人员设立了节日，一是为从事医疗护理工作的护士设立了护士节，二是为从事教育工作的教师设立了教师节。

这是为什么呢？我以为，这是因为这两种职业都体现了人间博大的爱。护士的工作所体现的是对生命之爱，教师的工作所体现的是对科学之爱、道德之爱。温家宝总理前不久到北京某一中学看望师生，说没有爱，就没有教育。我认为，这是很正确的。

学校，特别是大学为什么在人们的心目中有崇高的位置，为什么会成为广大青年的向往之地，说到底是因为，大学是科学殿堂、道德高地，为了履行好大学的社会使命，大学教师应讲究道德文章。其中师范院校更应追求"学高为师，身正为范"。

前一段时间有人发表文章讨论大学精神，讲了许多条。在我看来，大学精神是历史发展的概念，不同时代的大学有不同的使命，其所体现的大学精神也不相同。就现代大学的使命来说，其精神主要有两条，一是维护科学尊严，二是维护道德尊严。所谓维护科学尊严，就是遵照科学的要求，独立思考、追求真理、自由讨论，说到底，就是维护大学的学术自由。所谓维护道德尊严，就是在真理的召唤下，对国家乃至全球社会的变革和发展做出力所能及的贡献，说到底，就是体现大学的社会关怀。

诚然，一所大学并不必然具有大学精神，也就是说，大学精神需要培育维护。否则，也就会斯文扫地，也就无所谓大学精神。

* 本文为2009年在安徽师范大学教师节座谈会上的发言。

　　然而这种斯文扫地的事件在最近若干年中时有发生。学术违规、学术造假、学术剽窃已形成一种歪风邪气。应该为人师表的一些副教授、教授，应该作为教育家的一些副校长、校长涉足其中，丑闻不断。

　　前一些年，中国高校的不少领导忙什么呢？忙着上层次，把专科办成本科，忙着搞基建，忙着搞扩招，忙着跑北京争项目，这些工作都要忙，都要争，但忙这些工作的同时，不能忘了大学的精神，不能丢了大学的灵魂。我们作为大学教师，作为副教授、教授，要像爱惜自己的眼睛一样，爱惜大学的声誉；要像维护自己的生命一样，维护科学的尊严、道德的尊严。这是大学的前途所在，也是国家的希望所在。

关于人生选择*
——与大学生的对话

生问：听说您是北大的毕业生，当年为什么想报考北大？北大给您留下的最深刻的印象是什么？

陶答：我是1964年8月下旬到北大报到的，至今快50年了。当年为什么报考北大，这个问题提得好！

我家在江苏省海安县的乡下，我是一个贫苦农民的儿子。从小学到中学，我的学习成绩不仅在班上，而且在全年级也可以说是数一数二的。然成绩虽好，但人很幼稚，没有多少见识。比如，高中毕业考大学填报志愿，我就不知道这是关乎人生命运的一次抉择，因而要认真对待。那时，是在高考前填志愿的，所报学校分为三类：重点大学、一般大学、专科学校。我既不知道，也压根儿没想到要去打听各个学校以前的录取分数线，自然也没有预测自己可能考多少分，也没有征求老师的意见，就填报了志愿表。

在原初填报志愿时，我报考的第一所大学是南京大学，其顺序是南大中文系、哲学系、历史系。为什么报考南大呢？当时想，南大在江苏省南京市，离家近，回家方便。后来志愿表交到班主任叶志云老师那里。叶老师看到我的志愿表，大为生气（从来没有见他生那么大的气），不由分说，一把给撕了，并蹦出一句话，"你不报北大，谁报北大？"最后，我的高考志愿表是班主任给代填的。后来，居然被北大录取了，但录取的，不是第一志愿北大中文系，而是第二志愿北大哲学系。直到几年后，我也当上老师了，才真正理解了当年叶志云老师为什么会生那么大的气。原来好学生是老师的心头肉，望他们成龙成凤是当老师的最高期望。

---

* 本文是2013年6月12日与安徽师范大学思想政治教育专业大学生进行的一次交流对话。根据学生笔记整理而成，在文字上作了部分修改。这里的对话，是提前告知学生，让其思考，并以无记名方式把问题写在小纸条上。上课时，把写有问题的小纸条传上讲台，由作为老师的我当堂作答。

北大给我留下的最深刻的印象是什么？这可以从不同维度讲，如果从北大学生的维度说，我的体会有三点。

一是，北大学生中，人才济济，有才华者居多。过去我在家乡一个小县城的中学念书，自己似乎还是个人物，老师和同学都高眼相看，自己也感觉良好。到北大报到以后，在与同学的接触交流中，我始知，以往如"井底之蛙"，从而平生第一次感到天外有天，人外有人，或如杜甫所言："始知五岳外，别有他山尊。"这感觉是如此强烈，以至终生铭记。我们班不少同学是从省会城市或其他大城市来的，他们见多识广，讲起话来，引经据典，滔滔不绝。他们读过的不少书，我不仅没有读过，而且有的书名我都没有听说过。跟他们比，我这个乡下来的"土老帽"，犹如《红楼梦》里的那位刘姥姥，差距太大了。怎么办呢？没有别的好说，下决心，追吧、赶吧！所以这几十年来，我一直手不释卷，埋头读书研究。

二是，北大学生心高气傲，有一种舍我其谁的家国情怀。这跟北大的历史和传统有关。北大，其前身叫京师大学堂，是1898年戊戌变法时经康有为提议创办的全国最高学府，当时还兼有现在教育部的职能，即负责指导全国的学校教育工作。1912年京师大学堂改名为北京大学，严复为第一任校长，于是它成为全国成立最早的综合性大学。北大的最大特点是中国的精神领袖。它是新文化运动的重镇；1919年五四运动的先锋；1935年"一二•九"运动的旗手；1946年反饥饿反内战反迫害民主运动的勇将；1981年首倡"团结起来，振兴中华"；1984年国庆35周年，北大学生打出了"小平您好"的标语。杜威先生曾说："北大是站在对民族、对时代起转折作用的历史的高度，这所大学的意义已远远超越了一所普通大学，甚至是一所世界一流大学对于人类文明的贡献。"后来我逐渐体会到，考取北大是我一生的荣耀，它给了我为人做事的胸怀与气魄。

三是，北大学生特别勤奋。每天晚上，教室、资料室、阅览室里，灯火通明，学生坐得满满的，要找一个空位很难，于是每天提前去占座位成为常态。我们班有几位家在北京的同学，寒暑假，他们都不回家，而是留在学校看书学习，只是在星期天早上回去看一下父母，或拿一些换洗衣服，当天晚饭前一般都能回到学校。为什么如此约束自己，因为每个人心中都装着一个为国家建功立业的目标，于是行色匆匆，如饥似渴地汲取知识，不敢稍有懈怠，努力着、奋斗着，奔向那个目标。

当然，北大还有许多其他方面的特点。比如，校园如画、大师云集、思想开放，这些都给我留下了深刻印象。另外，北大地位高，许多高官、名流也都把能被北大邀请作报告视为极高荣耀。因此，在北大期间，我们听了不少名人的报告。只是当时听报告的大礼堂只能容纳 800 人，因此往往一座难求。

生问：周围有不少同学准备考研，到底考不考，我到现在还没有拿定主意，想听听陶老师您的意见。

陶答：大学生毕业后有两种选择，一是就业，二是考研。是考研还是就业，不能一概而论，各人情况不同。过去有不少我所认识的学生，尽管学习成绩很好，但由于家庭经济比较困难，因而不得不选择就业。对此，我曾很为这些学生惋惜。现在与过去的就业形势有所不同。现在高校毕业生人数比较多，又面临世界经济处于危机之中，就业之路比较窄，因此不少人选择考研。这是原因之一。原因之二是，不少人想通过考研进一步充实和提高自己。原因之三是，安徽师大思想政治教育专业的学生近几年考研录取率一般比较高，大都在 40% 以上。这也给一些考生提振了信心。原因之四是，我院共有 12 个硕士研究生点。不少毕业生考研考得比较好，但所考的专业因名额限制不能被录取，因而可以调剂，几乎每年都有这样的情况。在这个问题上，我个人的倾向是，克服困难，鼓励考研。当然，这不是仅从个人维度说的，而主要是从社会发展，从国家对人才需求的维度说的。

生问：您如何看待学生时代的爱情？现在校园里不少大学生在谈恋爱。我的学习比较好，但长相比较丑，到现在还没有人对我有意思，我也不敢主动出击，心里比较苦恼，想听听陶老师的意见。

陶答：这位同学的心情我能理解。现在谈恋爱的环境相对以往比较宽松。我是 20 世纪 60 年代上的大学，那个时候是不准大学生谈恋爱的，不过效果并不理想，有些人从地上转入地下。实际上，感情上的事，特别是恋情上的事，禁止从来不是上策，也不会获得好的结果。但我的思想也有一个转变过程，即从主张大学生不要谈恋爱，到后来主张大学生可以谈恋爱。之所以会发生这个转变，得益于十几年前与我的一位在读硕士生（这位女硕士现在是上海政法学院党委书记）的对话。一次她向我请假，说要到上海去看男朋友。我第一次听说她有男朋友，很为惊异。我说，你谈男朋友了？她说，在上大学时谈的，同班同学。我说，怎么谈这么早？她说，班上好男生没有几个。一个好男生，不少女生盯着呢，如果不早动手，早就被人抢跑了。我说，原来还这么严重。她说，可不。从这次谈话以后，我的态度转变了。我的硕士生、博士生，有的快三十的人啦，我对此就比较着急，催促他（她）们要抓紧解决。

我认为大学生谈恋爱可以，但要注意三点：一是不能荒废学业。大学生的主要任务是学习，要为将来走向社会打下坚实的专业基础。爱情是美丽的，但事业更美丽，因为事业成功是爱情永葆青春的基础。二是注意社会影响。恋爱是男女两个人的事，具有私密性，或用现在的话说，叫个人隐私。因而不宜在公开场合，或在大庭广众之下，两人过于亲密。这叫什么，这叫不雅，会影响观瞻。不雅就是粗俗，缺少教养。有人说，恋爱如幽兰之美，不宜涌到大街上张扬显摆。我认为，这句话说得很对。另外，也不能因谈恋爱，而忘了朋友，这叫好色弃友。三是不要做出格之事，不结婚就同居、就怀孕，这对女方造成的伤害最大。以往还有人，因此而被开除学籍的。

总之，大学生谈恋爱是可以的，这种感情往往比较纯净，因而特别值得珍惜。但一走上社会，这种纯净的爱情往往会受到世俗的侵蚀。从以往的经验来看，最后喜结连理的只有十之二三。因此，热恋中的男女大学生要有这方面的心理准备。

谈恋爱是男女双方的事，这叫两情相悦，不能剃头挑子一头热。不能强迫，不能单相思。以往大学生中，有因恋爱不成而精神失常的；也有爱不成，而生恨的。其中极端的，有持刀把对方毁容的，还有自寻短见的。其实，这又何必呢？俗话说，何必在一棵树上吊死。"百步之内有芳草"，天涯何处无佳人。现在绝大多数大学生是独生子女，一个家庭把小孩培养成大学生不容易，可以说，寄托了全家的希望。有的人因失恋而走向自毁之路，这实在不值得效仿。

刚才写条子的同学说，自己学习好，但长得丑，有些自卑。我认为，大可不必。其实，这个世界上绝世美女、绝世美男很少。中国古代几千年留下名字的佳人，也就那么区区几位。

最早的古诗记载，一位叫罗敷的采桑女子，美貌异常，以至引得行者下担，少年脱帽，耕者忘犁，锄者忘锄。战国时期的西施，汉代的卓文君、赵飞燕、貂蝉，到唐代的杨贵妃，都是历史上有名的美女。白居易是怎么描写杨贵妃美丽的呢？"回眸一笑百媚生，六宫粉黛无颜色。"不过尽管如此，任何美女也免不了有人老珠黄的一天。

相对于外在的美，或外表的美来说，内在的美，即中国人所讲的"内秀"，则更为重要，甚至是一个人立身的根基。对此，德国诗人海涅有一句名言，"外貌美只能取悦一时，内心美方能经久不衰"。

什么叫内在美？也就是我们现在讲的心灵美，用老百姓的话说，叫心眼儿好。我在芜湖师专时，有一位同事，一开始找了一个对象，特漂亮，而且能歌善舞。可是不会过日子，挺自我，也挺能花钱。我们那位老师就那么点工资，再也撑不住了，只好忍痛割爱，以离婚告终。

在座的写条子的这位同学，学习好，我估计人品也不差。因此，不要担心找不到自己的意中人。有道是："踏破铁鞋无觅处，得来全不费功夫。"或者说："众里寻他千百度，蓦然回首，那人却在灯火阑珊处。"

生问：关于"官二代""富二代"现象，您怎么看？我们很气愤。

陶答：现在有"官二代""富二代"，还有"名二代"的说法。这些说法不是泛指当官人家的子女、富裕人家的子女，或有名人家的子女，而是特指这些子女中的一部分奢华者、享乐者、狂妄者、无法无天者。这些人年纪轻轻，承继父辈优越的条件，不劳而获，盲目无知，既不懂生活的艰辛，更不懂世事的沧桑。只有当灾祸临头，吃了大亏，方能有所觉悟。非要付出如此惨痛的代价，非要走到不可收拾的地步吗？非也。这里的唯一途径，就是教育，特别是严格的、良好的家庭教育。这就要求这些为人父母的官人、富人、名人有比较高的文化修养。有人问，不少普通工人、农民、干部的孩子，他们的父母并没有多高的文化程度，他们中的不少人，不是也成人成才了吗？这个问题提得好。在我看来，普通人家、普通的生活环境，这本身就是良好的教育因素。因为是普通人家，所以人微言轻；因为是普通人家，所以生活不丰。在这样家庭中长大的孩子，他们懂得要改变人生命运，就得靠自己奋斗。这种自觉对人生发展来说，是一种根本的自觉。正是在这个意义上，巴尔扎克说：苦难是人生的老师。

而优越的家庭环境，在客观上，不利于启发孩子的上述自觉。为了弥补这种缺陷，只能通过严格的、良好的教育。可惜，我们社会中的不少官人、富人、名人忙于打点自己的事业，不知道要教育孩子，更不知道如何教育孩子。另外，不少富人，本身文化水平不高，而且可能是暴发户。他们又怎么可能对孩子施以良好的教育。现在有一句流行语，叫"再穷不能穷教育，再苦不能苦孩子"。前半句是对的，即国家要重视教育。而后半句就不对了，再苦不能苦孩子，孩子不吃苦，何以做人，何以成人？

前面说到严格、良好的教育。在这里，严格是什么意思？就是作为家长的官人、富人、名人，往轻里说，是像普通人家对待孩子那样，来对待自己的孩子，即不要让其饿着、冻着、病着，教育他凡事自己能做的自己做，不要让孩子享受因自己的权力、地位、资源所带来的便利、好处。这里举两个例子。一是，焦裕禄当年在兰考任县委书记，他的孩子打着焦裕禄的名号，看电影不买票。焦裕禄让孩子去补交票款。二是，抗美援朝战争发生之际，毛泽东支持自己的儿子毛岸英奔赴朝鲜战场。毛岸英在朝鲜牺牲以后，有人问毛泽东可否把毛岸英的尸骨运回国内，被毛泽东断然拒绝。"青山处处埋忠骨，何须马革裹尸还。"以上这两例都是按照普通人家对孩子的要求那样，来对待自己的孩子。如果往重里说，则是要比普通人家更严格地对待自己的孩子。这里再举两个例子。

一是古代的一个例子。陆游是我国南宋著名诗人。他于1140年和1143年参加科举考试，两度落第，这引起了陆游母亲的不满，于是迁怒于他的妻子唐婉。陆游、唐婉夫妇情深意笃，母亲认为是唐婉导致陆游荒疏学业，科考失利，最后为了儿子前程，棒打鸳鸯，逼其休妻。这是封建主义的残酷，不值得效仿，但其对子教育之严，从中可见一斑。

二是现代的一个例子。周恩来位高权重，担任新中国的总理长达28年。"文化大革命"期间，知识青年上山下乡，他鼓励侄女去内蒙古插队当牧民，赞同侄儿到延安农村插队当农民。但两年后，侄儿、侄女都参了军，周恩来见他们穿上新军装后，马上指出他们参军不符合政审条件。因为他们的父亲还没有做政治结论，这样的子女是没有资格参军的。经过好一番工作，侄儿、侄女当了三个月的兵，都返回原地放羊种地。对自己的后辈，如此严格要求，世所罕见。

西方有一个谚语："富不过三代。"意思是说，如果子孙不努力，不上进，靠祖上那点遗产，三代以后就变成穷人了。在西方，遗产税是很重的，一般在50%左右。就算祖辈留下百万遗产，扣除遗产税，再除去父辈的开销，留下的作为遗产再次征税，到儿辈手上，自然也就剩不下多少钱了。另外，在这个过程中，如果接受遗产的不是一位，而是多位，那么最后分到某位孙辈手中的钱也就屈指可数了。

中国古代也有"君子之泽，五世而斩"的说法。这里"泽"是指先祖的恩泽，"五世而斩"即五代就断了。所谓祖先的恩泽，是指因先祖的官职、功劳巨大，从而使后辈子孙得到朝廷的续用。这种恩泽，止于五代。五代以后，再要得到功名利禄，也就只能靠自己了。历史上不少豪门贵族，如果子孙吃喝嫖赌，坐吃山空，用不了多久，也就耗尽了。这就是王安石在《金陵怀古·其一》中所说的："豪华尽出成功后，逸乐安知与祸双。"曾国藩也有言："勤苦俭约未有不兴，骄奢倦怠未有不败。"[1]因此，对于所谓"官二代""富二代""名二代"，不要羡慕他们。这些人如果不加检点，是没有好结果的。

中国古典四大名著之一《红楼梦》，可谓说清楚了贾史王薛四大家族，特别是贾家从风光无限到家族败落的来龙去脉。有诗云："贾不假，白玉为堂金作马。阿房宫三百里，住不下金陵一个史。东海缺少白玉床，龙王来请金陵王。丰年好大雪，珍珠如土金如铁。"这首诗展现了四大家族在开始的时候是何等的富有、兴旺。然而好景不长，"外面的架子虽未甚倒，内囊却也尽上来了"。其原因在于："主仆上下，安富尊荣者尽多，运筹谋画者无一"，"如今的儿孙，竟一代不如一代了"。这可谓是一语道破了贾家败落的本质。

诚然，富贵不能传家，但道德可以传家，勤劳可以传家。曲阜当地的孔氏家族至今历2000余年，传至八十代的"佑"字辈。其后代恪守孔子教诲，历代名人辈出。浙江浦江的郑氏家族，以孝义传家，从南宋到明，先后有173人外出做官，但无一人贪污枉法，都能做到为官清正，造福一方。所以明太祖朱元璋赐封这个家族为江南第一家。

---

① 钟书河选编：《曾国藩教子书》，4页，长沙：岳麓书社，1986年。

我在大学期间，也结识了一些高干子女，与我同寝室的就有一位。他与我们这些普通工农子弟学在一起、玩在一起，毫无高干子弟的优越感。这是良好的家教使然。后来，这位高干子弟在大学分配时，也没有通过关系留在大城市，到大机关，而是主动报名到黑龙江省最北端的嫩江县去工作，在那里一待就是8年。那里的冬天可是零下四十多度。我们班当时有两位同学主动报名去了那里。对这位高干子弟，我们班的同学都打心眼里敬重他。

生问：陶老师，关于如何做人，您有什么可以告诫我们的？

陶答：第一，做实实在在的人，忠于自己的本色，不要装腔作势；第二，永远保持对国家和民族的那份热忱和忠爱；第三，牢记知识分子的社会责任。

生问：哲学能给我们的个人生活带来哪些启示？

陶答：这个问题只能从总体上说一说。相对于日常生活来说，有两种思维：一是就日常生活本身所进行的思维，或曰日常思维，也叫小思维；二是跳出日常生活，从哲学高度来反观日常生活的思维，叫大思维。小思维，也就是局限于日常生活的特殊思维。这种日常生活思维，比较实在、琐碎。生老病死，油盐酱醋，老人孩子，这些都是人们日常生活必须天天面对的。因此，一个现实的人不能没有小思维。但为了生活快乐，也不能仅有小思维，还须有超越小思维的大思维。这样才能站得高些，看得远些，想得开些，从而活得更有价值、更幸福一些。大思维是什么，就是哲学思维，说得更准确一些，也就是把日常生活的特殊性提升到普遍性的思维，这种思维也就是马克思主义哲学所主张的唯物辩证思维。

比如，对于父母的离世，人们很痛苦，这是小思维。但用大思维想到"生死自然"，也就坦然许多。以至有庄子在其老婆去世时，"鼓盆而歌"这档子事的发生。家里有人升了官，这家人可能很是高兴，而邻家的人可能很不高兴。但如果看到一个事情有正反两面——福祸相依，得失为邻，那么头脑就会冷静得多，以至达到"得之不喜，失之不忧"的境界。总之，唯物辩证的观点能使人在日常生活中，比较通达地看待和处理生与死、苦与乐、得与失、个人与他人、局部和整体的关系，不至于囿于一点而不及全面，限于眼前而不及长远，局于个人而不及社会，等等。

由于哲学思维是超越日常生活小思维的大思维，所以哲学家能比较通达地看待日常生活，处理日常生活中的种种烦恼和问题，所以哲学家往往活得比较久，或者说，是高寿、长寿之人。在西方，柏拉图活了80岁，康德活了80岁；在中国，孔子活了73岁，孟子活了84岁。北大哲学系是全国著名的长寿之系。冯友兰、张岱年都活到95岁，黄枬森活到92岁。当然，学哲学只是长寿的因素之一。人能否长寿，是由多种因素决定的。在这里，不可作绝对化的理解。另外，有的人不一定懂哲学，但他具有哲学所要求的"通达""平和"心态，那么这对其身心健康也是大有裨益的。

这里补充说一点。哲学大思维不仅对指导个人日常生活有用，而且，也是主要的，对协调民族和国家的政治生活有用。因此，在这个意义上可以说，一切大哲学家都是理论上的政治家。

生问：有人说，"马克思主义过时了"，请谈谈您的看法。

陶答：现在确有人在谈论"马克思主义过时论"。

其理由之一是，马克思主义创立于自由资本主义阶段，而现代资本主义早已从自由资本主义经过私人垄断资本主义，而达于国家垄断资本主义阶段，怎么会不过时呢？难道在高速公路上还能赶马车？

怎样看待这一观点呢？应该承认这个比喻确实生动迷人。但这个比喻用在这里并不恰当。相对于如今的高速公路时代，马车是过时了。其实，一切交通工具都存在一个会过时的问题。但作为普遍理论，却有相当的恒久性。比如，欧几里得的平面几何学，从提出到如今已有2300多年，但仍然适用。牛顿机械力学，提出于17世纪，至今已有300多年，但也没有被证伪的迹象。因此，一个普遍理论的适用时代与提出该理论的时代并不等同。不仅如此，它的普遍性愈广，适用时代还会愈长。

马克思主义作为一个理论体系，有这样三个层次：最普遍原理、普遍原理、具体原理。最普遍原理就是哲学原理，这些原理是恒久适用的。普遍原理在它所关涉的事物没有灭亡以前，它就仍然适用。比如，资本主义必然被社会主义所取代的原理，至今仍然适用。具体原理随着历史条件的变化，可能过时。因此，那种不作具体分析，借口时代变迁，而认为马克思主义特别是它的普遍原理（包括最普遍原理）已经过时了的观点，是不能成立的，是不可取的。

其理由之二是，马克思主义曾预言：资本主义在全世界走向灭亡。然而这种情况至今没有出现，说明马克思主义过时了，失灵了。关于这个问题，可以说的，有以下几点。

其一，资本主义在全世界的灭亡，这是马克思主义所揭示的必然趋势，至于这种必然趋势何时变为现实，取决于条件。如同人必有一死，这是一种必然趋势，至于某人哪一天死，取决于条件一样。

其二，资本主义来到世界上，到目前为止，才三四百年，它所能容纳的生产力还没有完全发挥出来，在这之前，它是不会灭亡的。关于这一点，马克思早就有言在先。

其三，资本主义在全世界的灭亡还将经历十几代，乃至几十代人的努力。但尽管如此，它终究是要灭亡的。因此，那种以资本主义在全世界没有灭亡，来否定它终将灭亡，以致以此为证据，来对马克思主义进行否定的观点，是没有根据的。

其理由之三，苏东剧变说明马克思主义过时了，失败了。在我看来，苏东剧变的原因是多方面的。其中一个重要原因，不是遵循了马克思主义，而是违背了马克思主义。因此，它们的失败，不是马克思主义的失败，而是违背马克思主义的失败。因此，这从反面证明了马克思主义是不可违背的科学理论，是有生命力的。

生问：美国把战略重点转向亚太，中国的安全形势如何？

陶答：从新中国成立到现在，美国从来没有放弃遏制中国。不过，这没有什么可怕的。

其一，我国与美国曾经较量过。一是解放战争时期，美国支持蒋介石打内战，我们把蒋介石集团赶到台湾等几个海岛上去了。二是抗美援朝战争时期，那时力量悬殊，我国的钢产量还不到美国的1/146，国民收入仅为美国的1/16。朝鲜战争，美国花费3410亿美元，而中国仅开支62亿元人民币。我们最终把美国打败了。据美国政府称，有3.6万名美国士兵丧生，另有超过10万人受伤。三是抗美援越战争期间，中国参与越南人民军的后勤保障、防空等工作。这场战争从1964年一直打到1973年，前后9年时间。在这场战争中，美军死亡5.8万人。

其二，美国虽然还是世界第一大强国，但在总体上其优势已经减弱。改革开放前，美国的国内生产总值是中国的11倍多，到2011年则是中国的2倍多。随着时间的推移，这一差距还将继续缩小。

其三，时代在进步，靠武力称霸世界的时代已经逐渐成为历史。二战后，世界人民不断觉醒。如前所说，美国在朝鲜、越南战争中吃了败仗。如果说，这两个国家当时还有赖于中国和苏联支持的话，那么美国发动的伊拉克战争，从2003年到2011年共8年时间，直接和间接投入了3万亿美元，死亡4000多人，这个骨头就是啃不下来，只好宣布从伊拉克撤军。美国2001年发动的阿富汗战争，至今打了12年，这个骨头也没有啃下来。我估计，最后，也只能是卷铺盖走人。

中国这么大，并且逐渐强起来，因而世界上没有任何人能阻挡我国发展的步伐。对于这一点，我充满信心！

因时间关系，这次对话到此结束。谢谢大家！

加强学人的学术道德自律*

学人，是相对于工人、农民、军人和商人而言的，从事学术工作的人，也就是，通过学习和运用系统知识来解决学术问题的人。从其外延来说，它包括从事科学研究的大学生、研究生和广大科学工作者。如同每种职业都有其职业道德一样，从事学术研究，也有其学术道德。所谓学术道德，是指学人在学术研究中要按科学的求真祛利要求，来做人立身。这里的祛利，即学术是社会公器，因而无私利性。学术研究的本质，"主要是一种对真理的祛利性的探索"[①]。正如竺可桢所言："科学精神就是'只问是非，不计利害'。"[②]加强学人的学术道德自律，这个问题很重要。从大处说，它关系到中国的学术进步与民族复兴；从小处说，它关系到学者个人的学术前程与人格尊严。下面就这一问题，来谈几点认识。

一、学术道德何以成为社会突出问题

学术道德问题是与学术活动一起产生的。也就是说，自从有了学术活动，也就产生了其道德问题。不过，在古代，它终究没有成为一个突出的社会问题。那么原因何在呢？这是因为那时的科学发现和发明，还纯粹是一种个人事业，即凭借个人兴趣、依靠个人力量、运用身边材料所进行的事业。

这里的依靠个人力量，不仅指从事学术研究要花费研究者个人的大量时间和精力，而且指要耗费自家的不少财力。在这个意义上说，

---

 * 本文为2016年给一些大学所作的讲座。

　① 　美国学者默顿语，转引自易杰雄：《哲学、文化与人生》，89—90页，石家庄：河北教育出版社，2014年。

　② 　转引自韩启德：《我对科学文化与科学精神问题的看法》，《科技导报》，2012（26）。

这是一个需要牺牲精神，而又费力不讨好的事情。翻开人类学术史，可以发现，在古代，许多思想家、科学家、发明家，并非赤贫之人，亦非小康之家，可以说，无一不是家资殷实，有的还出身名门望族。在这里，举两个中国历史上的例子：一是李时珍，二是徐霞客。他们都是明代人，一位是医药学家，一位是地理学家。李时珍医术高明，景仰者甚多，其中不乏富有之人。这些人染上疾病，特别是疑难病症，一旦医好，自然会奉上不菲医资。他边行医、边研究，用行医的收入，来著书立说。其代表作《本草纲目》，历时27年完成，并依靠自家财力，在生前雕版印刷了这部著作。①李时珍，不仅出版自己的著作，而且活的岁数还大，他活到75岁。可徐霞客就没有这么幸运。他在长达30年的岁月中，外出游历，足迹遍及现在全国的21个省区市。途中备尝艰辛，如果没有因社会声望日隆而获得一些资助，则是难以坚持的。及至晚年，足生恶疾，不愈，54岁就离开了人世。因此，他的著作《徐霞客游记》，不是其生前出版的，而是他死后由别人帮忙出版的。

随着科学事业走向近代，从事科学事业的人，也从个人爱好者，变成了职业学者。与此相联系，科学的发现与发明，也从古代作为一种个人事业，到现代愈来愈成为一项社会事业，即从社会需要出发、依靠社会力量、体现国家乃至人类意志，并得到各种社会制度保障的事业。

19世纪以来，伴随着现代大学制度的建立，②各种科研机构的涌现，以及各种科研基金、奖励基金的设立，加之科研成果与科研工作者个人的学位获取、职务晋升，以及各种待遇的挂钩，极大地调动了科研工作者的积极性、创造性。这表现在以下几个方面。

第一，科研产品不断增加。有人做过统计：人类科学知识19世纪

① 有人会问，怎么到明代还是雕版印刷，宋代沈括的《梦溪笔谈》中不是已经记载，毕昇发明（泥）活字印刷术了吗？诚然不错。中国人发明活字印刷比欧洲古登堡在15世纪发明金属活字印刷早500年左右，但是中国的活字排版印刷没有得到推广应用。一是前期投入太多。英文就26个字母，古代中文汉字几万个。造几万个不同的汉字（还需要复本），非常昂贵。二是找不到识几万个古汉字的排版工人。因此，直到现代，西方印刷术传入中国以后，中国的雕版印刷除年画以外，大体是被废弃了。

② 指大学通过变革，发生了以下变化。首先，在教学内容上，由过去主要教授神学到教授各门科学。其次，以柏林大学创始人洪堡于1809年提出的教学与科研相结合的原则为标志，大学在功能上发生了变革，即不仅教授各门科学，而且要研究各门科学。最后，大学内在结构也发生了变化，即由原先的大学生教育变为本科生和研究生两个层次的教育。

是每50年增加一倍，20世纪中期是每10年增加一倍，现在则是3—5年增加一倍。因此，有的学者用"知识爆炸"来形容知识的这种急速增长之势。

第二，科研创新对社会的推动作用不断增大。这种增大的集中表现，就是使人类社会从近代工业社会，迈向了现代信息社会，或曰知识社会。人类学家通常把迄今为止的人类社会发展史划分为：原始渔猎社会、传统农业社会、近代工业社会和现代信息社会等若干阶段。原始渔猎社会是以获取自然产品为生的社会。传统农业社会是以土地和人的体力为基本生产资源的社会。近代工业社会是以矿产、能源、机器体系、金融资本为基本生产资源的社会。现代信息社会是以知识的学习、运用、创新为主要动力，来推动经济全面增长的社会。在现代信息社会中，科技是第一生产力。西方发达国家在20世纪五六十年代，科技进步的因素在国民经济增长中的贡献率已达50%，到80年代则上升到60%—80%。

第三，科研人员的社会地位不断提升。学术研究在推动社会加速发展的同时，也改变着科研工作者的个人命运，给他们带来了荣誉，提高了他们的地位，使他们在经济上获得了丰厚的回报。因此，在当代社会，科研人员，特别是有杰出成就的科研人员大为吃香。这种情况在中国正在发生。现在许多科研机构、高等院校开出优惠条件招募人才，少则几十万，多则上百万，以此来聘用杰出的博士、教授，以及科学院院士、工程院院士，就是一个很好的证明。

然而事情总有两面。在这种巨大利益的诱惑下，有些人从事科研，不是以推动学术进步和社会发展为目的，而是把科研作为敲门砖，作为谋取个人利益的手段。这就本末倒置了。几年前，国内一所高校的一名教授，竟然要去竞聘后勤部门的一个副处级岗位，引起舆论关注。前不久，某大学某学院的一位教授，提出调动，其理由竟然是该学院领导班子改选，没有如其所愿——被群众推荐当上副院长。由此，他感到失落，感到不被重视，心里很是不平。以上这两位教授，把当官看得如此之重，原来他们是把取得一些学术成果，当成谋取一官半职的手段。我觉得这种人心理有些失衡，以至有些扭曲。

不过，话说回来，既然有人把科研当作谋取个人利益的手段，有些人为了获得这样的手段，又不愿付出艰辛的努力，或根本没有这方面的能力，于是就投机取巧、违规操作，甚至弄虚作假。这样一来，各种失德失范行为也就随之产生。当然，这不是当今中国特有的问题，也不是在某些国家发生的局部现象，而是世界各国的普遍现象。

二、当代学术腐败的严重性

如上所说，学术腐败是世界性的普遍现象。诚然，在西方发达国家，由于现代科学技术发展得比较早，学术上各种失德失范行为，作为一个突出的社会问题，也发生得比较早。后来它们不断总结经验，不断加以规范，经过长期努力，这方面的工作已经富有成效。这集中表现在，这些国家通过长期建设，相关的学术制度已经较为成熟和健全。比如，实行学术期刊发表论文前的"三审制"（责任编辑一审、外聘同行专家二审、编辑委员会三审）。现在中国社会科学院主办的一些期刊，大体也已采用这一制度。又比如，建立了学术造假终身追究制、知识产权保护制、专利申请制、成果署名制、科研成果评奖制等。由于这方面的制度比较健全和成熟，所以在现代西方发达国家，学术腐败已不再是一个突出的社会问题。但尽管如此，也还是有人心存侥幸，以身试法，因而学术腐败事件仍时有发生。

比如，在几年前，德国的马普协会，曾对马普协会医学研究所所长西铂格予以谴责。原因是20多年前，西铂格在美国加州大学工作期间，在发表的一篇论文中对所采用的样品进行了伪造。马普协会认定，这是一种严重违反科学道德的行为。西铂格作为一名知名科学家也不得不诚恳地接受这种谴责。

2002年5月，美国贝尔实验室邀请5名外界科学家组织独立调查小组，对就职于该所研究室的研究人员舍恩的科研成果展开调查。调查小组最终认定，在1998—2001年，舍恩至少在16篇论文中捏造或篡改了实验数据。鉴于此，贝尔实验室将其开除。舍恩事件被认为是当代科学史上规模最大的学术造假丑闻之一。

2005年日本东京大学多比良和诚教授在美国科学刊物《自然》上发表了控制遗传基因的医学论文，后被指重要实验数据存在错误，因没有保留实验数据，其中主要数据无法重新获得验证。此人后来被东京大学撤销职务。2018年1月23日，日本《读卖新闻》曝出消息：京都大学诱导性多能干细胞研究所助理教授山水康平，2017年2月在美国科学类期刊《干细胞报告》上的论文存在造假行为，即在论文中人为编造了部分图表信息，11个图表中共有17处存在编造或篡改的问题。这一造假事件，已被调查和证实。

根据瑞典高教局公布的统计数据，瑞典高校查处的学术造假案件，2001年有100余起，2004年有200余起，2006年上升到480起，这引起了瑞典研究会的高度重视。

上述所列事项，都是发生在西方发达国家。那么相对于西方发达国家，作为发展中国家的中国的情况如何呢？可以说，改革开放以来，特别是20世纪90年代以来，当市场经济原则渗入学术领域以后，中国学术界开始弥漫一种急功近利的不良学风，学术腐败已成为中国学术的毒瘤，一段时间以来，扩张得十分厉害，以致学术研究中的不端行为严重存在，造假事件接连发生。

华东师范大学2004年进行了一项《大学生网络道德状况调查》。该报告显示：57%的大学生承认在网络上抄袭过论文。这个数字已接近60%，如果再加上那些实际做了而不承认的，我估计，当然只是估计，数据可能接近70%。华东师范大学的大学生如此，北京大学的大学生情况如何呢？因手头缺乏资料，不能妄言。但此问题在北大也是一个突出问题，恐是没有疑义的。正是针对这种情况，北京大学在全国高校中第一个把学术规范明确写进本科生校规。这一校规规定：本科生抄袭论文、雇"枪手"写论文或给别人当"枪手"，将被开除。

大学老师的情况怎样呢？应该说，绝大多数大学老师还是坚守学术道德、遵守学术规矩的。但其中确也有一部分人，丧失了学术良知和职业操守。报纸上曾披露过一个消息，因学术造假，2005年被媒体点名的教授有一百余名。浙江有所大学的一位教师兼副校长，在评教授职称时，竟然把别人的论文拿来，直接换上自己的名字送审参评，且3篇送审论文竟然都是如此，其胆子也真是够大的！

现在中国这种学术造假的丑闻都闹到国际上去了。2015年英国BMC出版社曾集中撤销了43篇论文，其中大部分由中国研究者撰写。为什么撤下来，主要是实验数据造假，其中有的是抄袭别人的成果。2017年德国的《肿瘤生物学》杂志宣告撤销107篇学术论文。这些论文主要由中国医疗机构和大学的科研人员撰写，公开发表的时间是2012—2016年。是什么原因造成如此局面呢？原因是这些论文的作者所提供的关于该论文的同行评议结果，被发现不是作为审议者的同行所写，而是作者本人所写。另外，有的是作者所委托的第三方机构作假，其中原委后来作了进一步的调查。这件事惊动了科技部，声称要对被撤论文逐一调查，对学术不诚信者必须"零容忍"。①从网上看，初步的结果是少数人确实是自己造假，多数是受委托的第三方没有真正请同行专家评议，造了假，这种情况，造假的虽然不是作者本人，但作者也应负一定责任，即对委托的第三方没有进行资格审查，没有甄别，没有选择好。

学术上的不良风气引起了习近平总书记的注意。2016年5月17日，他针对哲学社会科学领域存在的问题，批评指出："当前，哲学社会科学领域存在一些不良风气，学术浮夸、学术不端、学术腐败现象不同程度存在，有的急功近利、东拼西凑、粗制滥造，有的逃避现实、闭门造车、坐而论道，有的剽窃他人成果甚至篡改文献、捏造数据。"②

三、学术腐败的根源是缺乏道德自律

产生这么严重的学术腐败，原因何在？有主观和客观两方面的原因。就客观原因而言，有社会风气不良，以及社会监管制度缺乏和执行不力，等等。但客观原因不是主要原因，主观原因才是主要原因。俗话说，"苍蝇不叮无缝的鸡蛋"，这对一切腐败，包括官场腐败和学术腐败都是适用的。然而就主观原因作为主要原因而言，学术腐败相对于官场腐败，其权重更大一些。之所以如此，主要在于学者不同于官员。官员手中有权，一些别有用心者，特别是不法商人，为了利用官员手中的权力，去谋取自己的不法利益，会千方百计拉官员"下水"。可以说，为了拉拢腐蚀干部，这些人无孔不入，甚至无所不用其极。于是，那些握有实权的官员，也就成为不法者"围猎"的对象。面对如此状况，为官者稍有不慎，就会成为他们的"囊中之物"。相对于官员腐败，学术腐败者并无人拉下水、也无人逼迫就范，而是自己

① 《法媒：中国官方对学术造假"零容忍"逐一彻查被撤论文》，《参考消息》，2017—6—16。
② 习近平：《在哲学社会科学工作座谈会上的讲话》，《人民日报》，2016—5—19。

积极主动为之的。中国有句俗语，叫不知者不为过。而搞学术腐败的人则是明知不对，有意为之。为什么要有意为之，因为名利熏心，而又心存侥幸。殊不知，可以蒙人一时，但不能蒙人永久；可以蒙一些人，但不能蒙所有的人。学术腐败，迟早会被揭露，这是生活的必然。有人搞学术腐败，归根结底，是丧失了学术道德自律，对科学、文化缺失敬畏，缺失尊重。

从价值取向角度说，社会上有官本位、钱本位和文化本位三种取向。从历史发展角度说，与世长存的才是最有价值的。而历史上真正与世长存的是文化。这里的文化，一是科学文化，二是人文文化。在中国漫长的历史中，帝王将相被人记住的屈指可数，历朝历代有钱人被人记住的则更是稀少，然而文化的创立者、传承者、发展者，不仅被后世永远铭记，而且随着历史发展，其形象还可能愈益鲜明。故曹丕有言："盖文章，经国之大业，不朽之盛事。年寿有时而尽，荣乐止乎其身，二者必至之常期，未若文章之无穷。"[①]俄国伟大诗人普希金在其名作《纪念碑》中也曾说："不，我决不会完全死去：我的灵魂在遗留的诗歌中，将比我的骨灰活得更长久……我所以永远能被人民挚爱，因为我曾用诗歌，唤起过人民善良的感情……"[②]这里应了中国的两句古诗："遗表不随诸葛死，《离骚》长伴屈原清。"因此，真正的学人应以弘扬文化、发展文化为己任，耐得住寂寞、经得住诱惑、守得住底线，立志做大学问、真学问。在学术史上，有很多人为我们树立了道德的榜样。下面举两个令人感慨的例子。

达尔文为世人熟知，因为他是生物进化论的创立者。可在早年，当他还没有提出生物进化论的时候，一天，他收到一个名叫华莱士的生物学家的来信及论文。来信的意思是：你是生物学界的权威，我写了一篇论文，请你审阅。如果你认为有价值，请你推荐到一家杂志上发表。然而，达尔文在阅读了这位作者的论文及来信以后，却陷入了极度的矛盾和痛苦之中。原因在于，虽然他已是著名的生物学家，但那时还没有提出进化论，而华莱士论文中的物种进化观点与自己十几年来的研究竟不谋而合，而他为此已付出了大量心血。他甚至说："我的全部独创性，无论它可能有多么了不起，都将化为乌有。"但是，谦

---

① 《典论·论文》。
② 转引自张守仁：《死是一个必然会降临的节日——怀念史铁生》，《新华文摘》，2017（18）。

虚和不图私利，驱使达尔文有了放弃优先权的念头，最终他战胜了自我，向一家杂志编辑部推荐了华莱士的文章，并勇敢地向编辑部坦承了自己的思想，要求将华莱士的论文公开发表。随后，编辑部把达尔文的来信告知华莱士，在征得华莱士的同意后，判定进化论是由两人分别独立得出的。对此，华莱士不仅表示万分赞同，还建议把达尔文的名字放在前面，并进而主张将这一理论称为"达尔文进化论"。记得当年读到这段文字后，我的心灵受到极大震撼。我认为，达尔文十分伟大，华莱士也极为高尚，这在人类学术史上，是一段光照千古的佳话。

中国科学院院士、第三世界科学院院士、复旦大学前校长杨福家先生曾发表过一篇文章，讲的是美国有一位口才极好的著名的电视节目主持人，被波士顿大学请去做传媒系教授、系主任。他上课非常生动，很受欢迎。一天，他在一节课临近结束时，讲了一段64个字的话，漂亮至极，全场鼓掌。这时下课铃响了。课后一名学生跑到院长那里报告说，这64字的话，出自某杂志上的一篇文章，可这位教授在上课引用时，却没有说明这是"引用"，学生会以为这64个字，其所有权属于该老师，这在实际上已经构成了侵权。院长听了以后，立即把这位教授兼系主任找来，说学生有这样一个反映，你看怎么办？这位教授说"我辞职"，即辞去系主任职务和教授职务。其他老师听说此事，出面挽留他，说："是下课铃响了，你来不及讲了，如果时间允许，你会讲的。"结果这位教授兼系主任改口说："系主任革职，教授职务保留。"过了两天，这条消息被当地最大的报纸头版头条刊登。这位教授看到这则报道，触动很大，深为自责，感到再也无脸走进课堂，于是主动走人。

四、学术道德自律要做到三个尊重

我认为，学人要坚持学术道德自律，要做到三个尊重：一是尊重事实，二是尊重文本，三是尊重合作者。

1. 尊重事实

科学，是以事实为根据的。达尔文曾说："科学就是整理事实，从中发现规律，作出结论。"①周恩来也曾指出："只有忠实于事实，才能忠实于真理。"②因此，尊重事实，是科学的最本质属性。所谓尊重事实，就是从事实出发，一是一，二是二，不夸大，不缩小。也就是说，事实必须是真实的、可靠的，不是虚构和道听途说的。这也就要求，不能把未经证实的东西作为证据；也不能为了证明某种观点，只采用有利于自己的事实材料，而对对自己不利的事实材料则避而不谈，甚至弄虚作假，修改实验数据，歪曲事实真相；更不能无中生有，捏造事实。这些都是违背科学精神和学术道德的不当做法，是不能被允许的。

2. 尊重文本

所谓尊重文本，一是指用别人的观点和论据，要注明出处。这是最基本的要求。二是指要尊重文本的原意，不能断章取义、不能过度解释，不能把文本中没有的观点强加于文本。当然，这是更高层次的要求。引用为什么要注明出处，因为这样做，体现了作者对他人成果的尊重，也体现了文本与写作者之间的传承关系。另外，也便于评阅人和读者了解论文材料及观点的来源，从而进一步加以核实和研究。这一点之所以被称为最基本的要求，因为它是学术常规。既然是常规，那么为什么还会有不少人做违规的事呢？这里有三种情形。一是一些学术青年，比如，大学生、研究生一开始不懂这个规矩，做了违规的事。这种情况一旦发生，指导老师不要过多指责，在审阅论文时，要注意把关，只要对学生稍加提醒，改正过来就好，这也不难，因为论文毕竟还没有公开发表。二是不自觉地侵犯了别人的知识产权。在看书或听学术报告的过程中，接受了别人的一些观点或见解，将之内化于心，于是在后来写作时，因时间隔得较长，记不得是谁说的，或在哪本书里看的，从而以为此观点或见解是自己的。发生这种情况，虽然不是作者有意为之，是可以理解的，但也要力求加以避免。三是明知故犯，即把别人的观点或见解直接拿来照抄照搬；或改头换面，用另外的词句包装一下，把它作为自己的观点或见解写入著作中，不加注解，不作任何说明，甚至怕被人发现，在参考文献目录中，也故意

---

① 转引自《徐匡迪：科学殿堂不容玷污》，《光明日报》，2013—1—14。

② 转引自王涵、华石、倪平等编：《名人名言录》第2版，53页，上海：上海人民出版社，1983年。

隐去不列。这种情况一旦被揭露，自然会斯文扫地，弄得声名狼藉。

3.尊重合作者

现在提倡合作攻关，以老带新，培育队伍。因此，作为学科带头人、作为首席专家、作为课题负责人、作为导师、作为成果的主要撰写者，要尊重合作者。这些合作者不管是长辈、同辈，抑或下属、学生，都要尊重他们的劳动，肯定他们的贡献，给予他们相应的名分和经济待遇。

正直的学者，应该像爱惜自己的眼睛一样，爱惜自己的学术声誉，维护自己的学术良知，真正做到，俯无愧于心，仰无愧于人。

科海泛舟*
——我的学术航程及心得体会

一、我的学术航程的三个时期

我的学术航程，大体可分为三个时期。这三个时期，可以分别表述为："准备期""成长期""发展期"。下面就此来作一些具体说明。

1.准备期

这是我的学术旅程的北大时期。即从 1964 年 8 月到 1970 年 3 月，我在北大哲学系就读。在这期间，虽然没有发表什么学术成果，但已确立起了学术研究的初步信念，并已有了关于如何进行学术研究的粗浅认识。另外，也已动起手来，进行学术研究和写作，或曰"开始试水"。下面先从科研信念的确立谈起。

第一，1964 年下半年，我进校不久，就读到了我们 64 级的马克思主义哲学老师，也是我们班的第二任班主任杨克明先生，在北京市委宣传部主办的《前线》杂志第 16 期上，发表的《一分为二和阶级分析》一文。杨先生在年龄上比我们大不了多少，也就三十出头。可我们当时很是幼稚，对杨先生的文章一点也看不懂。然而发表文章这件事，在我们班引起了轰动。我们在分享杨老师的快乐的同时，也在无形中以杨老师为榜样，即感到大学老师应该像杨老师那样，既要搞好教学，又要搞好科研。或用后来我自己的话说：搞好教学是大学教师的立足之本，搞好科研是大学教师的发展之路。因此，在这个意义上可以说，我这几十年来所走过的学术道路，就是沿着杨老师的足迹前进的。

第二，在北大读书期间，我结识了后来成为马克思主义哲学大家的黄枬森先生。在与黄先生的交往中，我第一次听说，学马克思主义

* 本文为2019年6月给安徽工程大学马克思主义学院教师作的一次报告。

哲学，既要学原理，也要读原著。从此"读原著"三个字，深深刻在我的脑海中。我们当时学的哲学原理教科书，是艾思奇先生主编的《辩证唯物主义历史唯物主义》。这本书后来遭到一些论者的批评。这些批评，其中不少是正确的、有价值的，但也有些批评是无的放矢、乱贴标签。我至今认为，艾本教科书是新中国成立后出版的，具有中国特色的第一本马克思主义哲学教科书。它曾为系统宣传马克思主义哲学的基本原理体系和拓展中国马克思主义的哲学阵地发挥了不可替代的作用。至于学原理为什么要读原著，当时并不理解。后来我才逐渐认识到，原著是原理的形成之地，因而只有读原著，才能知晓原理形成的来龙去脉。所以读原著，对于系统和准确理解原理，意义重大。

我在北大读的第一本马克思主义原著是恩格斯的《反杜林论》，后来还读了大量的马克思主义原著。另外，我还认为，除了要读马克思主义原著以外，研究任何一个理论问题都要读相关的原著，而不能只凭第二手资料。不然，难免靠不住。比如，研究青年马克思与费尔巴哈的关系问题，就必须认真研读马克思的著作，特别是其早期著作；另外，还要认真研读商务印书馆于1984年出版的《费尔巴哈哲学著作选集》上、下卷。又比如，要批判福山的"历史终结论"，就一定要读其原著《历史的终结与最后的人》，不然就会不得要领，犹如隔靴搔痒。

第三，我从我班的第一任班主任许全兴先生那里知道，读书要做读书笔记。这是做学问的一项基础性工作。从那时起，我也学着许先生的样子，做起读书笔记来。在"文革"开始前，我已做了几大本读书笔记。可在"文革"武斗中，我离开宿舍时，匆忙之中没有带走。等武斗结束回到原宿舍，我发现，这些读书笔记早已不翼而飞。为此，我还难受了好一阵子。后来，在大学从事教学工作，几十年来一直不断地做读书笔记，获益良多。这些读书笔记不仅为我的学术研究和论文写作提供了资料来源，而且还为我的研究生，在科研和写作方面提供了资料上的帮助。

第四，我作为班干部，与一些老师比较熟，走得比较近。另外，在老师眼中，我也算勤快之人，因而不时被老师"抓差"，在其指导下，帮他们做一些科研方面的辅助工作。比如，查找资料、核对原文、抄写文稿之类。原以为，这只是在给老师帮忙，后来才发现，这对我日后从事科研工作也很有帮助。俗话说，"没有吃过猪肉，还能没见过猪跑"。从事上述辅助性工作，实际上是在科研方面得以见识"猪跑"的过程。有没有这个经历不一样，至少可以少走一些弯路。记得有一次，一位老师因获得一份新材料而欣喜若狂，竟然没有顾及站在一旁作为学生的我之存在。那情那景，至今回忆起来还历历在目。

第五，当时我已开始了论文写作方面的一些尝试。尽管写得很是蹩脚，很不像样，但毕竟已经动手了。当时还很爱面子，背着班里的同学偷偷地写，写成了偷偷地往外寄，心中还满怀期待，然而到头来却石沉大海，杳无音讯。这自然不会带来好心情。不过，后来经历多了，长见识了，才知道，这很正常，并非特例。

2. 成长期

这里是指我学术生涯的芜湖师专时期。1970年3月，我离开北大到安徽阜阳六三七七部队插花庙农场劳动锻炼一年，于1971年3月被分配到芜湖师专工作。截止到1995年调离，我在这里前后工作和生活了25年。在这期间，我对马克思主义哲学的学习和研究，无论在广度还是深度上都有了前所未有的进步。在科研方面，也从"打一枪，换一个地方"的游击战，提升为围绕一定专题而展开的阵地战。学术职称上的三步跨越，也是在芜湖师专工作期间实现的。第一步，是从普通教师到讲师，用了10年时间。因为"文革"动乱，职称评审工作停摆。我所在的芜湖师专这一类大学于1979年才接到省教育厅通知，启动职称评审。我于1980年被评为讲师。第二步，是从讲师到副教授，用了6年时间，即于1986年被评为副教授。因为当时职称评审，虽然已经启动，但不是每年都评。第三步，是从副教授到教授，用了5年时间，即于1991年被评为教授。虽然这三步跨越，因时代原因前后共用了21年，但相对于我的同辈人而言，至少提早了5年。所以当年，我是安徽省最年轻的讲师、副教授及教授。为什么会如此，除了各方面比较努力以外，其中最主要的原因是科研意识比较强，动手比较早，成果比较多。

第一，如前所说，科研意识的形成，得益于北大老师的教诲和榜样作用。他们使我认识到，大学教师搞科研是自己的本分，是天经地义之事。因而没有更多地顾及和理睬"文革"后期仍然存在的"左"的余威，以及非议科研的种种烦言琐语，而是我行我素，走自己的路。

第二，得益于芜湖师专图书馆丰富的藏书。该馆有一套《马克思恩格斯全集》，还有一套《列宁全集》，以及其他各种中外文史哲书籍。从1971年到1980年的10年中，我一人在芜湖师专工作和生活。这10年读了大量的书籍，说"博览群书"也不为过。在这期间，除读了不少马克思主义著作以外，还读了中国哲学史和西方哲学史上一些名家的著作，读了关于中国历史和外国历史方面的一些著作，以及人物传记。另外，还读了不少文艺作品，其中包括从文艺复兴到启蒙运动这一时期一些作家的小说作品。透过这些作品，我对人文情怀、人道原则、人本精神等，开始有了一些认识。这三个概念的关系比较密切。但还是有区别的。在我看来，人文情怀是指要从人与物相区别的意义上，把人当人看待，肯定人的主体性及价值；人道原则主张，要从人与人关系的维度，坚持从人的必要需求出发，律己待人；人本精神则是在人与世界及与社会的关系处理上，主张要坚持以人为价值中心的原则。

通过芜湖师专这一时期的读书学习，我的视野更为开阔，思想更为明晰，为我科研工作的开展提供了更为丰富的知识和思想基础，也为我在哲学与社会科学的结合上开展学术研究提供了某种可能。

第三，因当年芜湖师专思政课教师紧缺，所以到该校报到后不久，就走上讲台。当时承担的课程就是"辩证唯物主义和历史唯物主义"。当时的备课和教学深化了我对马克思主义哲学的学习和理解，从中我也陆续发现了不少尚待说明的问题。于是，这些问题也就成为日后我开展科研活动的对象。另外，在教学中，学生不时提出一些问题，也促进了我的研究和思考。

第四，芜湖师专的科研气氛是由中文系的两位老师翟大炳、高树荣，以及我的北大同学、该校政史系老师郑庆林和我等4人，带领大家共同创造的。我们4人之间形成了互相学习、互相激励、良性互动的关系。这使我从中获得了信心和力量。另外，以我们4人为首所营造的这种科研气氛，在"文革"后期那个政治上比较沉闷，人们逍遥于过好自家小日子的环境中，不失为一道别样的靓丽风景。而这对该校一些青年教师的成长，确实也发挥了某种表率作用。

第五，我于1983年9月到1984年4月，在复旦大学哲学系进修了7个月。这次进修使我的科研工作获得了极大的助力。这是我学术旅程的一次途中加油。在复旦，听了许多老师的课，得到很多教益。其中听了"马克思早期哲学思想研究"这门课，使我从以往比较注重马克思、恩格斯成熟时期的哲学思想和著作，开始延伸到对其早期哲学思想和著作的关注。听了"黑格尔《小逻辑》选讲"这门课，加深了我对黑格尔辩证思想的理解。顺便说一句，对《小逻辑》这部著作的学习，我是狠下了一些功夫的。它使我终身受益。听了"现代西方哲学"这门课，极大地开阔了我的学术视野。

到复旦大学进修，我是带着不少问题和思考去的。通过听课，受到启发，激发了灵感，以至在头脑中形成了某种"风暴"。我在复旦7个月，共撰写和发表了7篇文章。我对这次进修倍加珍惜，可以用一个字来概括，那就是"忙"，卖了命一样的"忙"。既要多听课，又要写文章，怎能不忙？以至有一天下午四点多钟，我上完课回到学生宿舍，看到平时兢兢业业给我们打扫楼道卫生的那位老太太，在工作之余，带着自己的小孙子坐在宿舍楼前花坛的台阶上，悠闲地晒着太阳，心中陡生羡慕。

我在芜湖师专期间，科研的着力点有这样几个：一是马克思主义哲学基本理论；二是马克思早期哲学思想，特别是青年马克思与费尔巴哈的关系；三是哲学讨论中的热点问题；四是中国特色社会主义改革和建设中的哲学问题。

我于1991年评上教授以后，有一些本科院校，特别是有一些知名高校主动联系我，要调我去该校工作。它们为什么要从一个专科学校引进一个教师呢？原因有二：一是，我那时已经表现出了比较强的科研能力，已在全国一些大型刊物上，发表了30多篇论文，其中在《哲学研究》上发表了4篇。二是，十年动乱，使高校教师队伍发生了人才断层，于是，为了予以补救，只好到处挖人。然而当时的人事制度是单位所有制，你所在的单位不放人，那你也就没有辙。后因安徽省教育厅陈贤忠厅长居中协调，我于1995年被调到安徽师大工作。从此，我开始了学术旅程的发展期。

3.发展期

所谓发展期，不是说，学术上有多么了不得，而是指来到安徽师大以后，有了一个较大的平台，从而取得了一些更为系统和丰硕的学术成果。

第一，平台更为宽广。平台很重要。比如跳舞，有的平台或舞台，只能跳单人舞，有的能跳双人舞，有的能跳多人舞。在这个意义上说，平台的大小决定了活动者施展技能的大小。安徽师大的平台比芜湖师专的平台大。这集中表现在：所面对的学生不一样，从专科生到本科生再到硕士生、博士生，其教学的研究性是在不断提升的。到安徽师大以后，不仅有本科生的教学平台，而且经老一辈学者的努力，为作为后来者的我提供了硕士生的教学平台。后来在我的带领下，又成功申报了马克思主义基本原理博士点，从而有了博士生的教学平台。在这个高层次上，作为博士生导师的我，教学和科研也就更多地融为一体了。即有了这样的教学平台，不仅促进了执教者教学水平的提高，而且极大地促进了其科研水平的提高。

另外，在这样的教学和科研平台上，高水平同行（不仅指教师同行，而且指学术会议，特别是全国性学术会议上的与会同行）之间的相互激励，也促使我的科研水平不断提高。关于费尔巴哈，恩格斯曾经有言。他说，费尔巴哈在自然观上坚持了唯物主义，而在历史观上却陷入了唯心主义，其中一个重要原因在于：他到乡下去了，在那里过着孤寂的生活，因而不能在"同与他才智相当的人们的友好或敌对的接触中产生出自己的思想"[①]。

安徽师大为我提供了一个好的平台，我本人也充分加以利用，因而取得了更好一些的研究成果。于是这一时期，也就成为我学术生涯的高峰期。

第二，成果更为丰硕。这集中体现在"三个三"上。

第一个"三"，是用9年时间，以我为首成功申报了三个国家社科基金项目。一是2003年获得的项目"当代中国的人学建设与人的发展"，二是2008年获得的项目"中国特色协商民主发展历程与基本规律研究"，三是2011年获得的项目"马克思学说人本主题以及当代中国意义研究"。这三个项目都早已按时完成。

第二个"三"，是用10年时间，撰写和出版了三本基本著作：《形上智慧论》《实践主导论》《终极关怀论》。如前所说，在芜湖师专所进行的科研，是从最初的"打一枪换一个地方"的游击战，到后来提升

① 《马克思恩格斯选集》第4卷，231页，北京：人民出版社，1995年。

为围绕一些专题而展开的阵地战。可以说，到安徽师大以后，则是从上述阵地战，而进一步发展为我在科研上的"三大战役"，即关于"哲学元理论研究""马克思主义哲学基本理论研究""马克思主义人学基本理论研究"等。上述三本著作就是这"三大战役"的最终成果。《形上智慧论》把哲学规定为：以普遍方式理解和协调人与世界关系的理论。并以此作为逻辑根据，展开了一个"哲学元理论"的逻辑体系。《实践主导论》把马克思主义哲学规定为：以实践为主导的辩证唯物主义。并以此为逻辑根据，丰富和深化了对马克思主义哲学理论体系的理解和逻辑呈现。《终极关怀论》是以马克思主义是"关于现实的人及其历史发展的科学"这一论断为理论依据，展开了一个关于马克思主义人学的系统理论说明。我在总体上认为，马克思主义哲学是"实事求是、实践主导、以人为本的共产主义世界观的科学体系"[①]。对这三本著作，北大的黄枬森先生、南大的孙伯鍨先生、中共中央党校的许全兴先生等，都曾分别有见诸文字的良好评价。另外，许全兴先生对三本著作还有一个见诸文字的总体评价，即认为，这三本著作在哲学上"构成了一家之言"[②]。许全兴何许人也？他的学术头衔有一大串，其中最亮眼的有两个：一是他曾是国务院学位委员会学科评议组成员；二是他曾是全国博士后管理委员会专家组成员。不过在我看来，最重要的是，许先生是一位不唯上、不唯书、学养深厚，有风骨和见识的当代中国哲学家。我很敬重许先生。但我认为，许先生对我三本著作的上述评价是过誉之词，鼓励的色彩为多。在我看来，在哲学上构成"一家之言"，这是不能轻易说的。

第三个"三"，是指由于在教学和科研上取得了一些成就，由此获得了三个荣誉称号。一是2004年被评为"全国模范教师"，二是2009年被聘为国家社科基金学科评审组专家，三是2012年被评为"二级教授"。

2010年退休后，我继续给博士生上课到2014年。从那以后，我则完全从课堂退入书房。接着用一年多的时间，整理以往的文稿，并于2016年6月，由安徽师范大学出版社出版了《陶富源文集》十卷本。

---

① 陶富源、陶庭马：《马克思学说现实人本主题论》，前言7—8页，芜湖：安徽师范大学出版社，2016年。

② 《陶富源文集》第10卷，2005年版序言4页，芜湖：安徽师范大学出版社，2016年。

即《形上智慧论》《实践主导论》《终极关怀论》《哲学与马克思主义哲学》《青年马克思与费尔巴哈》《唯物辩证论与实践智慧》《唯物史观在当代》《政治文明的哲学观照》《精神家园的哲学守望》《学术论文写作通鉴》等，共计近400万字。在完成这一学术工程以后，我仍在继续学习、研究，并写作一些论文。现在主观设想不再写一般性论文，而集中精力写作和发表一些高质量论文。从2010年退休到现在的9年时间里，我在《中国社会科学》《哲学研究》《马克思主义研究》等三大刊物上，共发表论文9篇。尽管从事科学研究有些累，但也很快乐。往大处说，可以在学术上为国家、为学校的学科建设继续做一些贡献；往小处说，也可以使自己的脑子不那么快地老化。

我从事学术研究几十年，从中获得了一些心得体会。

二、从事科研的几点体会

我以为，这些心得体会集中到一点，就是作为一个大学教师，一定要实现从工匠型教师到学者型教师的提升。任何一个教师一开始都是教书匠，即仅仅传授知识，而尚未创造知识。后来有些人才从工匠型教师变成或提升为学者型教师。实现这种转变的关键在于，要进行学术研究，要发表学术论文。

从事学术研究、发表学术论文，这是一项十分复杂的工作。谁也不是天生会搞研究、会写论文。用一句文学的话说，谁一开始都是"丑小鸭"，后来在研究和写作实践中，不断修理自己、完善自己，而逐渐成为一只"白天鹅"。这里有以下几点要注意把握的。

第一，要树立为社会和人民贡献学术成果的责任意识。前文提到要做学者型教师，但作为学者就要向社会和人民贡献学术成果。这正如农民必须向社会贡献农产品，工人必须向社会贡献工业品一样。这是无可争议之事。居里夫人1913年在写给外甥女的一封信中曾说，她之所以坚持不断地进行科学研究，是因为她作为科学家"不得不如此作"，"正如蚕不得不作茧"[①]一样。现在有一些人把从事科研仅仅看作评职称、拿项目的手段，看作谋生的工具，而不是看作学者对社会、

---

① 转引自王通讯：《学海泛舟》，1页，石家庄：河北人民出版社，1982年。

对人民应尽的一种责任，因而等职称评上了，个人名利实现了，也就不再从事科学研究了。这样做，格局太小。我有时翻看以往我写的一些读书笔记，不免生出一些感慨：有一些曾很有才华，写过一些好文章，并使我从中获得启发和灵感的学人，后来在学术界竟然没有声音了，好像人间蒸发了一样。这令我有些惋惜。之所以出现这种情况，原因是多种多样的。我估计，其中有些人可能就是因为没有树立为社会和人民贡献科研成果的责任意识。没有这种责任感，自然也就不会去尽这份责任。这份责任，从客观来说，是作为社会角色的学者的担当；而从主观来说，则是作为担当者的学人的情感使然。从我的体会来看，科研中的问题意识，主要不是来自学人的学术或理论修养，而是受对祖国和人民的情感的驱动。马克思说得好："科学绝不是一种自私自利的享受，有幸能够致力于科学研究的人，首先应该拿自己的学识为人类服务。"①

第二，要树立成功的信心。通俗一点说，这里的信心，就是相信"我能行"。现在大学老师的人员构成，主要是博士生。这样一个层次，应该说，他们在人才序列中属中才以上之人，因而其可塑的空间是很大的。当然，得出这一结论不是一种理论推导，而主要是以事实为根据的。或者说，是根据我多年的教学实践所得出的一个结论。我所带的博士生，从其学历来说，没有一位是全国重点大学，或"211"或"985"院校毕业的，其中有一位是专科生，还有几位原本不是专业老师，而是从事大学辅导员工作的，但他们都很努力，博士毕业后不几年，有几位已经是教授、博士生导师，科研上也很有长进。我所带的博士生，在其博士论文基础上，有80%以上的人成功申报了国家社科基金项目。到目前为止，有两位还拿到了两项国家社科基金项目。我当导师，其中一个重要工作，就是鼓励他们"大胆地往前走，你能行！"当然，是不是真的能行，这不是空喊口号，不是自我感觉良好，最终还得由实践说了算，而这就需要用扎扎实实的努力来支撑。

第三，要甘于寂寞，埋头苦干。学术研究需要有宽裕的时间、旺盛的精力、安稳的心境。现在知识增长是几何级数的，因此有人用"知识爆炸"来加以形容。在这样一个时代做学问、搞研究，首先得有

---

① 转引自［法］保尔·拉法格等：《回忆马克思恩格斯》，马集译，2页，北京：人民出版社，1973年。

时间坐下来。不然，一天到晚忙于杂事，忙科研以外的事，这样一来，科研也就没法搞下去。这是其一。其二，有时间坐下来，还得有精力。不然，一坐下来，就打瞌睡，那样科研也没法搞下去。其三，有时间、有精力，可心静不下来，即心绪不宁，老是想着别的事，这样不要说搞科研，就是书也很难读进去。当今，社会生活的喧嚣和学者内心的浮躁，已经严重影响了学术的创新。因为一切创新思想都是在沉静中孕育的。

而要满足从事学术研究的时间、精力和安稳的心境这三个前提条件，其唯一的办法就是甘于寂寞。何谓甘于寂寞？即看淡社会的名利权势，远离人世纷争，潜心自己的工作，追求宁静、独立和自由的生存状态。也就是说，寂寞意味着较少受到外界的干扰、约束，相对自由地掌握和运用自己的时间和精力。有了时间和精力，用于干什么？用于埋头读书，埋头研究。

读书和研究是一件很费时间和精力的事。古人谈画画，说某人水平高、能力强，是"胸有成竹"。其实，那是因为竹子画多了，再画，心中也就有数了。可我写文章从来都没有"胸有成竹"这种感受。我认为，这不是我低能，因为任何一篇文章，如果不是炒冷饭，而是具有创新性，那么就都是从头开始。既然是从头开始，哪里谈得上"胸有成竹"。拿我来说，一开始，我只知道这个文章应该写，有价值，但到底如何写，能不能写好，心里一点把握也没有。那么怎么办呢？只能慢慢思考，这叫冥思苦想，慢慢摸索，慢慢成型，然后慢慢打磨，最后写成了。一篇文章万把字，有时一万几千字，写好以后，犹如生了一场病，那是一种巨大的精力消耗，特别是脑力的付出。因此，做学问，搞研究，不能怕苦。这就是所谓"板凳要坐十年冷，文章不写半句空"。不然，是不能取得创新性学术成果的。

第四，要坚持做读书笔记。关于何为读书笔记，为何要做读书笔记，如何做读书笔记，以及如何运用读书笔记等，我在以往发表的文章和出版的书里，都曾有所涉及，故在这里从略。今天只谈一个新问题：在资讯如此发达的现代条件下，为什么还要强调做读书笔记？我的硕士生和博士生对我的这一要求，不以为意。

从网上查找资料，确实很方便、很快捷。但网上资料很多很杂，要查找资料，总得有一个前提。这前提就是要有一个中心，或为了说明一个中心思想而去查资料。这个中心思想从哪里来，不可能来自对网上资料的碎片化阅读，也不可能来自瞟上一眼的浅层阅读，而只能来自对资料的系统深度阅读，来自这种阅读中的灵感激发。什么是系统深度阅读？就是通过阅读，达于读者与作者相互对话，以至作为一种完整生命体验的阅读。而做读书笔记的一个重要功能，就是实现系统深度阅读，并通过这种阅读，去激发和捕捉灵感，从而促进创新。因此可以说，说明某种观点的材料可以从网上查找，但形成观点的灵感只能通过做读书笔记来加以捕捉。

灵感好比一颗小的火星，获得灵感以后的工作，就是要把照亮心头的这颗小火星，变成一团火或一堆火，去照亮周围的世界。这个过程也就是把灵感闪现所产生的观点，加以论证，使之形成论文的过程。对于论文的写作，要设想，但更要行动。

第五，行动比设想更重要。对研究者和写作者来说，不能老是在那儿想。花那么多时间去想，不如先找一个题目做起来。刚开始学写作，可能题目就没有选对，因而写不下去；也可能题目选对了，但写得不好。其实，这没有什么要紧，写作的本领是在多次不理想，甚至失败的写作实践中逐渐提高的。对于初学写作的写作者来说，写作不应以发表成果为目的，而应以学会找选题、学会写作为目的。因此，动起手来，从中获得教训，这就是成绩，就是进步。

懂得这一点，不仅对写作新手来说有意义，就是对写作"老兵"来说也有意义。拿我来说，写一篇文章，文章的定稿与其初稿相比，在题目和内容上往往差别很大，甚至面目全非。对于初稿的写作，我也是抱着这样一种想法，先写出个东西来再说。有了这个基础，就可以加工、修改。

那么为什么有人迟迟不去动笔呢？我估计，还有一个原因，那就是刻意追求创新，以致成为束缚。

第六，创新生成于科研成果的形成过程之中。在研究生开题报告会上，常有个别导师，给开题者提出这样的问题：你做这个题目到底有哪些创新之处？开题者往往被这样的提问弄得目瞪口呆、不知所措。我对这种提问方式，从来不以为然。因为如此提问，就如同问一个孕妇，你将要出生的小孩子有什么特点一样，令人啼笑皆非，不可思议。在我看来，追求创新无疑是学术研究的生命，但学术创新不是生发于关于研究的预想中，而是生发于研究成果的形成过程之中。因此，我主张，搞学术研究的人，要把创新放在一边，先把文章写出来再说。文章写出来了，加以概括比较，其中就可能有一点或几点创新。犹如做工作，不是为了创造所谓工作经验而去从事工作，而是首先要千方百计把工作做好，然后从中去总结工作经验。

因此，我认为，对于刚走上科研道路的人来说，不要一味地去追求创新。不要认为，要么不写，要写就写出有新意的论文来。我曾碰到一个研究生，他曾经的导师就是这样要求他的。结果导师越批评，他越害怕；而越害怕，也就越不敢写了。以致最后他怀疑自己，根本就不是一块搞科研的料。由此可见，如果老师拿创新的要求压学生，青年教师拿创新的要求压自己，那是没有好结果的。

一个青年教师的学术成长道路，一般都要经过学习、模仿、创新三个阶段。企图一步到位是不可能，也是不现实的。如前所说，关键在于行动，在于动起手来，并坚持下去。今天没有新意，不等于明天没有新意。总之，不要把创新看得太重，以致阻碍了自己前进的步伐。

第七，要用一个大致的规划来约束自己。学会自我约束是一个人成熟的表现。拿人的成长来说，一出生就受到种种约束。诚然，这种约束都是外界施加的。或者说，是家长、老师和社会所要求的。不过，随着其自主意识的逐渐形成和增强，原来还比较乖巧的少男少女，也就开始有了自己的所谓主见，因而对来自外界的约束，感到有些不自在，以致产生了逆反心理。所谓逆反心理，即你要我听，我偏不听；你要我这样做，我偏要反着来。其实，小时的乖巧是一种不成熟；到了十二三岁的逆反，是对以往乖巧的一种极端反拨，是以另一种形式表现的不成熟。但一旦越过了逆反期，把外在约束逐渐内化为自我约束，就开始走向成熟。在某种意义上说，伟人与凡人的区别，就在于自我约束力的不同。有高度自我约束力的人，才能成就大事，才能成为伟人。

可我们都是凡人。凡人有一个缺点，那就是容易原谅自己，对自己要求不严格。有人说，小孩子上学不能不接送，家务事一大堆不能不忙，一个星期还要上那么多课，哪有多少时间搞科研。于是，年复一年，老是原谅自己。长此以往，也就越来越懒，越懒越怕。怕什么呢？一是怕自己长期不搞科研，因而对学术前沿愈加陌生；二是怕自己长期不搞科研，因而智力越加退化，这就是古人说的，"学如逆水行舟，不进则退"。为了避免这种情况的发生，就必须用一个规划来约束自己，给自己定下目标任务，并尽量按这个目标的要求去做。

总之，大学教师要搞好科研，首先要树立为社会和人民做学问的责任意识，懂得为谁辛苦为谁忙，从中激发动力。其次，要树立信心，勇敢去做，多读书，多思考，多动笔，这是治学的根本途径。一切大学问家，你在看他的结果时，似乎高不可攀，当你回过头来看他的起点时，就会发现原来是同样的渺小。路是人走出来的，学问是人做出来的。治学无奥秘，贵在坚持、贵在积累。只要这样做了，必然会有所提高、有所成就。

曲高和寡

我的一位年轻副教授朋友打来电话，说他花了不少精力，写了一篇自以为有新意的论文，投向了国内一家被如今的学术评价机制认定的"一级期刊"，以备申报教授职称之用。过了一些时日，责任编辑告之，一审、二审已过，正待三审。这位朋友以为有些希望，因而抱很大期待。然而出乎其意料的是，不久又被告知，三审没有通过。因此，他心中有些失落、郁闷，憋不住，于是给我打了这个电话。

我安慰他，其心情我能理解。因为我的有些论文在开始时也曾不止一次（有的甚至多次）遭到一些刊物的无情拒绝（尽管这些论文后来又另投他处，得以发表）。我说，作为作者，没有哪一位不希望自己的稿件投出去，能一举成功的。不过，话说回来，投出去的稿件，有时不被一些刊物采用，也属正常。我估猜，凡是搞科研的人，无论是大家，还是新秀，其投出去的稿件能百发百中的，中外无有。只是遇到这种事，不少当事人碍于面子，自我消解，不愿对外人道罢了。

其实，稿件不被采用，原因多种多样，其中有一个重要方面，可能并不是因为稿件质量低，了无新意，反倒是因为有新意或太有新意，故而曲高和寡。

学术的生命在于创新。而学术创新意味着挑战权威、反叛世俗、背离传统，见人家之未见，言人家之未言。正因为如此，所以真理往往掌握在少数人手里。也正因如此，所以学术创新在开始时，往往知音稀少，以至知音难觅。在科学发展史上，"太阳中心说""人猿同祖说"，马克思的"剩余价值说"，爱因斯坦的相对论，在刚刚提出时，都曾面临这种局面。据说，爱因斯坦的相对论在提出初期，能理解这一理论的，在全世界只有少数几个人。如果爱因斯坦的相对论文章投到一个不理解的编辑手里，其结局自然是可想而知的。

同样，马克思的《政治经济学批判》在当时也一度受到冷遇。面对这种情况，马克思出于激愤，认为这是资产阶级用"沉默"来抵制他的阴谋。当然这样说，并非没有根据，但似乎夸大了资产阶级的恶意。更重要的原因在于，马克思的这部著作提出了全新的观点，采用了全新的论证方法，而这大大超出了当时学术界的理解力，因而学者和教授们面对它，难免会感到茫然、不知所措。不要说他的对手，就说他的朋友也会面临同样的窘况。曲高和寡，历来如此。高山流水，知音难觅。

2016年，我的《陶富源文集》十卷本出版。安徽某大学的一位教授从第一本到第十本认真加以研读，其间多次给我打来电话，诉说心得体会，于是他被我视为知音，感动之余，赋诗一首："涧流若行吟，松风作和声，知音何处有，觅一慰生平。"

知音难觅，那么怎么办呢？一是对自己的论文加以修改，即把自己的观点特别是论证，尽量加以通俗化，使人们易于理解和接受。二是另投他处，寻觅知音。

这里，需要对刊物编辑有一个正确认识。由于从事编辑工作，编辑们的优长往往是见多识广。与此相联系，他们在学问的精深方面难免有欠缺。这是不难理解的。另外，就学问的精深来说，也只能是陷于一隅，不可能广及其他。因此，在某个问题上有新意的论文，不被编辑识得，这没有什么不可理解的。况且，从事稿件一审的责任编辑，往往年轻者居多，与年轻相联系的，是知识积累相对偏弱一些。于是，这就难免会导致"有眼不识金镶玉"的情况发生。

世界上，恐怕没有人不在乎别人的评价。但不能因别人的评价，而丧失对自己的自信。拿撰写论文来说，真正通过自己的艰辛研究和独立思考，呕心沥血而形成的论文，就不要太在乎别人的评价，而应对自己抱有信心。要坚信，是宝玉，总有识货之人。20世纪80年代，我曾把一文投到东北一家大型刊物，结果没有被采用。我没有灰心，又转投一家更大型的刊物：《哲学研究》。该文在该刊1990年第3期发表。文章出来以后，东北那家刊物的编辑给我来信表示歉意。为了加以补救，她约我一稿，并配以照片，后来在该刊的1991年第2期刊登出来。其实，我对这位编辑并无怨言，谁都有看走眼的时候。但这位编辑对作者的认真态度和负责精神，确实令我敬佩。可惜的是，现在这样的编辑似乎已经很少见到了。

另外，对期刊也要有正确的认识。现在国内的学术评价机制将期刊分为核心期刊，以及其他一般期刊，有的大学还有自己的分类。一般认为，核心期刊上发表的论文，是高质量的或创新程度较高的论文。因而有的大学便把在核心期刊上发表的论文数，作为评定教授职称的一个条件。从我的经验来看，这个规定是欠科学的。

其一，核心期刊上发表的论文，其中有不少是高水平、高质量的。但不可绝对化。不能认为，在上面发表的每篇论文都必定是高水平、高质量的。因为编辑和编辑部，都是人或由人所构成的。人不是想象中的上帝，凡人都有不足。

其二，核心期刊分量重、影响大，因而把关严，条条框框自然也多。那些对已有学术范式和主流观点进行反叛的创新文章，一开始必然会引起较大争议，故而为所谓稳妥的原因，往往很难在核心期刊的审核阶段获得通过。反倒是这样的情况屡见不鲜，即许多真正的学术创新成果是由非核心期刊率先发表出来，产生影响，后来被核心期刊所注意，并加以转载。因此，如果学位授予与职称评审看重的是学术创新和学术突破，那么就绝对不能把是否被核心期刊刊载作为衡量尺度，而应本着"英雄不问出身"的态度，以匿名方式，由同行专家组成学术共同体，按其内在的学术尺度，来评定每篇论文的学术创新价值。

斯文做人

　　我所在的安徽省，作为地处中国中部的欠发达省份，在长江三峡大坝和淮河王家坝没有建成以前，江淮水患三五年就光顾一次，每次都造成重大财产损失。因为穷，所以改革开放以来，相对于得风气之先的上海、江苏、浙江等沿海发达省市，在争夺人才的竞争中，就往往处于不利地位。在这种格局下，安徽省各高校中，也有一些教师，特别是教授，因为向往江浙沪的比较高的工资待遇和相对优越的工作环境，而千方百计地调往那里工作。这种"一江春水向东流"的局面，至今还没有从根本上得到改变。从个人维度说，人往高处走，这是人之常情。何况，世界上有谁不想过上更好一些的生活呢？况且，人才流动也是国家大力推动的一项政策。再说，无论是在安徽，还是到江浙沪工作，都是在为现代化出力，因而无可非议。

　　然而，从原高校发展的维度说，一些青年教师，经过多年培养，一旦有了些出息，评上了教授，或在外面有了一些影响，就不管不顾，提出调动，特别是那些学科建设关键岗位上的教授，提出调动，这就成了安徽省许多高校领导的心头之痛。怎么办呢？于是能劝则劝，能卡则卡。实在劝不动、卡不住，也就只得放人。结果搞得不欢而去，成终身憾事。

　　如何避免这种情况的发生，实现两全其美，即把个人发展和本单位发展兼顾起来呢？有人提出，要做到"三留"，即所谓"感情留人、事业留人、待遇留人"。还有人提出，实现双向选择，合同用人。应该说，这些设想都不谓不好，然而由于受种种现实条件的限制，真正实行起来，并不容易。因此，至少到目前为止，大体还只是一个努力方向。

　　为了达到从原高校调走的目的，有极少数教授不惜撕破脸面，采取一些过激行动。比如，对学校领导出言不逊，出口伤人，甚至恶语相加；又比如，大闹领导办公室，妨碍正常工作；再比如，日复一日，跟随上班领导，一起到办公室，静坐在侧，施以压力；等等。

尽管这是极少数甚至个别人所为，但此等事一旦发生，校内往往舆论哗然，引发种种议论。听到这些，我的心里自然不是滋味。

有人说，这都是领导逼的。不然，何至于此？至于是不是领导逼他做这等有伤体面的事，这里暂且不论。即使说，真有人逼你，那你就可以瞎搞吗？极而言之，如果有人逼你杀人，或有人逼你越货，那么你能干吗？不能。因为你有人格，敬畏法律和道德，因而不会去做这种伤天害理之事。

如前所说，基于个人利益考虑，人往高处走，这是人之常情，但尽管如此，也谈不上有多么高尚。退一步说，即使为着高尚的目的，也不能不讲道德、不择手段。马克思曾说，无论"革命家"有怎样无私的目的，但如果不讲道德，不择手段，那他仍然是一个"无耻之徒"。这样的人，连名字"都不值一提"①。老一辈无产阶级革命家周恩来，在长期的对敌斗争中，不仅意志坚定、足智多谋，而且表现出了共产党人的高尚人格。正是最后一点，让他在敌对阵营中也赢得了不少敬重，有人还成为他要好的朋友，以至作为一个原因，还促使一些人在后来加入了革命队伍。

有人说，我们都是普通人，你用革命家的标准来要求，岂非有些"上纲上线"？其实不是。普通人，也有普通人的道德，因而普通人对那种为着实现个人目的（哪怕是正当的），而不顾公序良俗的"乱搞""胡来"，也是不屑一顾的。何况，做上述这等不光彩之事的，并不是普通人，而是高等学府的教授。

高等学府是学术高地，也是道德高地。大学教师，特别是教授，是为人师表的，是要讲究斯文做人、斯文育人的，而不能斯文扫地。

"斯文"②，在中国文化史上，是儒家始祖孔子首先提出来的一个概念，是指人类的自我教化，是人类行为趋于优雅、善美、理性和守秩序的状态，以及由此而形成的社会风尚。在孔子那里，它有两层含义。

---

① 参见张光明、罗传芳：《马克思传》，356页，成都：天地出版社，2018年。
② 《论语·子罕》。

一是指作为文明表现的周朝的礼乐制度，或曰制度文明。从文明发展程度来说，殷人"尚质"，即具有质朴、粗野的气息。而入周以后，仅仅一两百年，文明达于惊人的高度，即从贵族到平民，由粗野而渐文明，风气为之一新。因而周人"尚文"。所以后来的孔子盛赞"郁郁乎文哉，吾从周"[①]（周的文化是多么丰富多彩啊，我是十分向往的）。

二是指作为士的儒者、文人的儒雅气质和模样，即所谓斯文样。孔子说："文质彬彬，然后君子。"[②]后来则泛指个人的文明举止，比如《西游记》第五十六回："我俊秀，我斯文，不比师兄撒泼。"

由此可知，中国人讲斯文做人，文化立国，由来已久。因而中国被世人称为文明古国、礼仪之邦。相对于中国，欧洲的文明教化在历史上要晚许多。即使在基督教盛行的中世纪，欧洲的社会生活仍带有野蛮和不文明的特征。对战俘和囚犯的处置极端野蛮，城市中的斗殴凶杀司空见惯，宫廷暗杀、毒药篡权层出不穷。日常生活的方方面面也极不文明。比如，在旅馆里，旅客往往合睡一床，还要脱光衣服。又比如，男女在公共浴室集体裸浴，视为正常。再比如，在一些地方还有宾客为新郎、新娘解开衣服，并把他们放在婚床上的习俗。直到17世纪以后，文明在欧洲才逐渐成为时尚。[③]不过，欧洲侵略者对东方各国的征服、殖民和掠夺，仍然是极为野蛮的。以上是从中欧比较维度说的。

而从个人维度说，讲文明就是讲斯文。普通人要讲斯文，大学教师更要讲斯文，要斯文做人。不然，何以为人师表，又何以教书育人？尊师重教，是党和国家大力提倡和发扬的中华民族的优良传统。为什么要尊师重教？因为教师的工作不是提供物质产品，而是塑造人的灵魂，为国家培养人才。因此，教师的双手，一手托着学生的现在；一手托着祖国的未来。学高为师，身正为范。师者任重，不可不慎！为师者，不可缺少美好社会理想和美好人格理想。这里容不得半点的低俗和粗野。任何社会都难免有污染、有嘈杂，但为师者应保持清新、朗正，或曰斯文。

---

① 《论语·八佾》。

② 《论语·雍也》。

③ 何平：《文明的观念和教化：中国与欧洲》，《史学理论研究》，2007（4）。

老师不能异化为老板

改革开放以来，我国进行市场化经济改革。但资本的自发性膨胀和政府监管的不到位，使市场观念和金钱原则越出经济边界，而外溢到社会其他领域，或曰使经济的市场化异化为社会的市场化。而这是与我国改革开放的社会主义性质格格不入的。

在这一背景下，不知从何时开始，在某些高校中，有学生把自己的老师不再称为老师，而是称为"老板"（大都是在私下里）。诚然，不是所有大学的老师都被学生这样称呼，也不是所有大学的学生都这样称呼自己的老师。据我了解，只有那些手中有钱，或有项目经费的老师，让学生帮他干活，用金钱来换取学生的劳动成果，从而据为己有者，才被学生称为"老板"。这样的学生也才把自己揶揄为"打工者"。

老板，在中国语言中，是企业的所有者。旧时也称著名的京剧演员，或组织戏班子的京剧演员为老板。因此，在社会上，称某人为老板，是表达一种肯定和敬重之意，是一种尊称。而在高校，称老师为"老板"就显得不伦不类，多少含戏谑之义。在我看来，这是一种贬称。

我从事了几十年的教育教学工作，我对学生把老师称为"老板"这件事，不仅不以为然，而且极为反感。我认为，这是对教师这一职业的亵渎。当然，这怪不得学生，要怪只怪作为当事方的老师的身份异化。

老师是传授知识、技能的人，泛指在思想品德、业务知识等方面值得学习的人。因而老师被誉为光照前路的"蜡烛"、鞠躬尽瘁的"春蚕"、养护花朵的"园丁"、塑造灵魂的"工程师"。

为什么这样尊重老师，因为学生因老师的教育鼓励和榜样作用，而在精神上奋起、学业上长进、能力上提升。年复一年，一批批学生毕业离校，走向社会，成为有用之人。因此，无论过去还是现在，在东方还是西方，一些成功人士无不感激老师的培养教育。学生以求名师指点为荣，老师因得英才施教而乐，自古依然，中外同一。

因此之故，师生之爱超出亲子之爱。亲子之爱基于血缘，师生之爱源于文明。

因此之故，师生之情胜过朋友之情。朋友之情源于私愿，师生之情基于公心。

由此观之，师生关系是人世间最纯洁、最真挚、最高尚的关系。他与雇佣关系、金钱关系不能相容。但在市场经济条件下，师生关系可能被金钱污染，而异化为雇佣关系、买卖关系。170多年前，马克思、恩格斯在写作的《共产党宣言》中就曾指出，在资本主义社会中，"人和人之间除了赤裸裸的利害关系，除了冷酷无情的'现金交易'，就再也没有任何别的联系了"，"资产阶级抹去了一切向来受人尊崇和令人敬畏的职业的神圣光环。它把医生、律师、教士、诗人和学者变成了它出钱招雇的雇佣劳动者"①。

在资本主义社会中，资本作为社会的统治力量，主宰着一切社会关系，也主宰着学校的师生关系。我认识一位留学归来的朋友的儿子。他曾在美国一所大学攻读博士学位。他的指导老师为了留住他帮自己干活，长时间拖着不让其毕业。到第七个年头，他实在忍不住了，于是跟导师较起劲来。他告诉导师说，如果再拖着不让他毕业，那他就要向校方提出申请，请求另换导师。听他这么一说，该导师有些慌了，这才答应，明年即到第八个年头让他毕业。我问他，这种情况在美国大学中属于个别现象还是普遍如此。他告诉我，没有看到这一方面的统计数据。当然，也有不少导师的人格还是高尚的，因而不可一概而论。能否遇上这么好的导师，那就要看研究生自己的运气了。

相比之下，我国情况有所不同。导师把学生作为剥削对象这种现象在我国高校的研究生特别是博士生培养中也有，但在总体上是少量的、个别的存在。诚然，其性质是恶劣的。

如前所说，它使正常的师生关系变了味、变了质，从而使高校作

---

① 《马克思恩格斯选集》第1卷，275页，北京：人民出版社，1995年。

为青年学子心目中的学术殿堂、道德高地丢了丑、蒙了羞。这对提高国人的文化自信和构筑精神家园是极为不利的。一个民族、一个国家的道德风尚离不开两类人的引导和榜样作用，一是各级领导干部，二是各类文化学人。不然，这个国家、这个民族也就没有了指望。

专家的谦逊

古人说，"术业有专攻"。术业指学术或技能。专攻某种学术或技能且有成就之人，就是专家。我是从事哲学教学和研究的，在不少场合，也被主事方列在专家、学者之列，从而受到某种优待。不过，对当事人来说，这种场面上的事，如过眼云烟，不可在意。这不同于梁山上排座次，也不同于政治上排先后，没有多少实质意义。

不过，话说回来，无论中外，人们对专家都是敬重的。原因在于，他们术业有专攻，并为社会做出了贡献。另外，敬重专家，这也是一个健康社会的常态。只有病态的社会，才会排斥、打击专家。

但是，专家只在自己的专业范围内，才是专家。脱离了这一范围，专家与普通人无异，或者说，只是一个普通人。甚至可以说，一些专家因专注自己的专业，其日常生活自理能力可能还不及普通人。我就是这样一个人，几十年来，我的生活基本上是由我的老伴打理。如果没有她的关心理解和支持，难以想象我将如何生活。

附带说一句，在传统观念中，似乎在外挣钱的劳动才算劳动，才算有所谓正式工作，而在家从事不挣钱的家务工作，则不是劳动，或不算正式劳动。其实，这是很错误的观点。人类的生产有三：一是物质生产，二是人口生产，三是精神生产。从这三种生产的观点看，做饭、打扫卫生、购物、照料孩子、亲手制作家里买不到或买不起的东西，所有这一切，说到底，都是为人口生产服务的，即服务于人口的生产、养育。因此，家务劳动不可小视，必须承认其重要价值。

由上可见，在非自己专业的范围内，专家不可以专家自居。应该明白，自己并不是什么都懂。对于不懂的东西，不要装懂，要知之为知之，不知为不知，要学习孔夫子的"每事问"。

另外，随着社会经济的发展，在社会的专业分工与专业内分工日渐深化、细化的时代条件下，就是在自己的专业范围内，专家也并非无所不知、无所不晓。因此，在同行之间，在后学面前，也不要以专家自居，以长者自傲，自视高人一等，忘了自己来时的路，摆出一副非同一般的架子。其实，这很浅薄，也显傲慢。年有长幼，能者为师；学有先后，得真为上。在这一点上，我们不能不惊叹孔夫子的睿智。他说"三人行必有我师焉"①。又说"后生可畏，焉知来者之不如今也"②。这可是出于距今2500多年前的一位博学者之口啊！

专家是在自己的专业领域有较高造诣之人。应该说，都经历艰辛探索之累，知晓学无止境之理。因而，但凡真正的专家，特别是专家中的大家，往往更谦逊、更谨慎、更随和。伟大的科学家牛顿说自己之所以能取得一些成绩，是因为他是站在巨人肩膀上。另外，他对自己取得的这些成绩，似乎也看得比较平淡。他说，他并没有看见真正的知识大海，只是像海边玩耍的孩子那样，在海滩上偶尔捡到了几枚漂亮的贝壳。居里夫人也把自己比喻为一条蚕。在她看来，科学家搞科研，出成果，就犹如一条蚕必须吐丝那样自然和平常。

这几十年来，我在校内外结识了不少专家，其中有的也可称为大家。他们的学者风范、求真精神、谦和品格都给我留下了深刻印象。关于这一点，我在以往的回忆文章中都曾有所论及。这里做一些补充。

一则，20世纪80年代初，伴随着改革开放之风的刮起，安徽省哲学界也开始活跃起来。"文革"后，安徽省第一次哲学会议在安徽农业大学（原安徽农学院）招待所召开。之所以在该校召开，是因为该校有一位全国知名的哲学家郭月争。他所带领的该校哲学教研室是那时安徽省的哲学重镇。我和我的同事郑庆林老师一同参加了这次会议。在开幕式上，我们得知坐在台上的那位个头不高、头发打理得一丝不苟、衣着端庄的长者，就是郭月争老师。他在会上做了一个鼓舞性极强的、激动人心的报告。那时我想，这个小小的身躯里竟然蕴藏着这么巨大的能量。

会间，我和郑老师一起去拜访他，向他致意，并向他请教如何做学问。郭先生热情接待了我们，如同早就相识似的，拉起了家常。他询问我俩的一些基本情况，并谈了自己学习和研究哲学的一些体会。

---

① 《论语·述而》。
② 《论语·子罕》。

他鼓励我们多读书、勤思考、常动笔，日积月累，假以时日，终成大效。并说，安徽省哲学发展的希望，寄托在你们这些年轻人身上。郭先生早已作古，但先生平易近人的音容笑貌至今还留在我的心中。

二则，王荫庭先生原是武汉大学哲学系教授，后调入中国人民解放军南京政治学院工作。他是国内研究俄国哲学家普列汉诺夫的专家。王先生曾在《哲学研究》1990年第4期上发表了《传统地理环境理论之反思》一文。随后不久，我也在《哲学研究》1991年第4期上发表了《地理环境与人类社会》一文。文中有部分内容是与王先生进行商榷，但王先生没有公开作答。恰好这年11月，我到南京去参加在江苏省委党校召开的一个全国马克思主义哲学研讨会。在会议报到前，我顺道去拜访了王先生，想就普列汉诺夫哲学研究中的一些问题向他请教。我从未见过王先生，加之先前又在公开刊物上发表了与其不同观点的文章，因而我是怀着颇为忐忑的心情去的。

找到王先生家，王先生开的门。我自报姓名，说明来意。王先生似乎没有听清，一时没有反应过来。见此情景，我补充说，我就是在《哲学研究》上发文与您商榷的陶富源。听我这么一说，王先生方才回过神来，一边上下打量，一边说，你原来就是陶富源，欢迎你的来访。先生接着说，你在《哲学研究》上发表的文章写得老辣，我原以为作者是位老先生，没想到你比我还年轻许多。我说，我今年四十有七，也不小了。进门时，王先生的上述三言两语，尽管对我有些高抬，但如此谦逊、大度，确实出乎我的意料，从而使我心头的阴云一扫而空，顿觉晴空万里。看来，我原先是有些多虑了。

这次到王先生家拜访，有两点感受最深。一是，王先生身上透着一股儒雅气象。在言谈中，其用语讲究，可谓到了字斟句酌的地步；其语速，不快不慢，娓娓道来；其观点明确，但并不武断，而含有协商探讨意味。比如，"你看，能不能这样认为"，又比如，"这样理解，可能更好"等；其面带微笑，但并不夸张。王先生的儒雅气象，是一种自然呈现。我自忖，这非一般人所能具有，而是经过长期的学术涵养和修炼所成的。

二是，学术资料的搜集要加以专题化处理。王先生家的客厅兼作书房。在客厅的右侧靠墙处立着一排高高的书架。我参观王先生的藏书，在书架的中层部位，放的不是书，而是从不同学术期刊搜集来的、按专题分类的、手工装订成册的数十本资料汇集。王先生在一旁介绍说，之所以这样做，是因为把订阅的期刊看完以后，原封不动地加以保存，会在日后使用起来，查找甚不方便。另外，时间一长，累积太多，也会占用太多空间。我感到，王先生所言，实际上是向我传授了一条关于治学的宝贵经验。后来，我把这一经验也运用到了学术资料的收集中，感到效果甚好。

三则，陈先达是中国人民大学的一级哲学教授，是全国马克思主义哲学研究领域的尖端性人物。60多年来，先生孜孜以求，笔耕不辍，著作等身。我欣赏陈先生的思想深刻与语言优美的有机统一。我认为，这在到目前为止的当代中国马克思主义哲学界，恐怕无出其右者。

几十年来，我一直注意购买和阅读陈先生的学术论文和著作，以先生为自己的导师和学习的榜样。但我与陈先生直接交往很迟。那是20世纪90年代后半期的事。但在其后的近20年里，交往还算密集。其间，我到北京出差，多次到先生家中拜望，我们之间也把新出版的书籍互相赠送。

1995年，先生的《陈先达文集》在当代中国出版社出版。我先后去过芜湖市新华书店几趟，没有购得。我把这事在电话里告诉陈先生。陈先生告诉我，他已无此存书。但不久，我收到了陈先生托海淀书市寄来的该书。陈先生当年65岁，其科研工作如此繁重，还为了我要的一本书，而去跑书市，并委托邮寄，这着实令我过意不去。陈先生这种友善待人的精神，令我感到十分温暖。

1999年底，我的《形上智慧论》（原名《哲学的当代沉思》）由南京大学出版社出版。书到手以后，我给陈先生寄了一本，并寄去一封信。陈先生收到信后，于2000年1月22日给我回信。他说"收到来信。书尚未到，一并感谢"，并说"我曾拜读过您的许多文章，观点相近，自然有一种亲近感"。（陈先生的来信全文附后）。陈先生作为学术前辈，长我14岁，对作为后学的我，作如此肯定和评价，这是我没有想到的。我视之为，对我的鼓励和鞭策。

2009年，我被国家社科基金规划办聘为国家社科基金哲学学科评审专家。先后有两次与陈先生一起参加此项基金的会议评审工作。陈先生两次都担任哲学学科评审组组长。其中有一次，在哲学学科大组里，他是组长，我是组员；而在马克思主义哲学小组里，陈先生是组员，我是组长。不过，在小组里，我虽是组长，但我知道自己几斤几两，因而对陈先生的意见，基本上是言听计从。不过陈先生并没有半点长者威风、权威架子。在审阅评审材料的过程中，他有什么想法也不时主动打电话与我沟通，还一口一个"陶组长"地叫着。我听起来有些别扭，因而请他不要这样。然一向严肃的陈先生，反倒以少见的诙谐口吻对我说："对组长，我岂可怠慢？"这位老先生，真拿他没有办法，就听他的吧。

社科基金的项目评审，大量的基础工作在评审小组。小组评审，是以每位评审专家阅读和评阅申报材料为基础。定时间、定任务，要在规定的极为有限的时间里，评审大量申报材料，时间紧，任务重。没有办法，每次参加评审，都得开很晚的"夜车"。说实在话，参加这样的评审，是我有生以来所承担的最为辛苦的脑力劳动。

一般说来，大组的工作是在小组表决意见基础上进行最终表决。另外，也有少数申报材料，在小组拿不准的情况下提到大组来进行讨论，并最终作出决定。在大组这种高水平的讨论中，要把不同的意见统一起来，形成大家认可的结论。在这种时候，我发现，作为组长的陈先生的发言，其水准和高度至关重要，甚至用一言九鼎来形容，也不为过。人生有幸，我经历了这种特殊时刻，并从一个侧面见证了陈先生的大家风采。

附：陈先达2000年1月22日的来信

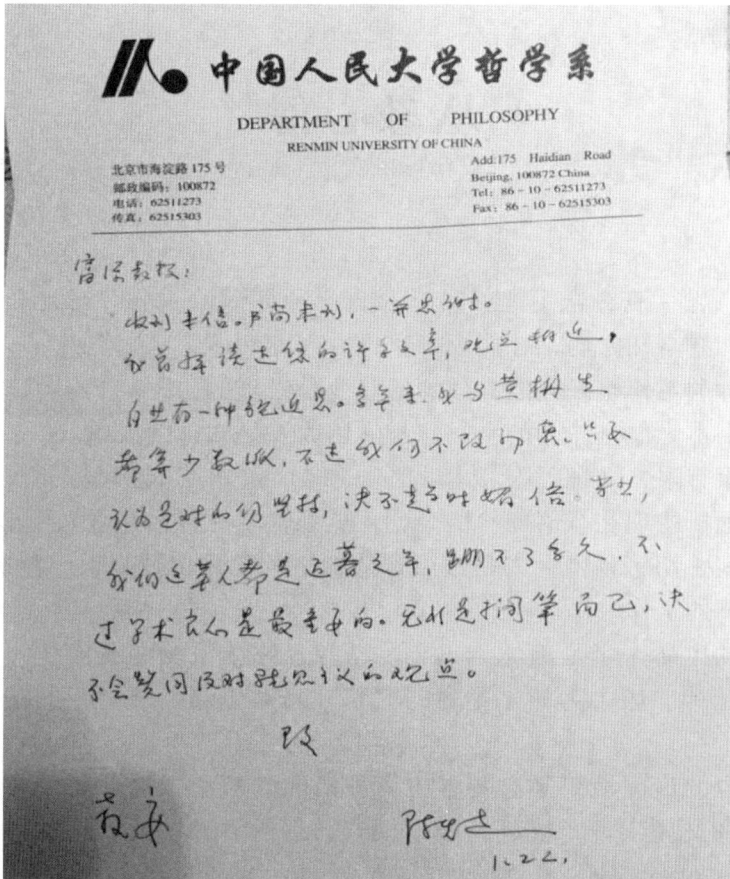

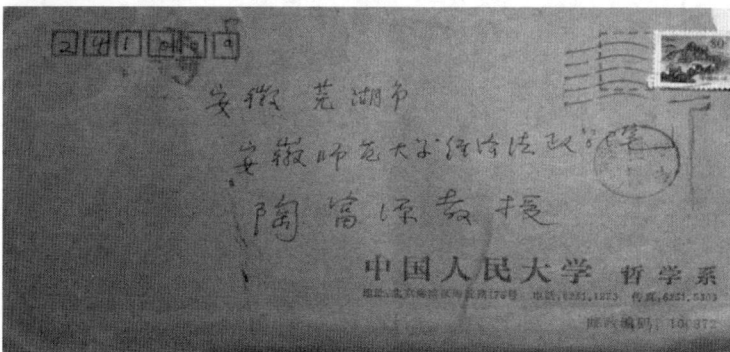

从教心得

大海之一滴，众生之一员，对自己须怀谨慎之心，对社会应抱感戴之念。有自知之明，才能虚怀以进。人际和谐，己则怡然。

教师的工作是平凡的，教师的职业是崇高的。

以书本为伴是教师的幸福，与学生为友是教师的快乐。

人生有限，知识无限。术业必须专攻，滴水终能穿石。

永远抓住现在，倍加珍惜今朝，莫到临老回首，遗恨人生虚度。

世间一切事物中，人是最可塑造的。教育是传授知识、塑造灵魂、播种希望的工作。

人的生命一半是肉体，一半是精神。物质享受滋养肉体，文化濡染塑造精神。读书为的是生命的完整，是对生命的那一半的精神能量的补充。

教育的最高境界是激励学生个性潜能的自由发展。为此要克服分数至上和文凭崇拜，要创新教学模式，提供多种平台，让学生参与教学过程。

教育的根本要求是让学生在爱的感动中获得熏陶。没有爱就没有教育，没有唤醒和鼓励就没有心灵的温暖和境界的提升。

教师是红烛，燃烧自己，照亮别人；师生互动、相互点燃，共烛光明。

教师既要有才华，又要有人品。有才华才能让学生佩服，有人品才能获学生敬重。

好教师既要搞好教学，又要搞好科研。前者是立足之本，后者是发展之路。

当一个教师不难，当一个好教师很难。一个好教师的教学，须达到三个层次：一是学生愿意听你的课，即你的教学能听懂，好理解；

二是学生喜欢听你的课，即你的教学生动形象，富有情趣；三是学生企盼听你的课，即你的教学提供了启迪，被学生视为精神享受。

教师要上好课，态度认真是提高授课水平的首要前提，讲稿优质是保障授课质量的重要基础，艺术施教是实现授课目标的必要手段。

一个好的教师可以改变一些青年的命运，千百万好的教师可以改变一代青年的命运，而一代好青年可以改变一个民族的命运。

入党给我带来了什么？

入党使我确立了为共产主义崇高理想而奋斗的使命意识。或者说，入党使我成了为崇高理想而奋斗的人。因这理想，我心怀阳光；因这理想，我不断前行。2021年是建党100周年，我想借此机会，说说这件事。

一、怎么想到加入中国共产党

我年轻时，之所以想到要加入中国共产党，一是出于情感，二是基于理性。

1. 出于情感

所谓出于情感，是指打记事起，就不时听父母讲，共产党好。

我的老家在江苏省苏中地区海安县（现为海安市）县城北面的乡下。父母都是勤劳朴实的农民。父亲小时候读过几年私塾，识得一些字，读过不少书。不过，其所读之书，大体是宣扬传统文化，即忠孝节义之类。由于当时农村闭塞，加上绝大多数农民不识字，或识字很少，因而对外面的世界所知甚少。小时候，我听村中老人讲故事，谈到男人上街被人强迫按住头剪掉辫子，女人要求放脚之类的往事，就是我后来从教科书中所读到的辛亥革命在我家农村所发生的影响。其实，就剪辫子而言，也不彻底。解放初，我在上小学的乡村路上，偶尔还能看到个别老人在其头上扎着一根短小的花白辫子。至于被今人夸赞的新文化运动，其风气似乎也没能吹到我老家县城的乡下。农村的社会关系依旧。人们日复一日、年复一年地重复着几千年来日出而作、日落而息的生活。

直到抗日战争全面爆发，家乡来了新四军（1940年10月新四军黄桥决战胜利后进驻海安），才给这片土地注入了新的活力，使其日渐展现出新的气象。新四军的到来，给我母亲留下了极为深刻的印象，以至在以后的几十年中（我母亲活到百岁），她在看电视时，都把电视画面中的"红军""八路军""人民解放军"等，统称为新四军。我陪她看电视，纠正过几次，然无甚效果，因而也就不再纠正了。

抗日战争和解放战争时期，父母都参加了村里的民兵组织，算不上骨干分子，但跟大多数民兵战士一样，都能认真履行作为民兵的责任和义务，如积极参加站岗、放哨，到前线抬担架，在后方做军鞋之类。关于这点，我曾在《母爱如山——母亲的百年人生》中有所忆及。

父母对共产党的好感，主要不是因为听了共产党的宣传教育，对共产党的宗旨和纲领有多高的认识，而是在于共产党以切切实实的行动，使我家的生活得到了改善。用现在的话说，叫有了获得感。或用我父母的话说，我家享了共产党的福！

中国的新民主主义革命，从农民的维度说，就是在共产党领导下，实现"耕者有其田"的土地革命。土地是农民的命根子。土改时，我家被工作队认定为贫农。家中原有5亩薄地，按当时家中四口人计算，又分得了3亩好地。因而每逢丰收季节，父母总会说，要不是共产党来搞土改，分给我家3亩好地，哪能打下这么多粮食（这3亩好地所打的粮食，顶得上我家原有5亩薄地所打的）。解放初，我家原有的三间旧房，被改建成了三间新房。父母又说，要不是解放，过上了安稳日子，哪能住上这么好的房子。

1952年，我上了小学，1958年考取了初中。父母还说，要不是新社会，我们这些穷苦人家的孩子，哪能念上中学。他们常提到一件事。即解放前，我们村有一户富裕人家的孩子，外出念初中，家中还得卖出一些地，才能供他上学。后来完全出乎我父母意料的是，在老师的教育和党的培育下，作为他们儿子的我，不仅念完了中学，而且还考取了全国最高学府——北京大学，后来还成了大学教师、大学教授。遗憾的是，我父亲1962年过世，他没有看到这此后的一切，而母亲则经历了这一整个过程。因此，她总是教导我和孙辈，要努力工作，好好做人，不能忘记共产党的恩情、毛主席的恩情。

父母说共产党好，不是在公众场合的政治表态，而是在家人面前的言由心生。另外，他们这样说，在开始时，也不是为了对我进行思想教育。我猜想，那时他们可能还没有想到这一层，而是其内在情感的自然流露。正因为这样，所以显得特别朴实、特别真诚。这朴实、真诚的情感流露，通过日积月累、润物无声，也就在我的心灵深处牢牢埋下了关于共产党好的思想种子。因而不忘共产党的恩情，也就成为我终生不变的信念，从而也成为我争取加入中国共产党的情感动因。1965年我曾用两句诗来表达这种深厚感情："党恩重如山，胸怀寸草心。"

2. 基于理性

所谓基于理性，即基于对共产党的理性认知。通过学校老师的教育，少先队组织和学校党、团组织的培养，以及上大学以后对社会发展史、共产主义运动史、中国革命史、中共党史，以及马克思主义理论的学习，对革命圣地、革命历史遗迹的参观、考察、调查，对老一辈革命者的走访和许多革命先烈英勇事迹的了解，我逐步认识到了如下几点。

其一，共产党的好，不仅是对我家的好，或对贫苦群众一家一户的好，而是对整个无产阶级和广大人民的好，是对中华民族的好，是对整个人类的好。

其二，共产党的好，不仅在于要帮助人民纾困解忧，给人民以看得见的现实利益，而且在于要从根本上消灭一切剥削、压迫人民的旧制度，消灭城乡、工农，以及体力劳动与脑力劳动等三大差别，使人成为有人格尊严的人，并最终实现人的自由而全面发展的共产主义社会。

其三，共产党的好，不同于孔孟之仁、基督之爱、释迦之慈悲，不仅表现为一种高尚的道德情怀，而且是基于对历史规律把握的科学指引，即在马克思主义指引下，走历史发展的必由之路。

其四，共产党的好，是通过其组织力量实现的好，是通过党组织所发挥的千万共产党员先锋模范作用的好，是共产党领导亿万人民群众改天换地的好。社会的改造，个人无能为力。它有赖于社会进步力量的领导、组织和榜样作用。在近代以来的中国，这个社会进步力量就是中国共产党。因此，在现代中国，一切怀有国家情怀，想为祖国富强、人民幸福干一番事业的人，都应该加入中国共产党，或在它的领导下从事工作。这样才能成就一个有意义的人生。

上述对中国共产党的理性认知成为我争取加入中国共产党的一个思想动因。

至于如何一步步形成这种理性自觉，现在很难进行阶段分明的回忆与呈现。因为我从上小学起，就一直受社会主义的思想教育，从而开始了对共产党和新社会的不断积累的、潜移默化的认知过程。这其中，并无明显的阶段性特征。这里可以说的有以下几件事，它们给我留下了至今难忘的印象。

（1）要做新中国的小主人。我于1952年秋入海安县平等乡（现为海北乡）练桥小学读书。至于为什么上学读书，当时并没有想过这个问题，或者说，根本没有意识到这还是个问题。当时只是认为，村里别人家的孩子都上学，我自然也得上学。诚然，为什么送我上学，我父母心里是清楚的。不过，我猜想，这目的也超不过当时一般农民的眼界，即送孩子上学读书，识几个字，学会算账，免得成为睁眼瞎，一辈子被人欺负。另外，古人讲的知书识礼，我父亲还是懂得的。至于读书成才，报效国家，我父亲在我上学之初，可能还没有来得及想那么多。诚然，通过读古典小说，杨家将、岳母刺字等的故事，他是知道的。然而他的儿子是不是这块料，可以说，他开始并没有抱多大希望。补充说一句，在我上学以后，他才逐渐感觉到，他的这个儿子，可能有些出息。以至在离开这个世界前，这个信念，对他来说，已经变得坚定不移了。

当时练桥小学的校长是王世永先生，一位在解放前就入党的中共地下党员。在小学二年级的时候，我被吸收加入了中国少年先锋队。入队不久，王先生给全校少先队员作了一个不长的讲话。其中有这样一句："少先队员要做新中国的小主人。"这是我平生第一次听说这句话，有些惊喜，也倍感新鲜，因而印象特别深刻。日后我把王先生这句话视为我人生最早的政治启蒙。也就是说，这句话，第一次使我产生了政治身份感。与此相联系，也就有了政治责任感，即既然是主人，哪怕是小主人，就得有一个主人的样子。也就是说，不能由着性子乱来，而要遵守纪律、好好学习、团结友爱。这样一来，这句话，也就成了我的人生动力。后来作为少先队干部（先是小队长，后来是中队长，再后来是大队长），这句话也就成为我对我的少先队小伙伴们提出各种要求的观念支撑。

（2）共青团是党的助手和后备军。1958年秋，我入海安县中学读书。在初一的第二学期，我被吸收加入了中国共产主义青年团。在这期间，我听了中共党员、校团委书记王祖学在一次全校团的干部会议上所作的《共青团是党的助手和后备军》的报告。这个报告的题目出自《中国共产主义青年团章程》开头的第一段，是对共青团性质的规定。王书记的报告是对这句话所做的阐释，和以这句话为依据，对广大共青团员进行思想政治教育，提出具体要求。也就是要求广大共青团员要听党话、跟党走，积极完成党交给的各项任务，积极向党组织靠拢，努力争取成为一名共产党员。

正是在党、团组织的关心教育下，在我的思想意识中增加或生长了一些新的元素。比如，作为团的干部（我曾担任中学班级团支部书记，中学团委宣传部部长和组织部部长，大学班级团支部书记）既要发挥模范带头作用，又要帮助周围同学一同进步，不能陷入个人英雄主义；又比如，不能只看见自己的优长，还要看到自己的不足，要严格要求自己，学会自我批评；再比如，担任团的干部，难免会遇到各种矛盾，遭到某些误解，因而既要做到"任劳"，又要学会"任怨"。这些思想因子的产生和培养，对我后来的健康成长、人格健全和境界提升，都发挥了很好的作用。

（3）第一次学习毛泽东著作。在这以前，我从没有学过毛泽东著作，也没有听说过这个概念或用语。说来偶然，初中二年级第二学期的一天，给我们班上政治课的老师突然生病请假。为了"救场"，学校教务处主任肖葆初先生前来"顶班"。可能因事发突然，他没有来得及按政治课的教学进度来备课和讲解，而是给我们讲他较为擅长的毛泽东著作《中国社会各阶级的分析》。他边念边讲。我被该文的语言之美一下子吸引住了，文中对中国社会的各阶级，特别是对小资产阶级上、中、下三种人的生动描述，加之肖主任绘声绘色的朗读，给我留下了深刻印象。

关于其上层，文中写道："这种人发财观念极重，对赵公元帅礼拜最勤，虽不妄想发大财，却总想爬上中产阶级地位。他们看见那些受人尊敬的小财东，往往垂着一尺长的涎水。"①肖主任读到这里，故意

---

① 《毛泽东选集》第1卷，5页，北京：人民出版社，1991年。

拉长了声调。由此,在课堂上引发了一阵笑声。

文中描述其中层:"他们也想发财,但是赵公元帅总不让他们发财,……他们感觉现在的世界已经不是从前的世界。……必须增加劳动时间,每天起早散晚,对于职业加倍注意,方能维持生活。"[1]同学们听着听着,沉浸其中,课堂上的气氛有些凝重。

文中描述其下层:"这一部分人好些大概原先是所谓殷实人家,渐渐变得仅仅可以保住,渐渐变得生活下降了。他们每逢年终结账一次,就吃惊一次,说:'咳,又亏了!'"[2]肖主任朗读到这里,话音刚落,课堂上的"哀叹"之声纷起。

《中国社会各阶级的分析》是一篇政论文,而我当时是从文笔角度欣赏的。因爱其文采,从而在不知不觉中受到其思想的浸染。在肖主任给我们班上了这堂课以后,我想找原文看看。经打听,才知道这篇文章是《毛泽东选集》三卷本(当时只出了三卷本)第一卷中的第一篇文章,而学校图书室恰好有一套《毛泽东选集》。学校图书室当时有一个规定,每人每次借书限一册,且时间不得超过一周。于是我一本接一本借来阅读。用20多天时间,把《毛泽东选集》三卷本匆匆浏览了一遍。这种走马观花的阅读,自然谈不上深入,但对书中所论述的阶级斗争理论、中国革命的两步走战略、共产党为人民服务的宗旨、党的三大作风,以及中国革命胜利的三大法宝等,还是有了粗浅的了解与认知。

我从读毛泽东的《中国社会各阶级的分析》开始,为其所吸引,进而阅读毛泽东的其他著作。入大学以后,又从阅读毛泽东的著作到阅读其他马克思主义经典作家的著作。回顾这一过程,现在想来,中学肖主任可算是我学习马克思主义经典著作的最初引路人。关于马克思主义,1975年我曾有诗云:"马列真经光辉照,斯民亿万前路明。"

通过这件事,我也深切体会到,一篇文章的文采对其思想内容的表达与传扬,该是多么重要。古人讲,文以载道,不妨加上一句,道以文显、道以文传。知识分子是思想的传播者,没有文采的著作,知识分子不爱读。没有人读的著作,其思想也就难以传播开来。

(4)把我引上哲学之路的一门课程。从上大学开始,几十年来,

[1] 《毛泽东选集》第1卷,5页,北京:人民出版社,1991年。
[2] 《毛泽东选集》第1卷,6页,北京:人民出版社,1991年。

我走上了一条学哲学、教哲学、研究哲学的道路。之所以走上这条道路，或者说，高三毕业填报高考志愿时，为什么要报考哲学专业，这与我所学的一门课有关。这门课就是我们上高中二年级时，由郑永骏老师开设的"辩证唯物主义常识"。

郑老师长相和善，对学生特别亲切，好似父亲。他当年担任高二（3）班班主任。经常看见他和其班上学生在校园里，或站着谈心，或边走边聊的身影，他如此平易近人，让我们其他班的同学都羡慕不已。

我喜欢上"辩证唯物主义常识"这门课，除了"亲其师，信其道"这一原因以外，还因为郑老师的这门课确实讲得生动有趣。他旁征博引，用很多例子来帮助我们理解相关的哲学原理。听他的课，当时受到的影响有以下几点。

第一，形成了关于哲学的初步认知。过去我从没有听说过"哲学"这个概念，当然更不知道哲学为何物。通过这门课的学习，我才知道"哲学是关于自然知识和社会知识的概括和总结"。这句话出自教材，是毛泽东说的。毛泽东在《整顿党的作风》一文中说："什么是知识？自从有阶级的社会存在以来，世界上的知识只有两门，一门叫做生产斗争知识，一门叫做阶级斗争知识。自然科学、社会科学，就是这两门知识的结晶，哲学则是关于自然知识和社会知识的概括和总结。"①现在看来，这个关于哲学与具体科学关系的说明，在总体上是正确的，但还不够全面。应该说，哲学是关于自然知识、社会知识和思维知识的概括和总结。通过"辩证唯物主义常识"这门课的学习，我知道了，我们以往所学的知识都是具体知识，哲学是对其加以概括和总结的最一般知识。后来懂得，哲学是从人的生活实践视域所把握的关于人与世界关系的最一般知识。或者说，是体现了对人的终极关怀的一般知识。

第二，形成了关于辩证唯物主义世界观的粗浅理解。这里包括以下几点。其一，马克思主义世界观就是辩证唯物主义。其二，它包括世界的物质观、运动观、规律观。其三，其规律观包括矛盾运动观、质量互变观、否定之否定观等。其四，在这本教材中，还有马克思主义认识论的内容展示。

---

① 《毛泽东选集》第3卷，815—816页，北京：人民出版社，1991年。

第三，获得了对辩证唯物主义有用性的初步确认。作为学生干部，在工作中会遇到一些思想问题和现实问题需要解决。我感到运用学到的哲学原理去说明问题、释疑解惑、调解纠纷很有说服力，很管用。从而促使我树立起了关于辩证唯物主义的初步信仰，萌发了用马克思主义哲学原理去分析和解决问题的初步能力。

由于对共产党有了上述情感与认知基础，于是，我于1963年底（我刚满18周岁，党章有年满18岁方可接受为党员的条款），在团委书记王祖学的指导下，给海中党支部写了平生第一份"入党申请书"。当时没有想到，此后过了十三年，即到1976年我才被批准成为一名中共党员。为什么会经历这么长时间的考验？此事说来话长。

二、并不平坦的入党之路

在一般人看来，我出身贫农家庭，长期担任学生干部，在思想上、学习上和工作上不断追求进步，属品学兼优之列，因而我的入党之路应该颇为顺畅。然而事实并非如此，而是一波多折。诚然这里的"折"不是指党组织对自己的反复考验，而是指这种考验以外的原因所造成的我的入党过程的不顺。这里所言的"折"，对我来说，大体有四次。

1. 在中学毕业前

如上文所言，我于1963年底写了第一份入党申请书，到1964年3月，海中党支部让我正式填写了一份"入党志愿书"。我原以为，不久会有下文。但左等右等，快毕业了，就是不见消息。不得已，我找到校团委书记王祖学打听情况。王书记说，"我也正为这事着急"。在高考结束离校前，我向王书记告别，再次谈及此事。他说，作为普通党员，他也不知道内情。他说，现在全国不少地方正在开展"四清"运动，我们海中迟早也会进行。在运动来临之际，可能学校党支部对在中学生中发展党员这件事比较慎重。他希望我能正确加以对待。听了王书记这一番解释，尽管只是他个人的猜测，然而确实使我原先有些纠结的心，一下子坦然了许多。我心想，反正自己还年轻呢。

2. 在"四清"运动中

1964年8月，我进入北大读书。1965年11月接上级通知，我和我班同学被分派到北京市怀柔县去参加"四清"运动。1966年3月，我所在的"四清"工作队党支部经过讨论，拟发展我为党员。于是，给北大哲学系党总支去函，要借我的档案材料一用。然而等了好多时日，就是不见寄来。工作队党支部书记有些着急，他无可奈何地对我说，北大可能不同意发展我为党员。我听后，心中怅然。

不久，"文化大革命"爆发，我奉命从"四清"工作队撤出，返回学校。不久，哲学系党总支秘书看见我，向我催交党费。我愕然，并告之，我还不是党员。他说，"四清"工作队支部要发展你为党员，我是按照他们的要求，及时寄去档案的啊！我说，档案材料没有收到。他说，这怎么可能？接着我问，你把我的档案材料寄给谁的？他说，我寄你们班唯一的党员张小恒同学，他不是跟你在一起吗？我说，哪里是在一起，我们各自的工作队相距远着呢。回到寝室我向张小恒打听此事。他说，他确实曾收到我的档案材料。但因不明就里，不知如何处置，于是只好把档案材料又寄回到哲学系党总支。如此的阴差阳错，真让我心中不是滋味。

3. 在六三七七部队农场

1970年3月，我从北大毕业，被分配到安徽阜阳插花庙六三七七部队农场劳动锻炼。因表现突出，被评为部队团级学习毛泽东著作（简称"学毛选"）积极分子。连队党支部拟发展我加入党组织。为此，向我老家的农村党支部发去一函，以求得一份家庭情况的证明材料。不久，部队收到的复函说，我岳父有历史问题，正在审查中。连队指导员向我询问情况。我说，我岳父出身雇农，没有文化，只是一个本分的庄稼人。解放前，从没有加入过共产党组织，也没有加入过别的什么组织，比如国民党、三青团之类。不要说有历史问题，恐怕就连有历史问题的资格也没有。指导员听我如此说，也感到莫名其妙。为慎重起见，我的入党之事，也就又一次搁浅。

为了弄清这到底是怎么一回事，1971年3月，我从部队农场分配到芜湖师专工作，在报到以后不久，我抽空回了一趟老家。从我岳母（当时没有惊动岳父，怕旧事重提让他伤心）口中，才对事情的来龙去脉有了一个大体的了解。

事情是这样的。1946年8月，陈毅、粟裕领导的华东野战军撤离海安，县城被国民党军队占领，但海安的四厢农村还有共产党领导的地方武装在活动。为了对土改中分得土地的贫雇农进行打击报复，地主组织了自己的武装——"还乡团"。他们盘踞在县城，常常下乡抓人、抢粮、拉牲口。我家和我岳父家同在一个村子里住，离县城较近，才4公里。因而是地主"还乡团"时常光顾之地。一次，"还乡团"突然来袭，庄上的人因及时得到消息，得以早一步撤离。而我岳父在离村庄较远的一块地里干活，没有得到通知，中午歇工，刚回到村口，就被"还乡团"抓住，不分青红皂白，捆绑起来，押往县城，并关进私设的牢房。"还乡团"抓共产党员、土改积极分子，也抓土改中分得土地的普通农民。抓普通农民的目的，就是勒索钱财，即让其家属到县城拿钱赎人，不然，被抓之人就会遭到种种折磨，或饿饭，或吊打。不久，我岳父就被弄得疾病缠身。我岳母得知这一情况，只好请村中一位有威望的长者（也是"还乡团"一个头目家族中的长辈）出面，上县城去疏通关系，说人都病成这样了，快放人吧。这样，我岳父才被放回。我岳母说，刚回来时，我岳父已病得只剩下一口气了。

事情的经过就是这样。岳母说，我岳父被抓和被放这件事，村上的老人都知道，没有什么见不得人的地方。

可在"文化大革命"中，村里掌权的"造反派"头头（此人原是大队党支部书记，在"文革"前的"四清"运动中被赶下台，后又借"文革"之势夺得权力，重新当上党支部书记。"文革"之后，在党组织整顿过程中，又再次被剥夺权力）却抓住这件事，生拉硬扯，无中生有，大做文章，强迫我岳父离开本生产队，到本大队的另一个生产队去进行劳动改造和反省所谓历史问题。在这期间，他的二女儿结婚，也不准他回家操办。因为实在搞不出什么名堂，我岳父被监管了20多天以后，不得已才被放回，最后不了了之。但这件事，给我岳父他老人家造成了心灵上的极大伤害。

我岳父被监管这件事发生在1967年上半年，人早已被放回，已经不再追究，也就是说已经真相大白，可在3年多以后的1970年下半年，以村党支部名义回复部队的信函中，仍声称我岳父有历史问题，正在审查中。

4. 在芜湖师专文科党支部

我1971年3月被分配到芜湖师专工作。教工中的党员分文、理科两个党支部。从党的组织工作的角度说，我所在的政史系属文科党支部。在茶余饭后的多次闲谈中，我从一些党员的口中得知，从1971年到1975年，我的入党问题在支部会中曾先后提出来讨论过多次，但都没有形成统一意见。或者说，都是无果而终。听到这种议论，说实在话，我当时并没有放在心上，因而没有在情绪上产生多大波动，更没有影响我的工作。这主要是因为见识广了、心胸宽了、内在恒定了。具体说来如下。

（1）人生的阅历已经较为丰富。经历了"四清"运动、"文化大革命"和部队农场的锻炼，看得多了，见得广了，对社会的复杂性、党内的复杂性、当时的"派性"对"党性"的破坏等，都已有了比较清醒的认知。另外，我作为一个新人，来到一个新单位和不算平庸的表现，会引起人们的不同观感，以致误读等，对此我也已具有了某种心理准备和承载之力，从而视为难以避免，或预料之中。或者说，对人世间的一切已经不再用玫瑰色的眼镜加以看待，而更多地带有现实的眼光。或用现在的话说，比较接地气了，因而心中已能搁下比较多的东西。何况，入党路上的波折我已经历多次，再多一次又有何妨？

（2）心胸已经较为开阔。我在人民共和国的政治中心北京、在全国最高学府北大，学习和生活了5年多。关心国家大事，思虑民族前程，已成我的人生情怀。在大学分配和经部队农场再分配，来到地处芜湖市远郊农村的芜湖师专工作，虽远在江南，居偏僻之地，但家国情怀依然深沉。在那时，"文革"动乱尚未止息，"四人帮"轮班夺权，凶焰正盛。从北京南下，一路过来，经济不振，民生艰辛，这一幕幕扰乱着我的心绪，使我不得安宁。在这种巨大的忧思面前，个人的进退得失又算得了什么？或者说，已经大为淡化，或如1974年我的诗云："少言身边事，不尽家国情。"

（3）人生取向已经趋于恒定。人的外在的坚定，是以内在的恒定为前提的。所谓内在的恒定，是指人生取向的明确和执着。经过多年的学习和锻炼，我的人生取向已经趋于恒定。这个取向就是：跟共产党走，为人民服务，做一个学生喜爱的好老师。这种取向的恒定，已经不仅是一种主观诉求，而且在不断外化为客观现实，即在自己的教学实践中，不断践行着自己的人生理想、成就着人生价值、享受着人生乐趣。这其中，包括得到学生的认可和教师同行的赞誉。与这一些相比，个别人对自己的误读，已成区区小事，不足挂齿。既然懂得了自己的人生价值和乐趣所在，即拥有了这种内在的恒定，也就显得富有韧性，从容淡定，从而促使自己一往无前，坚定地走自己的路。1975年，我曾用两句诗来表达当时的心境："莫被小事碍身手，要为大业展华章。"我想，秉持这种内在的恒定，加入党组织，只是迟早的事。何况，自己身上也确有不少值得检讨和改进之处。

5.在张拐搞基本路线教育

1975年11月底，按上级有关通知，以我校人员为主，组建一个宣传队，到芜湖县张镇公社张拐大队进行基本路线教育。时任芜湖师专党委副书记的王俊杰为队长，并兼宣传队的党支部书记，我被指定为宣传队秘书。

进驻张拐大队不久，周恩来总理于1976年1月8日逝世，全国哀悼。王队长到公社宣传队开会，回来传达了一个信息，即为了悼念周总理，继承他的革命精神和事业，党组织可以发展一批党外积极分子加入。我过去学习苏联共产党历史时知道，在列宁逝世之时，苏联共产党也曾这样做过。

我所在的宣传队党支部马上行动起来，经过讨论，一致认为我已符合入党条件，于是按相关程序，我被接纳为中国共产党党员。到农村来工作才两个月不到，我的组织问题即获解决，这多少有些令我喜出望外。从写第一份入党申请书开始，经过13年的不懈努力和追求，这一愿望终于实现。不过，如果从实质上说，追求入党的这一曲折过程本身，已经给予了我丰厚的馈赠。诚然，我也清楚地知道，入党只是前一个阶段的结点，同时也是一个新阶段的起点。路正长。

从1976年加入中国共产党算起，弹指一挥间，到现在已经45年过去了。回忆这一段历史，突然间，想问自己一个问题，即入党给我带来了什么？经过认真思考，我对这个问题的回答如下。

三、入党升华了我的人生意义

人生的意义大体有两个方面：一是，基础性的，即为自己和家人好而活着；二是，升华性的，即为社会和国家好而活着。加入共产党，成为一名中国共产党党员，也就意味着不仅要为自己和家人活着，而且更要为社会、为人民、为实现人的自由全面发展的理想而活着。这就升华了人生的意义，从而促使自己的灵魂向美丽、高洁的境界去净化和修持。具体说来，加入中国共产党给我带来了人生的政治归属感、光荣感和责任感。

1.获得政治归属感

所谓归属感，这里是指在政治队列的站位上，我已不属于普通队列，而是先锋队的一员，即中国工人阶级、中国人民和中华民族先锋队的一员。中国共产党为什么会具有先锋队的性质？因为它是以人类最科学的理论——马克思主义为指导的，以人类最博大的情怀——人民至上为宗旨的，是由把这种科学真理付诸行动，为实现人民至上事业而拼死奋斗的一群人所构成的有组织的政治力量。

因此加入共产党，不仅在形式上意味着在以后填表时，可以名正言顺地在"政治面貌"一栏中，填上"中共党员"这样的字样，而且在本质上还意味着，要以党的指导思想马克思主义为自己的人生信仰；以党的人民至上的根本宗旨为自己的人生追求；要把为党的事业奋斗，作为自己的人生担当。这里的信仰、追求、担当都不是盲目的而是自觉的。这是因为：马克思主义是关于人类解放的真理，真理的力量是巨大的、不可抗拒的，因而真理必胜；人民是历史的创造者，人民的力量是巨大的、不可抗拒的，因而人民必胜；以科学真理为指引，以人民至上为宗旨的，中国共产党的事业是正义的，正义的事业是任何力量都阻挡不了的，因而共产党的事业必胜。

由于有了这三个信念，所以这几十年来，国际风云虽几度变幻、社会主义事业也起起伏伏，但我始终抱有乐观态度，使自己在教学和科研工作中目标坚定、充满底气，并从而给学生和同行以积极向上的感染力量，引导他们挺起道义的脊梁。另外，仅就我的科研工作而言，由于拥有了这三个必胜信念，从而站得高了一些，看得远了一些，悟得深了一些，因而在对时代课题把握的敏感性、本质揭示的深刻性，以及应对策略的到位性等的提高方面，都使我受益匪浅。

1991年苏联解体，国际社会主义运动跌入低谷，马克思主义也备受责难。我于1993年在《高校理论战线》（现更名为《中国高校社会科学》第3期发表的《马克思主义的魅力》一文中指出：马克思生前并不拥有权力，也十分缺乏金钱，他的富有就是他所创立的理论——马克思主义。……他的影响力靠的就是真理的力量。

…………

马克思主义是马克思对人类作出的前所未有的划时代的贡献。马克思主义的巨大魅力就在于，它至今依然是人类社会的宝贵遗产和巨大精神财富，依然是全世界进步力量和社会主义事业走向胜利的旗帜。对我们中国人民来说，在中国特色社会主义建设中，坚持和发展马克思主义，这就是对马克思的最好纪念。[1]

我在1996年5月6日给大学生入党积极分子所作的《树立坚定的共产主义信念》的报告中也指出：共产主义社会的实现有其科学依据、价值依据、现实依据和人性依据。因而一定要树立共产主义能实现的坚定信念。

我于2011年在《皖西学院学报》第1期发表的《马克思主义的当代命运》一文中指出：马克思主义不是马克思的私人学说，而是马克思恩格斯共同创立的并由许多后继者不断加以发展的学说。马克思主义也不仅是一个流派，而是人类主体自觉的理论表现，是社会公正和良心的代表。正是基于这种理解，可以说，马克思主义属于全人类。[2]

总之，入党使我获得了先锋队的政治站位，即获得了马克思主义立场、人民立场，以及作为二者之统一的党的立场的政治归宿。有了这样的政治立场，从而也就把是否符合马克思主义、是否符合人民利益、是否符合党的利益作为明辨是非的政治标准、作为待人处世的政治原则，促使自己从那种一己的、小团体的、低级趣味的层面上多少超脱出来，从而使自己在周围人的心目中成了一个可信赖的、公道正派之人。入党不仅使我获得了上述归属感，而且还获得了光荣感。

2.享受政治光荣感

人们通常会把加入中国共产党，说成是加入了光荣的中国共产党。这一指谓并非虚言，而是实至名归。中国共产党的光荣有以下三个显著特点。

（1）中国共产党以丰功伟绩赢得光荣。这里的丰功伟绩，概括起来主要有三。

其一，开辟了一条中国特色革命道路。中国共产党带领中国人民，

---

[1] 《陶富源文集》第4卷，第193、200页，芜湖：安徽师范大学出版社，2016年。
[2] 《陶富源文集》第4卷，201页，芜湖：安徽师范大学出版社，2016年。

经过28年的浴血奋斗，走出了一条通过武装斗争，在农村建立革命根据地，以农村包围城市，最后夺取城市和全国政权的道路。沿着这条道路，中国摆脱了近代以来的百年屈辱，建立了一个独立统一（中国大陆地区）的新中国。

其二，开辟了一条中国特色社会主义现代化建设道路。经过70多年的努力，特别是改革开放40多年的奋斗，中国人民在中国共产党领导下，走出了一条用人民至上的社会主义制度，来创造性地利用和规范资本、市场、民主、法治等现代文明成果的中国特色社会主义现代化道路。

其三，开辟了一条人类命运共同体建构之路。这条道路的开辟，符合全球化深度发展的时代潮流，反映了世界各国人民的共同利益和普遍愿望，并日益得到了国际社会的广泛赞誉和拥护。随着"一带一路"等的实施，也就取得了越来越大的成效。

在近代以来的中国历史上，还有谁创造过这样巨大的辉煌？没有。这是中国共产党的丰功伟绩，是它的无上光荣。

（2）中国共产党以崇高精神赢得光荣。中国共产党之所以能创造这样的丰功伟绩，根本在于中国共产党人在奋斗道路上表现出了崇高的精神。这种精神可以用一个字来概括，那就是"义"。它表现为三个层次。

其一，在人类利益面前，坚持人间道义。这个道义在当今时代，也就是"和平发展，合作共赢"。

其二，在中华民族利益面前，坚持民族大义，即团结一切可以团结的力量，结成最广泛的统一战线，同民族的敌人和前进道路上的各种艰难险阻进行斗争，从而维护民族团结、国家独立统一，以及安全和发展利益。

其三，在人民利益面前，坚持社会公义，即立党为公、"全心全意地为中国人民服务"，为此而"下定决心，不怕牺牲，排除万难，去争取胜利"①。在这种精神的鼓舞下，在革命战争年代，广大共产党员冲锋在前，退却在后，写下了惊天地、泣鬼神的动人华章。在和平建设年代，广大共产党员迎难而上，冒险逆行，上得去，顶得住，攻得下，

---

① 《毛泽东选集》第3卷，1027、1101页，北京：人民出版社，1991年。

创造了一个又一个人间奇迹。

中国共产党的这种崇高精神,永垂青史。她不仅以这种精神赢得了中国人民的衷心拥护,而且为世界上一切进步和正直的人士所赞誉,甚至她的对手也因自愧不如,而心生感叹,以至对她表示敬意。因而这种精神已成为中国共产党人的一张闪亮名片、一种精神标识。

(3)中国共产党以自我革命赢得光荣。中国共产党为什么能具有并保持这种崇高精神?这是因为中国共产党在坚持社会革命的同时,坚持自我革命。所谓自我革命,就是不忘初心、牢记使命,"敢于清除一切侵蚀党的健康肌体的病毒,使党不断自我净化、自我完善、自我革新、自我提高,不断增强党的政治领导力、思想引领力、群众组织力、社会号召力,才能确保党始终保持同人民群众的血肉联系"①。

进行自我革命要把握三个重要环节:一是学习,二是批评,三是监督。为此,我党建立起了全党读书学习的制度,借以把中国共产党建设成一个学习型、书香型政党;建立起了持之以恒的批评与自我批评制度,借以把中国共产党建设成一个自觉型、自律型政党;建立起了全党和全国的监督制度,借以把中国共产党建设成一个严管型、反腐型政党。

在历史上和世界上有许多政治力量、政治集团,包括执政党,它们只知对别人进行革命,而从不主张自我革命;只反别人的腐败,而不反自己的腐败,或是虽有自我革命或自纠腐败的意愿,但没有形成相关的制度安排,因而其前景总是不妙,即逃不脱开初的奋斗荣光到终了的腐败涣散的历史轨迹。

相对于这种情况,坚持自我革命,也就成为中国共产党人的鲜明特征和显著优势。正因为有这个特征和优势,所以我们党才能在极端困境中发展壮大,在濒临绝境中突出重围,在困顿逆境中毅然奋起,带领中国人民取得一个又一个胜利。因此坚持自我革命是中国共产党永葆青春,不断取得社会革命胜利的一个重要经验,也是它不断赢得荣光的一个根本所在。

总之,入党使我作为一个后辈共产党人和党的一分子,分享到了前辈共产党人和全党因丰功伟绩、崇高精神和自我革命所获得的极大

---

① 习近平:《在庆祝改革开放40周年大会上的讲话》,35页,北京:人民出版社,2018年。

荣光。我为党的丰功伟绩而深感自豪，为广大共产党员所表现的崇高精神而深深感动，为党的自我革命所取得的每一个成就而拍手叫好！我们犹如党的儿女，她给我们以政治滋养和无限荣光，我们要为她增光添彩，续创辉煌。由此，激发了我的高度责任感。

3.激发政治责任感

（1）以身许党，效命人民。如果说，对一个党外积极分子而言，听党话、跟党走，为党的事业奋斗，终究只是一种个体自觉。那么对一名党员来说，听党话、跟党走，为党的事业奋斗，就不仅是一种个体自觉，而且是党的组织原则所要求的一种责任担当。担当这种责任，也就要求共产党员要以身许党、效命人民。

对此，可能有人会提出疑问，以身许党，是否意味着丧失自我？绝不是。因为自我不是孤立存在的个体，自我总是与他者，包括他人和群体相联系而存在的。这种联系就表现为相互需要、相互满足、相互促进、共同成就。成人方能成己，达人才可达己。有奉献，才有回报。这是人生的必然、生活的常规。

需要指明的是，这里的回报，不仅指物质维度的回报，而且还包括人文维度的回报。人文维度的回报表现为两个方面。一是外在方面的精神认可。比如，口头的表扬点赞、荣誉证书的颁发等。二是内在方面的精神获得。比如心灵的安详、境界的提升、品质的升华等。在这里，仁人志士与普通人的区别就在于，前者更看重自我人文价值的实现。可以说，为仁的付出，成就仁者；为义的奉献，成就义士。因而在中国古代，就有"杀身成仁"[1]，"舍生取义"[2]之说。

什么是仁？什么是义？或曰什么是"仁义"？最大的仁义就是孔子所说的"民受其赐"[3]，就是明代刘宗周解释的"益于天下"[4]，亦即清代颜元所认为的"为天下之人"[5]。

中国共产党的事业就是为中国人民谋幸福，为中华民族谋复兴的事业，也就是大仁大义的事业。投身这个事业，为这个事业奋斗，才能成就辉煌的、有意义的人生。因此，那种认为以身许党会导致自我

---

① 《论语·卫灵公》。
② 《孟子·告子上》。
③ 《论语·宪问》。
④ 《列子全书·年谱》。
⑤ 《习斋记余》卷六。

丧失的观点，不能被认为是正确的。

但是为了成就辉煌的、有意义的人生，自我的物质方面有时不仅不会获得回报，而且还要为人民、为党做出牺牲，有时甚至要付出生命。这种牺牲精神所体现的正是常人不及之点，或曰可歌可泣之处。在革命战争年代，这种牺牲生命的事随时可能发生。因此，那时有个说法，叫"提着脑袋干革命"。现在处于和平建设时期，这种需要牺牲生命的事少多了。但在共产党执政以后，对共产党员来说，如何看待权、看待名、看待利的考验更加突出。不少共产党员在这种考验面前败下阵来。或者说，有些人的入党动机本来就是不纯的，其中掺杂着为谋取个人的或权势、或声望、或利益（物质方面）等的动机。这些人入了党以后，遇到某种气候和机会，上述不纯就会膨胀起来、暴露出来，从而对党造成损害。无疑，党组织会信任和选拔一些优秀共产党员，给予其权力、荣誉和相应的物质待遇，但这种给予的目的，只是促使他们更好地为人民服务。

如前所说，我是怀着对党的真挚感情和科学认知，经过长达13年的考验和磨炼而加入中国共产党的。入党几十年来，对党的信念和忠诚一直如初，从未动摇。我自知，我没有许多优秀共产党员做得那么好，表现得那么杰出，但共产党员的底线还是守住的。大体可以用持身严谨、大节不亏来概括，即不做对不起党、对不起人民的事。可以自我安慰的是，作为一个普通党员，我从没有为抢权、争名、夺利而动过歪心思、想过歪点子；从没有为抬高自己，而去贬低别人；从没有因个人私利，而去搞团团伙伙；从没有随性放言，而影响团结；手中曾有一些权力，也从没有用之去谋过一点私利；在以往历次运动中，似乎也没有为跟风为趋时，而做过外负于人、内亏于心的事。因而在这方面我问心无愧，享受了心灵的轻松与怡然。

诚然，以身许党作为大前提，这是党组织对每一个共产党员的共同要求，但在这个大前提下，每个共产党员在如何实现以身许党的问题上，又各有其自我的特点。

这里包括立足的岗位不同，个人的兴趣爱好和能力不同，因而发挥的作用也不同。但不管怎样不同，立足本职岗位，做好本职工作，为党和人民的事业做贡献，这又是共同的。对我来说，作为一名党员、一个大学哲学老师，就是要立足教学岗位，潜心教书育人。

（2）立足教学岗位，潜心教书育人。在这方面，我对自己评价不高，大体可以用兢兢业业、略有建树来概括。作为一名党员，不能给这个称号丢脸；作为一个大学哲学教师，不能让这个角色失分。综合这样两个方面，可以说，我算是一个比较认真的共产党员哲学老师，即认真地进行哲学教学，认真地进行哲学研究，认真地加强学科建设。

第一，认真地进行哲学教学。我于1971年到高校从事教学工作，2010年退休。其后，给博士生上课到2014年底，其间被安徽师大皖江学院聘用，到2017年下半年，聘期结束，从此开始完全从课堂退回书房。

从教47年中，我先后开设了九门课程。其中有四门（"哲学概论""马克思主义哲学与当代""马克思主义人学原理""文献检索与论文写作"）课程，是为适应学科建设和人才培养需要，经过长期积累和摸索，在全国高校中开设得比较早的课程。

我怀着敬畏之心，认真备好每一堂教案，认真讲好每一节课。有些课虽然已经讲了几十年、上百遍，但每一次讲课都要重新加以备课，从内容到结构，从板书到语言，从课堂讨论的问题设置到组织，都认真进行谋划和设计。为什么如此认真？我认为，教师站在课堂上讲课，是其一生的情感寄托。这情感就是为国家为人民，帮助学生尽快成人成才。对一个教师来说，这里所体现的对学生的尊重和期许，对祖国未来的担当和守护，是刻进骨子里的，因而来不得半点马虎和漫不经心。

拿"马克思主义哲学基本原理"这门课的讲授来说，这是我教学时间最长，所教遍数最多的课程。这门课有两种教法。

一是，就原理讲原理。按这种教法来上课，我自己感到乏味，学生也没有兴趣，而且这也不符合马克思主义哲学的本性。马克思主义哲学不是学院哲学，而是实践哲学。那么怎么办呢？其出路就是坚持理论联系实际。

二是，坚持理论联系实际。这表现为两个方面，一用事实去论证原理，从而说明原理的科学性；二用原理去解决问题，从而实现原理的价值性。

然而坚持理论联系实际，说起来易，做起来难。因为实际是流动的、鲜活的。因此，在47年的教学生涯中，我一直在追着时代跑，追着问题跑，追着学生的需要跑。这种教学法，也可概括为"三追教学法"。这种"追着跑"的教学，自然比较累、比较苦，但也较为快乐和享受。因为讲课能触摸时代脉动、直击社会热点、满足学生思想渴求，所以得到了学生认可。

许多年来，我指导的硕士生，其毕业论文有三成获"优秀"等级。我指导的博士生，在其毕业论文基础上，有80%成功申报了国家社科基金项目，另有20%成功申报了教育部项目。

我曾获芜湖师专"教书育人"优秀教师（1986年），安徽师大教师教学优秀特等奖（1998年），安徽省优秀教师（1998年），省十大杰出教师和五一劳动奖章（1999年），省级教学名师（2007年），终身享受国务院政府特殊津贴（1994年），曾宪梓教育基金高等学校教师奖三等奖（1994年），全国模范教师（2004年）等称号和荣誉。

第二，认真地进行哲学研究。我常说，搞好教学是立足之本，搞好科研是发展之路。我是这样说的，也是这样做的。我的科研之路分两个阶段：一是2010年退休以前，二是2010年退休以后。这两个阶段相比较，前一阶段的科研成果在数量上占有优势，后一阶段的科研成果在水准上更胜一筹。

其原因有二。一是，前期为后期打下了良好的基础。二是，后期获得了两个宽松。一为时间上的宽松，也就是从先前以上课为主到后来以科研为主，到最后全身心投入科研工作；二为心情上的宽松，也就是说，没有评职称、拿项目，以及随之而来的评比、考核等的约束。有了这两个宽松，也就有了两种自由：时间自由，心灵自由。有了这两种自由，促使我真正做出了一点更高品位的学问。

几十年来，包括退休以来，共主持和完成各类科研项目8项，其中国家社科基金项目3项。

独撰或合作出版著作、译作14部，发表论文230多篇。在国家重量级刊物《中国社会科学》《哲学研究》《马克思主义研究》上发表论文20篇，其中10篇为2010年退休后所发表。

2015年前发表的论文和出版的学术著作，被辑为《陶富源文集》十卷本，全书近400万字，于2016年5月在安徽师范大学出版社出版。各卷的书名分别是《形上智慧论》《实践主导论》《终极关怀论》《哲学与马克思主义哲学》《青年马克思与费尔巴哈》《唯物辩证论与实践智慧》《唯物史观在当代》《政治文明的哲学观照》《精神家园的哲学守望》《学术论文写作通鉴》等。

关于《形上智慧论》，安徽大学的王孝哲先生评价该书"运用马克思主义哲学的观点和方法，对于哲学的一系列重要理论问题……作了深入的思考，发表了许多深刻的独到的见解"①。

关于《实践主导论》，当代著名哲学家，曾担任全国哲学社会科学规划组成员的南京大学教授孙伯鍨先生，为该书作序。认为该书是"一本洋溢着时代气息、内容新颖、学术含量厚重的力作"②。

关于《终极关怀论》，当代著名哲学家，曾是国务院学位委员会学科评议组召集人的北京大学哲学系教授黄枬森先生为之作序，认为该书是"一本时代气息浓郁、内容翔实、学术品位醇厚的，对人学理论进行了深入系统研究的力作"③。

对上述三大基本著作，当代著名哲学家，曾任国务院学位委员会学科评议组成员、全国博士后管理委员会专家组成员的中共中央党校教授许全兴先生有一个总体评价，认为《形上智慧论》《实践主导论》《终极关怀论》三大著作，构成了一家之言。④

上述著作，获省部级科研成果一等奖1项，二等奖3项，其他奖项10多项。

第三，认真地加强学科建设。在马哲学科和马克思主义学科带头人的岗位上，我先后坚守了11年，采取了导师制、教学指导、鼓励外出进修、组织科研攻关等措施，加强学科建设，打造学术团队，带领我的团队先后取得了三项成就。

一是，于2001年，把我校马哲学科变成了首批省级重点学科。

二是，于2005年，在哲学硕士点基础上成功申报了马克思主义基本原理博士点。

三是，以博士点建设为中心，培养和聚集了一批有才华、肯担当之人。十多年来，这批人已成长为我院学术的中坚力量。

正是在他们的努力下，我校马院的建设向前跨了两大步：一是，

---

① 王孝哲：《关于哲学的哲学沉思——读陶富源〈哲学的当代沉思〉》，《学海》，2001（3）。

② 《陶富源文集》第2卷，2000年版序言3页，芜湖：安徽师范大学出版社，2016年。

③ 《陶富源文集》第3卷，2004年版序言3页，芜湖：安徽师范大学出版社，2016年。

④ 《陶富源文集》第10卷，2005年版序言4页，芜湖：安徽师范大学出版社，2016年。

于2018年从拥有马克思主义博士点到晋升成为博士学位授予权一级学科；二是，于2019年从一个高校普通马院晋升成为全国重点马院。取得这些成绩，我为他们感到骄傲，也为我是其中一分子，而甚感欣慰。

另外，我还利用所学服务社会。在担任安徽省高校哲学教学协作组组长和省高级职称评审委员会哲学组组长的近10年间，认真负责、积极工作，为省属各高校的哲学人才的培养、选拔、晋升做出了贡献。

20多年来，我在省内外地方高校、地方党校和军队院校、省委宣传部组织的会议，以及省教育厅委托我校主办的师资培训班上，针对教学、科研、理论宣传中的问题，改革开放中所提出的理论和现实问题，以及国际形势和当代思潮的辨析等，共作报告40多场，受到好评。

总体来说，这几十年没有做出什么惊天动地的事，只是在平凡的工作中做得比较认真。我今年七十有七，已经步入老年，现在提倡老有所养，老有所为，我很赞成。最近写了几首诗，其中有两句是讲老有所养的："风雨征程俱往矣，秋光晚晴应自珍。"另有两句是讲老有所为的："廉颇虽老尚剩勇，夕阳余晖赶一程。"

有人劝我，退休以前忙，退休以后还忙，何必把自己搞得那么紧张。我说，紧张谈不上，但不敢懈怠，或者说，不拼命，不偷懒。为什么不敢，因为老师在前面做了榜样呢！

我的北大老师冯友兰先生，85岁双目失明，从85岁到95岁，花了10年时间口授了巨著七卷本的《中国哲学史新编》。他为什么这样做？这是一名学者的文化使命所在。

我的北大老师黄枬森先生，2011年，已经90岁高龄，并患有前列腺癌多年，还主动请缨，带领一些老师创立北京大学马克思主义研究中心。也是在这一年，以他为主，承担了教育部哲学社会科学研究重大委托项目"马克思主义哲学基本理论与现实问题研究"，力图让哲学基础理论研究工作掀开新的一页。他为什么这么做？也是一位学者的文化使命所在。

我作为一个在旧中国出生、新社会长大，亲历人民共和国70多年风雨的人，应该把自己的所学所思用文字记述下来，以供后人借鉴。这也是我作为一名共产党员学者的文化使命。

总之，入党使我有了高远的追求，即共产主义理想追求，懂得了人应如何有意义地活着，知道了有什么事业值得我为之牺牲。这几十年来，我没有因岁月变迁而流失梦想，没有因生活日常而磨去激情，坚守在教学科研岗位上，兢兢业业，不懈奋斗，为党工作，成为一个对祖国和人民负有责任感的努力进取之人。

保持共产党员教师的先进性*

一、共产党保持先进性的极端重要性

中国共产党是中国工人阶级的先锋队，同时是中国人民和中华民族的先锋队。

先锋队就是先头部队、先进部队。它举大旗，敢为天下先，代表着前进的目标、方向；它拔硬寨、打死仗，夺路前行，标示着开拓奋进的精神。80多年来，有中国共产党这样的先锋队，是中国工人阶级的骄傲，是中国人民的自豪，是中华民族的幸福。

从鸦片战争到新中国成立的一百零九年中，列强入侵，中华多难，丧权辱国，战乱不断，社会一盘散沙，人民饥寒交迫。

历史向中华民族提出了两大任务：一是求得民族独立和人民解放，二是实现国家繁荣富强和人民共同富裕。

为了完成这两大任务，中国共产党领导中国人民进行了艰苦卓绝的斗争。以数以百万计共产党员和党的追求者的生命和热血，赢得了人民的信任、爱戴，赢得了共产党作为先锋队的光荣称号。

因此，共产党作为先锋队不是自封的，而是在实践中造就和表现的。

每一个共产党员都应珍惜共产党员这个称号。这一称号本身只是意味着作为先锋队的一员，应该更多地工作，更多地奉献，为祖国、为人民做出更多的牺牲。没有这种理念和热情，共产党的巨大成功是

---

* 2003年开展的"保持共产党员先进性教育活动"，包括自学、写心得体会，并把心得体会以书面形式上交到所在的党支部，接着对自己作为党员所发挥的先进作用进行自我评说，在这一基础上，听取其他党员和群众对自己的评议，包括批评等。本文是此次活动中的读书心得体会。

· 161 ·

无法想象的。因此共产党员这一称号绝不意味着给这一称号的拥有者带来比常人更多的机会、更好的待遇。如果是这样，共产党员这一称号也就变了味，从而会成为营私者追逐的目标。

在革命战争年代，入党是件危险的事，也就是说，一个人加入共产党是没有多少私利可图的，甚至还有牺牲生命、累及家人的危险。而现在，共产党成为执政党，掌握了绝大部分社会资源，这一方面既为共产党和其党员践行为人民服务的宗旨提供了从未有过的条件，但也可能会使有些共产党员利用手中掌握的社会资源，以权谋私。

这样，在一些人看来，加入共产党就不仅不是一件危险的事，而且还是一件有利可图的事。于是，在共产党成为执政党的情况下，会有一些心术不正者、投机分子混入党内。而这是很危险的。这里的危险不仅在于上述不良分子会混入党内，而且主要还在于党本身对这种危险缺乏自觉，丧失警惕。

在西方和平演变策略的作用下，在市场经济大潮中，对共产党员的腐蚀和诱惑是很多的。保持共产党及其党员的先进性是极为重要的，它关系到党的命运、民族的前途。苏联共产党从作为苏联无产阶级和苏联人民的先锋队，到被既得利益集团篡夺党的领导权，最终导致亡党亡国的教训，就是这一方面的前车之鉴。

二、什么是共产党的先进性

共产党无论是作为整体，还是作为其成员，在自身素质、思想觉悟、政治行为等方面，都应该具有先进性，始终走在前列，充分发挥先锋、先导、模范和榜样作用。那么，党的先进性的含义如何呢？

第一，先进性在于走在人民的前列。

共产党作为先锋队，是按照严密的结构和纪律组织起来的、要求自己的全部成员要努力成为工人阶级和人民群众中有觉悟、有组织、有纪律的先进分子。这些人之所以被称为先进分子，就在于他们相对于一般群众，即相对于普通百姓，能更多地认识和在行为上维护人民利益，更能做出牺牲，更勇敢、更坚决。在革命战争年代，表现为共产党员在战斗中，要"冲锋在前，退却在后"，在生活上，要"吃苦在前，享受在后"；在和平建设年代，表现为在艰难时刻、危险之地共产党员要上得去、顶得住、攻得下。在群众心目中，他们是带头人、主心骨，是榜样，因而得到群众的认可、肯定，在群众中富有声望。

第二，先进性在于要走在历史和时代潮流的前列。

先进分子不是一般的好人。好人是心地善良，与人为善，乐于助人之人。先进分子应该首先是这样的好人。但先进分子又不仅是这样的好人，而且还是在社会发展，时代潮流面前具有理性自觉的人。做这样的人，就应该掌握马克思主义的基本理论，认识历史发展的规律，把握历史发展的进程，从而能自觉顺应时代潮流，推动历史前进。

在这个意义上说，中国共产党所具有的先进性，根本就在于能够遵循社会发展的客观规律，坚定走在时代潮流的前列，通过制定正确的路线纲领方针政策，认真履行为人民服务的宗旨，切实担当时代赋予的使命。

第三，先进性集中体现在善于抓住和解决社会的主要矛盾，带领人民群众奔一个美好的前程。

在革命时期，中国社会的主要矛盾是中国广大人民与封建主义、官僚资本主义的矛盾，以及中华民族和帝国主义的矛盾。针对这两大矛盾，中国共产党提出了反帝、反封建、反官僚资本主义的纲领，即团结一切可以团结的人，进行新民主主义革命，把一个黑暗的旧中国变成一个欣欣向荣的社会主义新中国。这就充分体现了共产党及其党员在民族民主革命中的先进性。

在建设时期，中国社会的主要矛盾是人们日益增长的物质文化生活需要同落后的社会生产之间的矛盾。抓住这个主要矛盾，大力发展生产力，以经济建设为中心，实现共同富裕，就集中体现了现阶段中国共产党及其党员的先进性。

总体上说，党的先进性最终表现在其始终代表中国先进生产力的发展要求、代表中国先进文化的前进方向、代表中国最广大人民的根本利益。

三、党的先进性要通过党员的先锋模范作用来体现

党是由全体党员组成的，每个党员都是党组织的一分子。

经过80多年的锻炼成长，我们党的队伍日益壮大，到现在已经拥有了6800多万党员。这是我们党兴旺发达的一个标志。党的先进性，无疑要通过发挥党的整体功能来体现，但也需要通过广大党员的先锋模范作用来体现。

这是因为党的路线、纲领、方针、政策，是依据广大党员的思想共识来制定的，也是通过广大党员的实践活动来贯彻的。这是第一。第二，党对于各项事业的领导作用，是通过广大党员结成的组织体系来发挥的，也是通过广大党员的先锋模范作用来体现的。第三，党和人民的血肉联系，是以广大党员为桥梁来连接的，也是以广大党员的形象来促进的。第四，党治国理政的全部活动及其能力，是由广大党员在不同岗位履职尽责组合起来的，也是由广大党员的具体工作能力表现出来的。

因此，党的先进性与党员个人的先进性有着内在的联系。党的先进性，不仅需要我们党，也需要我们党的每一个成员，在建设中国特色社会主义的伟大事业中，在改革开放和现代化建设的伟大实践中，在物质文明、政治文明和精神文明建设的活动中，发挥应有的先锋模范作用。

正因为共产党员是党的一分子，所以每个共产党员的一言一行，已不是单纯的个人行为，它会在某种程度上影响党的形象，影响党在人民群众中的威信。

也就是说，一个共产党员发挥先锋模范作用，会使我们党增光添彩；一个共产党员违法乱纪，也会有害党的声誉，有损党的执政基础。

在某种意义上说，广大群众是通过一个个党员而认识我们党的。因为党员人数众多，且分布在各行各业，即广泛生活于群众之中，因而对群众来说，他们是通过身边党员的言行，获得对党的直接认识的。所以，当我们的一些党员做了好事，帮群众解了难、济了困，群众就会感谢共产党，感谢共产党的领导，感谢共产党的政策。在我党历史

上，周恩来是一个名垂千古的重要人物。在他的一生中，他曾以对党和人民，对共产主义事业的赤胆忠心，感动、召唤了许多党外人士，使他们认识了中国共产党，走近了中国共产党，或加入了中国共产党。从他身上群众看到了中国共产党的形象、中国共产党的希望。

因此，每个共产党员都必须时刻约束自己的言行，用自己的模范行为来体现共产党员的先进性。

四、共产党员先锋模范作用的体现

共产党员发挥先锋模范作用，应体现在如下五个方面。

1. 做学习的模范

这里的学习包括两个方面：一是思想政治理论的学习，二是专业知识技能的学习。

就思想政治理论的学习而言，就是要学习马列主义、毛泽东思想、邓小平理论，"三个代表"重要思想。要认真学习党的决议、党的领导人的重要讲话，要读书看报，学习中外历史，吸取一切有价值的文化成果，要关心国家大事、世界大事。人不学习就会落后，就会跟不上形势。没有一定的理论水平，就难以有正确的立场、观点、方法。

就专业知识技能的学习而言，每一个党员都要在所从事的工作岗位上，成为行家里手，不然在群众中就没有威信，没有影响力、号召力。而要成为本行业的行家里手，就要不断学习专业知识，不断钻研本门业务，不断提高专业技术水平和实际工作能力。任何美好的追求都体现在具体的专业上，不然，一切都无从谈起。

2. 做实干的模范

共产党员应该不计个人得失，不图虚名，踏踏实实，埋头苦干。我认为，不仅要埋头苦干，而且还要力求干出成绩。尽管就实际结果而言，不可能人人优秀，但一定要有争优的心气，要有争优的干劲。反之，如果拖拖拉拉，当一天和尚撞一天钟，混日子，图清闲，那也就毫无先进性可言。

3. 做奉献的模范

我们的分配制度是按劳分配、多劳多得。坚持这种分配制度，有利于克服过去那种平均主义的大锅饭的弊端，有利于调动广大群众建设社会主义的积极性。

但社会上有许多事是不计报酬的，有些事是不能或不可用报酬来计算的，或者说，是不能讲个人报酬、讲个人回报的。如在家庭中，子女关心父母、父母关爱儿女；在工作单位里，同事间的互相照应、上下级间的共同协作；在社会上能帮的帮一把，能扶的扶一下；等等。

在这种情况下，要讲的就是奉献精神、道德情操。

从根本上说，共产党员，就意味着要吃亏，要不计较个人所得，多干一些事，多流一些汗，甚至要有流血牺牲的准备。凭什么？因为你是共产党员。

4. 做团结的模范

凡有人群的地方，总有个团结问题。无论是大单位，还是小单位，应该说，都有这样一个问题。

为什么会是这样？这是因为在人民内部也是充满矛盾的。人们在具体利益上、在认识上、在性格上、在处理问题的方式方法上总会有差别，有不一致的地方。有不一致，就会产生矛盾。

产生不团结的问题，主要是个人主义、小团体主义作怪。有些人为了个人私利，为了突出个人，与别人闹别扭，打击别人，抬高自己，甚至搞团伙、拉帮结派。

共产党员要做团结的模范，一是要注意与别人搞好团结。二是要帮助本单位、本部门的同事之间搞好团结，要做到不利于团结的话不说，不利于团结的事不做。

作为党员负责同志，就要注意搞好领导班子内部的团结，搞好领导与群众的团结。

团结搞不好，形成不了力量，还会造成内耗。这对党、对个人都会造成损失。党的团结和集中统一是党的生命。为了维护党的团结，共产党员个人哪怕受到再大的委屈，也要服从大局。牢骚可以导致动摇、涣散可以造成分裂、营私更会陷于堕落。

5. 做律己的模范

所谓律己，就是加强道德修养，提高自律意识，做遵纪守法的模范。

在当今多样、多元、多变的社会生活面前，共产党员作为社会的一员，必然会面临各种诱惑，如权力、金钱、美色等的诱惑。只有加强党性修养，增强慎独意识和自律意识，自重、自醒、自警、自励，模范地遵纪守法，把党纪国法内化为自己的自觉行为，才能抵御各种腐朽思想、腐败作风的侵蚀，经受住严峻考验，永葆共产党员的先进性。

五、思想理论工作者保持先进性的独特重要性

马克思主义强调人的活动的作用，认为人的活动创造了历史，创造了人类文明。

这里是就人类总体说的。就个人而言，情况各式各样。这里需要进行具体分析。

人的活动总是受思想指导的，其中包括世界观、人生观、价值观的指导。

就一国的人民来说，总是受一定的理论、观念、舆论影响的。

这种影响有两个方面，一是正确的影响，二是错误的影响，或曰正面影响和负面影响。

正面影响会使人方向明确，信心坚定，提高对共产党执政规律、社会主义建设规律、人类社会发展规律的认识，从而站稳无产阶级的立场，提高辨别大是大非的能力，坚定对共产主义的信念，并为之不懈努力。

负面的影响毒害人民，用腐朽的世界观、人生观、价值观误导人民。散布对社会主义，对共产党的不满言论，夸大我们工作中的失误，宣传全盘西化的主张。

这两种影响，两种结果，犹如水火，根本对立。

因此，思想理论战线上的共产党员应该深刻认识自己肩上承担的重大职责，要有历史的使命感，要从人民利益，中华民族命运的高度着眼，做好灵魂工程师的工作。

党中央曾经提出，要以科学的理论武装人，以正确的舆论引导人，以高尚的精神塑造人，以优秀的作品鼓舞人。这是极为重要的。

思想理论战线上的共产党员就担负着这样的责任。所谓以科学的

理论武装人，是指要学习好、宣传好马列主义、毛泽东思想、邓小平理论和"三个代表"重要思想，帮助人民正确认识社会发展规律、正确认识国家的前途和命运，从而坚定建设中国特色社会主义的信念，提高思想政治素质。以正确的舆论引导人，就是要坚持新闻宣传的党性原则，坚持实事求是，坚持团结稳定鼓劲、正面宣传为主的方针，加强热点问题的理论引导，帮助党和政府改进工作，密切党和政府同人民群众的关系，增强人民群众建设社会主义现代化的信心和热情。以高尚的精神塑造人，就是要以集体主义、爱国主义、社会主义教育人民，提倡为人民服务的思想道德，引导人民树立正确的世界观、人生观、价值观，加强社会公德、职业道德和家庭美德建设，在全民族树立艰苦创业精神，要在全社会形成团结互助、平等友爱、共同进步的人际关系，要加强法制教育，增强人们的民主法制观念和权利义务观念。以优秀的作品鼓舞人，就是理论家、艺术家、新闻工作者、出版工作者要多写好作品，多出好作品，要用反映人民利益、满足人民需要的，内容健康、格调高尚的文化成果引导人民、教育人民、鼓舞人民去创造新的生活，去提高人民的审美情趣，陶冶人民的道德情操，塑造人民的美好心灵。

党和人民对思想理论战线上的同志，寄予厚期望。

邓小平同志曾经指出："思想战线上的战士，都应当是人类灵魂工程师。……作为灵魂工程师，应当高举马克思主义的、社会主义的旗帜，用自己的文章、作品、教学、讲演、表演，教育和引导人民正确地对待历史，认识现实，坚信社会主义和党的领导，鼓舞人民奋发努力，积极向上，真正做到有理想、有道德、有文化、守纪律，为伟大壮丽的社会主义现代化建设事业而英勇奋斗。"①

作为思想理论战线上的一名战士，我应该努力工作，以自己的教学、科研的出色成绩来回报祖国和人民。

六、教书育人，为人师表

我是教育战线上的一位老党员，我热爱共产党、热爱社会主义、

---

① 《邓小平文选》第3卷，40页，北京：人民出版社，1993年。

热爱教育事业。

我出生于一个贫苦农民家庭，家住苏中的海安。在抗日战争、解放战争中，这里发生过多次战斗，有许多可歌可泣的英勇事迹。我的父亲、母亲都曾为支持新四军、解放军做了不少工作。我父亲作为担架队员，差一点牺牲在解放战争的战场上。

那是一个火红的年代。解放以后，我家分了地，生活得到改善。在党和政府的关怀和老师的培育下，我才得以上小学、中学、大学。因为家境困难，我在中学和大学读书期间都享受了国家助学金。没有这种资助，我是绝不可能完成学业的。

我牢记党和人民的这份恩情。另外，通过学习，我认识到马克思主义是光辉的科学真理，共产党是以这一真理为武装的为实现共产主义美好理想而奋斗的先进力量。

多少年来，我一直怀着这样一个美好的理想，并以为实现这个美好理想尽自己的一份力量而感到自豪。

我把这种热情投入教学和研究工作中去。30年来，一直比较严格地要求自己，唯恐自己偷懒，唯恐造成工作失误，唯恐因自己的不慎而对党造成不良影响。

我将借这次保持先进性教育活动，进一步接受教育，不断提高自己的党性觉悟和党性修养，搞好教育教学工作，为祖国培养更多更好的人才。这是我作为一名共产党员教师义不容辞的职责。

七、关于教师职业道德

每个职业都有其道德要求、道德规范。

这些规范是从事该职业的人员的一种基本的行为规范。其中爱岗敬业是职业道德的核心，诚实守信是职业道德的灵魂，办事公道是职业道德的基本要求，服务群众是职业道德的本质规定，奉献社会是职业道德最高境界。下面谈谈党员教师的职业道德要求。

1.品德高尚，以身立教

教育事业是太阳底下万古长青的事业。教师的工作联结着中国与世界、承续着历史与未来。教师的观点、品行、对生活的态度，都在无形中影响着他的学生。在这个意义上说，相对于其他行业的从业者，只有教师的一举一动时刻受到几十双眼睛的严格监督。所以教师要感化学生，就必须成为一个被学生喜欢、敬佩和敬重的老师，说得文学一些，就是要成为学生心中的一座丰碑。为此就要加强师德修养，努力提高自身的人文素质和道德水准，在一言一行中为学生树立榜样，用自己的高尚品格和良好素养陶冶学生，使他们获得宝贵的精神财富和人格力量。

2.治学严谨，遵规守范

俗话说，操千曲而后晓声，观千剑而后识器。一切成功都离不开默默的坚持。因此要以严谨的态度，刻苦的精神，钻研学问，努力使自己成为具有较高水平的专家、学者。不要怕困难和挫折，其实，遭遇这些不完全是坏事。犹如水流遇着岛屿与暗礁，才能激起美丽的浪花。要模范遵守学术规范，像爱惜自己的眼睛一样自觉维护学术尊严和学者声誉，带头搞好学科建设。在这里最重要的，是要摆脱"一步登天"的妄念，摆脱"面子第一"的虚荣。因为妄念、虚荣是学术腐败和学术不端的祸源。

3.执教认真，业务精湛

模范遵守教学纪律，按照规范做好每一个教学环节的工作；精通本专业的知识，并把科研所得不断转化为教学内容；树立先进的教育理念，不断更新教学方法和手段，努力提高教学水平。教学的最高境界是满怀真诚把最好的东西奉献出来，具有引人入胜的魅力和让人展开想象的空间。引人入胜，才能入脑入心；激发想象，才能开拓创新。

4.关心学生，教书育人

党员教师应关心爱护每个学生，在教给学生知识的同时，要通过各种方式引导学生树立正确的世界观、人生观、价值观，教会学生如何为学，如何做人，真正做到既教书又育人。一般说来，教师个人的人格比他的学识对学生产生的影响更大更长远。"善歌者，使人继其声；善教者，使人继其志。"教师的最大快乐，是教出比自己优秀的学生。学生成长于校园，效力于社会。老师守护学生的现在，就是托举祖国的未来。

修齐篇

母爱如山
——母亲的百年人生

我的母亲，沈自英，生于1918年1月17日，于2018年6月5日晚8点34分，离开她百般呵护的家人，和给她带来诸多快乐的这个世界，无甚牵挂，从容而安详地走了。享年100岁。

一、母亲走得从容

从2017年10月中旬以来，母亲的饭量开始减少，到2018年4月中旬仅靠吮吸少量流质食品来维持生命。

临终那天，她没有吃东西，也没有喝水。下午3点多钟，她对我和我老伴说："我可能不行了，你们把我走时穿戴的衣服、鞋帽整理好；给我把身子擦洗干净；帮我修剪一下指甲。"

下午4点多钟，她再次叮嘱我们，除家里的子孙以外，不要惊动任何人，让她安安静静地走。并要求我们把事情办妥以后，再告知江苏老家的亲戚，包括我的姐姐（我姐在我母亲卧床以后，曾先后来看望过两趟；我老家的其他亲戚，包括她的娘家也有多人来芜湖看望）。早几天，她曾说，有些人家的子女，在老人生前并不孝顺，死后却搞得闹哄哄，那是做给别人看的。你们对我那么孝顺，我们这个院子里的人都知道，你们还要做给别人看吗？其言下之意，就是提醒我们，她根本不在乎那些形式的、排场上的东西。

关于死，她也有比较正确的认识。她说，人老了，哪有不死的，总有这么一天，早晚而已。另外，她对我说，"你和你姐家都过得好，你们的儿女也孝顺、有出息，我也就放心了"。不过，在我看来她所说的"放心"，也只是大体如此。比如，母亲在年老卧床以后，我的儿子儿媳、孙子孙女来看她。她就曾叮嘱他们要照顾好我和我老伴，说我俩这一辈子不容易，我们家能有今天，全靠我俩撑着。其实，老人家这是多虑了，也有些言重。但其临终托言，发于肺腑，母爱深深，令我感动。

下午5点多钟，她嘱咐，把她两个孙子（都在芜湖工作）喊来，晚上陪陪她。她的小孙子先到，大孙子和他媳妇7点半左右也到了。老人家吩咐给他们倒水和切西瓜吃。

临终前，母亲不仅视觉、听觉如前，而且意识也一直清醒。没有什么疼痛，只是呼吸急促，一个小时后，她老人家停止了呼吸。我们立即把她从床上抱到客厅，迅速给她穿好衣服。半个小时后，她的脸色由白转暗，脉搏也停止了跳动。

母亲，这样一个普通人，如此平静地面对死亡，临终前还一如既往地关心他人，怕给他人带来麻烦，要达到这样一种心境，并不容易，就连爱谈生死观的哲学家们恐怕也会自愧不如。

遵照母亲的嘱托，我们全家，包括从上海赶回来的我的孙女和孙女婿，从南京赶回来的我的孙子，于6月7日上午8点半，在芜湖市殡仪馆第二厅，举行了母亲的遗体告别仪式。

近若干年来，有不少人向我打听，母亲如此高寿，有何养生之道？我说，这说不好。她从没过吃什么补品、补药之类，前半生还受过不少磨难，但其一生勤劳善良。因而在她给别人以爱和受他人之爱，以及自爱的过程中，享受到了美好的心灵滋润。要说养生之道，这大概算是她高寿的秘诀。

母亲成长于一个有爱的家庭。

二、温馨的外祖母一家

母亲出生于江苏省海安县大公乡姜桥村的一户农民家里。在娘家同辈人中，她排行老三。除了有一个姐姐在十几岁时因病夭折外，她上有大哥沈自民、二哥沈自银，下有两个妹妹和一个最小的弟弟沈自才。

我的外祖父沈常胜，年寿七十有一。因长年累月挑担负重，其肩上从左到右，磨出了一长坨厚厚的肉垫子。我小时候，在与外祖父一起玩耍时，没少摸他肩上的那坨肉垫子。

沈家人，从我的外公到三个舅舅，都是勤劳质朴的庄稼人。其祖上没有土地，常年靠租地主的地耕种，受尽了剥削。母亲说，每次交完租回到家中，我外祖父都十分来气，甚至整天不吃不喝，连一句话也不愿说。所幸沈家人能吃苦，十分节俭，特别是抗日战争期间，共产党建立的苏中抗日根据地实行减租减息政策，沈家人手中才逐渐有了一些积蓄。临近土改前夕，一些消息灵通、头脑活络的地主、富农，急于把土地变现，于是贱价抛售。沈家人一心扑在农活上，不了解外面的世界，用不多的钱买下了不少的土地，据说有20多亩，还自以为捡到了便宜。

可田买到手以后，还不到半年时间（第一熟庄稼还没有收获），土改工作队进村。昔日的雇农，现在却被划成了富农。奇怪的是，沈家人也就认了，没有听说，家中有谁出来申辩。可能在他们看来，管他是富农，还是贫农，庄稼人还不是得凭劳动吃饭。

由于沈家人在当地是出了名的能干、老好，加之村中民风淳厚，即看人不只看家庭成分，主要还看日子过得是否本分。如果是本分人家，自然也就能获得乡邻的信任。因此，我的表兄、表妹在入学、婚姻和工作等人生大事上，还算顺畅，没有因成分而受到影响。

母亲回忆娘家人时，常常动情说起的有三个人。

一是她的母亲，我的外祖母。母亲说她聪明能干，遇事能拿主意，是家里实际的当家人。她对我父亲特别好（参见后文）。然而很不幸，在母亲15岁时，外祖母得了一场病，撒手而去。家中的顶梁柱倒了，这是母亲人生路上遭遇的第一个沉重打击。每次忆及此事，母亲都唏嘘不已。

二是她的大嫂，我的大舅妈。大舅妈出身于一个穷苦人家，很小的时候，父母双亡，被我外祖父母收养，视为己出，关爱有加。长大后，外祖父母把她配给我的大舅为妻。我妈和她大嫂年龄相仿，两人一起长大，情同姐妹。她们一起外出割草、一起下河摸蚌、一起玩耍……做什么事都在一起。

外祖母去世后，大舅妈也就成了沈家的当家人。外祖母的能干，是我听母亲说的；而大舅妈的能干，则是我亲眼所见。她说话铿锵，语气坚定，在我认识的女性中，有如此"丈夫气"的，我的大舅妈算是第一号。大舅妈作为当家人，我母亲的婚事由她一手操办。在出嫁以后的一些年中，我家每遇重大困难，她都主动伸出援手。我和我姐小时候常到舅舅家去做客，每天晚上也都是挤在大舅妈的房里睡觉，生活中的其他一切，也都由她来安排照顾。以至几十年来，我和我姐一直对她心存感激。

三是我的三舅。我母亲对这个小弟弟有着非同一般的感情。外祖母离世时，三舅才4个月零8天，小时候没有奶吃，我母亲就一勺一勺地用米汤喂养。由于缺乏营养，身体虚弱，因而三天两头生病。我母亲就整夜整夜地抱着、哄着。我母亲说，三舅小的时候，没少受罪。

我和我姐对三舅的感情很深。三舅虽比我们年长，但在我们这些孩子心目中，是我们的头，"孩子王"。他总能变着法儿领着我们玩。我们到他家去，他还不时塞给我们一把炒熟的豆子，或一个煮熟的鸡蛋。他似乎不是长辈，倒像是同辈中的一个大哥。我和我姐少年时代的不少美好时光，都是在舅舅家度过的。

三舅长大后，身体壮实起来，再也不是小时那个病秧子了，什么农活都能干，成了生产队里的一等劳动力。在集体劳动的队伍中，他还成了被大家敬重的喊劳动号子的领头人。

我工作以后，曾与三舅相约，邀他得空到我工作的芜湖来住上几天，陪他玩一玩。可他总说，农活忙，走不开。1996年传来不好的消息，三舅病了，而且是癌症。听到这个消息，我惊呆了，好长时间缓不过神来，母亲也难过得掉泪。利用放寒假的机会，我和爱人一起陪着当年78岁的母亲专程回老家去看望他，后来又把他接到我姐家，小住两日。临行前，我给了他一笔钱，希图能对他的治疗有所帮助。结果他还是在两年后离开了人世，享年66岁。

三、我家的翻身解放

陶家的家境没有沈家的好。我的祖父陶长荣生长在一个大家庭中，在哥哥姐姐中，年龄最小，排行老九，村上人敬称为九爷。分家时，我的祖父分得一条船，不久被人偷走，分得一头耕牛，也因病而亡。这对一个小户农民来说，实在是天大的灾难。我的祖父母共生有两女一男。这一男，即我的父亲陶春旺。他是我祖父40多岁时所得。按当时家族的传统，哪一支没有后（男丁），在家族中是没有地位的。因此，家父的到来，也就消除了祖父多年来的心头之忧。那时家中有薄地5亩（其中2.5亩为分家所得，另2.5亩为姓朱的我的祖母从娘家遗产中分得），但仅靠耕种这一点地，难以维持一家五口的生计，于是祖父只得外出打零工；祖母则到县城一家姓陆的人家去当女佣（做一些针线活），以补贴家用。

我问母亲我的外祖父、外祖母，当年为什么会看中陶家，结下我父母这门亲事。母亲说，土地是农民的命根子，外祖父、外祖母所看中的是陶家有5亩地。当年经村上一个名叫刘兆群的农民的姐姐介绍，沈家竟然没有派人"访亲"，即了解男方的家境和人品，也就答应了这门亲事。结亲的时候，两人年龄都还小。我父亲当年10岁，我母亲当年8岁。

结亲以后，我父亲每年都去沈家几趟，而且每次都要住上几天。一是因为我的外祖母对这个未来的女婿还比较喜欢。据母亲说，我父亲识得一些字，这一点为外祖母所看好。另外，相对外祖母的几个孩子和她的二女婿，我父亲个头比较高，这也为外祖母所欣赏。因此，父亲每次到沈家，外祖母都用好吃的加以款待。二是在我家，我的祖父母常年在外，我大姑、二姑已经出嫁，因此父亲常年孤身一人在家。而沈家孩子多，父亲在沈家可以和他们一起开心地玩。

我母亲在23岁时嫁到陶家，那是1941年。1942年生了我姐姐陶富芳。因为我家在我父亲这一辈是单传，所以我父亲很想要一个男孩，也终于在1944年生了一个男孩——我。

我母亲嫁到陶家时，我祖父已经过世，祖母与我母亲也仅一同生活了4个多月，就生病离世。关于我的祖母，母亲多次提到的有两件事。一是，她人生第一次腌咸菜，因没有经验，没有把菜凉透再腌，结果把一缸咸菜给腌烂了。这在当时，对我家来说，可不是一个小损失。然而我祖母没有对她说一句埋怨的话。二是，一次不小心，她把煤油灯给碰翻了，煤油洒出来，溅到我祖母的衣服上。而那是祖母喜欢穿的、能穿得出去的唯一一件衣服，结果给弄脏了，而在那时，还没有办法清洗干净。我祖母也没有说一句责怪的话。母亲说，婆婆对她这个儿媳是够体贴、够宽容的。

　　我母亲的娘家，住在离海安县城比较远的地方，也不在水运河道和公路边上，因而在抗日战争和解放战争时期，相对比较安全。因我家离县城比较近，约有4公里，又住在紧靠里下河东岸三四百米的海安县海北乡方桥村的陶家墩上，我小时候听村里的长辈说，抗日战争期间，他们常看见装有日本兵的小汽艇在河上往来穿梭。解放战争时期，我们家所在的海北乡下，已经是解放军的天下，但逃到县城里的地主不甘心失败，组织了自己的武装，被称为"还乡团"，不时到乡下来抓人、抢粮、牵牲畜。每次老百姓一听说"还乡团"下乡（村南头有人放哨），就吓得往北（我们家在县城北）跑，母亲称之为"跑情况"。母亲说，她多次带着我和我姐"跑情况"。可能因为那时我太小，现在一点印象也没有。

　　母亲还常说到一件事，在通常情况下，早上她会把我抱起来让我站在床上，给我穿衣服。一天早上，不知怎的，她把我从睡觉的里屋直接抱到外间的堂屋，让我站在小桌子上，给我穿衣服。突然，遭到"还乡团"偷袭，一颗子弹飞来，穿过我睡房的窗户，射到睡床后面的墙上，留下了一个弹孔。母亲说，如果还在里屋穿衣服的话，不是打中她，就是打中我，好危险，算是躲过了一劫。

　　解放战争时期，我的父母都参加了村里的民兵组织。母亲回忆说，那时经常开会，或被派去站岗放哨，或被分配做军鞋，或收军粮。后来县城解放了，这些集体活动也就没有了，母亲说，她还有好一阵子不习惯。

　　有一年吃年夜饭的时候，我领着儿孙们向老太太敬酒，并叙述老太太这一段"光荣历史"。老太太淡淡地说，这有什么好夸的，做军鞋、送军粮，这是任务，每家每户都要完成的，又不是我一个人这样做。

　　那时我父亲经常被派到离家很远的地方去运送物资，或到前线抬担架，有时一去好多天。听父亲说，有一次，抬担架途中突遭敌机轰炸，跑在后面的，有的被炸死，有的被炸伤，幸亏父亲跑在前面，并马上躲进一户民房，这才得以幸免于难。这是一次什么战斗，我原先并不知道，后来看到有关史料，才得知，这是解放战争时期苏中"七战七捷"中的"海安战斗"。

　　土改时，我家被划为贫农，分得3亩好地。这3亩好地所产粮食顶得上原先5亩地的收成。我记得小时候，家中有亲戚来，我父亲唯一高兴做的事，就是领着亲戚到地里去看他精心侍弄的长势喜人的庄稼。那几年，家里的日子一天天好起来：房子进行了翻修；每隔两三天，中午也能吃上一顿白米干饭（通常一天三顿，都是稀饭）；家中还陆续添置了一些家具和衣服。

四、母亲深爱着父亲

我父母的婚姻虽是小时候由家人包办的，但从母亲的言谈中可知，她对这桩婚姻还是满意和感到幸福的。关于父亲，母亲常常谈起这样几件事。

一是，父亲有力气，是种地的能手，什么农活都拿得起，干什么事都不落人后。在村里组织的一次踏水车比赛中，父亲率领的一组人，还拔得头彩。

二是，父亲识得字，有一些能力，在农村，这被一般不识字的农民所高看，也被一些村社干部所信任。对此，我曾在我的一本书《学术论文写作通鉴》的序言中记述过："我父亲是个农民，读过几年私塾，识得一些字，看过不少书。听我二姑说，我父亲年轻时很喜欢看书。那是在解放以前，家里很穷，住的房子既小又破。阴雨天，房顶多处漏雨，只有灶台后面烧火处有一块干燥的地方。每逢阴雨天不能干活的档口，我父亲就不管不顾，一个人躲在灶台后面，心安理得地读书。为此，我的二姑，他的二姐没有少生他的气。在农闲时节，我家每天晚上吃完饭，洗漱一下，为了节省灯油，也就早早把灯熄了。但不是马上躺下睡觉，而是一家人（我父、我母、我姐和我）坐拥在被窝里，听我父亲讲故事。这是我们全家人一天中最快乐的时光，也是童年时代留给我的最美好的回忆。"[①]

父亲读书好学，因而很有些见识，这表现在多个方面。在我看来，最大的见识，就是他对读书成才的重视。我邻居家的孩子，没读完初小和高小的，不在少数。为什么辍学呢？主要是这些孩子的家长不让其继续读下去，理由是家里缺少劳动力。另外，上学还得花钱。这样

① 《陶富源文集》第10卷，2016版序言1页，芜湖：安徽师范大学出版社，2016年。

里外一算，划不来。父亲可不这么看。我们家也很困难，但父亲总是想方设法克服困难，支持我把书读下去。追溯起来，这还得感谢我的祖父。那时家里那么穷，祖父还是让父亲读了几年书，从而为我家日后出了我这个大学教授奠定了最初的家庭文化基础。

在上学读书的问题上，我姐对我父母有些微词，即没有送她到正规学校读书，有些重男轻女。特别是姐姐参加了村里组织的扫盲班学习，在班中成绩优异，并不时受到老师们的表扬，从而使她发现自己与我一样，也富有学习潜力以后，更感到命运对她有些不公。母亲每每提及此事，都不无遗憾地说，那时家里实在太穷，供不起两个孩子上学，这是没有办法的事。

我姐从小就比较聪慧，懂事比较早，很小就帮父母干事。在她8岁那年，一天，父母在地里干活，她第一次学着把饭烧好。中午父母回到家中，看到有现成的饭可吃，而且是小不点的宝贝女儿烧的，这是我父母没有预料到的，可把他们乐坏了。父亲对我姐的感情特重。母亲说，我姐出嫁那天，我父还避开我母，到灶台后面的烧火处，偷偷哭了一场。我姐没能获得正规学校学习培训的机会，影响了她的前程，至今回想起来，深深为之惋惜。不过，令人欣慰的是，姐姐一家现在过得很幸福。她生有两男一女，他们都很有出息，也很孝顺。我姐和姐夫的身体也很硬朗。

三是，父亲极为孝顺。母亲曾告诉我，在祖母病重期间，在四处求医无甚效果之际，情急之下，父亲想以极端的方式救母，即割股疗亲。

父亲去世后，我从母亲口中知道这段往事，心中甚为不快，认为父亲这是愚孝。后来读书多了，才知道，割股疗亲这种方式，曾经是中国古代长期流行并受到褒赞的一种传统，直到科学昌明的民国时期还时有发生，甚至一些近代史上的著名人物也加入了割股疗亲的行列。比如李鸿章之子李经述曾为母割股疗疾；张之洞之妹张采也曾割股医母；青年时代的蔡元培，也曾因母患疾割股。这些人难道没有理性，不懂科学？都不是。为了表达对亲人的爱，感性的力量有时超越理性和科学的力量。尽管这种爱已经变形，但真正的爱是不需要理由更不需要借口的。

四是，我父亲为人正派，在乡邻中富有口碑，在担任生产队队长期间，从来不占集体的一点便宜。有时为解生产队急需，还直接从自家拿钱拿物。此类事，父亲往往自作主张，以致引得母亲有些不快。

一年麦收时节，队上组织我等小孩到收割完麦子的麦茬地里捡拾掉下来的麦穗。这些麦穗是要归公的。一天中午，为了急着回家吃饭，我把捡的麦穗带回了家中，打算下午再送到公场上去。父亲回来看见了这种情况，极为生气。他命令我，把麦穗先送去，再回来吃饭，不然就饿肚子。我没有办法，只好照办。

由于父母一直对我严格要求，我对我儿子也同样严格要求。因此，虽然在我和我儿子的手中，都有或曾有过或大或小的一些权力，但都比较干净，因而过得一直安稳。

母亲曾对我说，父亲在世时，她不用担心什么，凡事有父亲担着。遇到困难，父亲也总是劝她不要急，"船到桥头自然直"。

五、一段极为困难的日子

三年困难时期，在我们村上，家家户户都很困难，而我家的困难则尤为严重。父亲身材魁梧，饭量本来就大，可生产队粮食分得少，有时一两个月不分粮食，只能以菜充饥，因而常处于饥饿状态。父亲因此得了浮肿病，后来一病不起，直到1962年5月去世。那年我父46岁，我母44岁，母亲当时也有病在身。

父亲病重期间，在生活物资极为匮乏、人们都在为艰难维持生计而发愁的情况下，我姐和姐夫金南太、我的岳父李自松和我的三舅都曾给予了关心和十分珍贵的支持，有些乡邻也给予了关心。特别要提及的是，曾作为父亲的领导，后来在公社担任社长的杨长才同志得知父亲病重，还搞到了一斤猪油送来，这在当时可算是稀罕之物。此人间真情，感人肺腑！父亲逝世当天，当时担任生产队队长的王文元带领几个乡亲，以生产队的名义，在第一时间，送来一块木料，说是给老队长做寿材，从而使父亲得以按时入殓。这般恩德，我没齿难忘。

在父亲生病期间，我在海安县中学先后读着初二、初三和高一。一个穷学生对家里的困难，在物质上确实无能为力，唯一能给我父母带来安慰和希望的是我的优异成绩。从小学一年级开始，我每学期都能给父母拿回来一张或"三好学生",或"优秀学生干部"的奖状,这些都是学校发的,还有一张奖状是县里发的,名称是"优秀少先队员"的奖状。好多年下来,这些奖状贴满了堂屋向南的整整一面墙。初小考高小,高小考初中,初中考高中,以至后来考大学,都很顺利,没有让家长操过心。如果说,这也是孝心的一种表现的话,那么在这方面,我是问心无愧的。在我上小学的时候,父亲就曾以坚定的口吻对母亲说,我们这个儿子会有出息。父亲在临终之前,面对流着泪的母亲宽慰道:"我走了,你要多保重,儿子将来就是你的靠山、你的'小银行',你一定会过上好日子的。"

父亲生病期间,因四处求医,家中已是一贫如洗,土改后那几年,添置的一些家具也都变卖一空。在这种情况下,我的学业还要不要继续下去,就成了一个大问题。一些亲戚和父母的朋友都来劝我,你家这么困难,学不要上了,回来吧。可母亲对不上学这件事,在我面前从未提及。母亲有一个特点,再苦,从不说苦;再难,从不畏难。她说,吃苦、吃苦,苦本身就是用来吃的,得靠自己一口口嚼着咽下去。三年困难时期,在农村有不少人,为生活所迫,把持不住自己,在生产队劳动时顺手牵羊,或干出其他一些手脚不干净的事来。母亲曾对我说,在那十分困难的情况下,我们家都没有干过一件让自己良心不安的事情。母亲说这话时,只是一语带过,此乃难能可贵。没有什么豪言壮语,有的只是严酷生存环境中对道德的默默坚守。由于母亲行事规矩,对集体的东西从不多吃多占,还烧得一手可口的饭菜,另外,家中也收拾得比较干净,因而生产队每有接待任务,大都安排到我家就餐。

母亲和我爱人离开老家已经38年,但家乡人并没有忘记她们。前不久,听说母亲身体不适,原来在生产队担任过队长的王志才和会计刘德本(这两位后来都曾担任过村级干部)两位老乡,还要代表父老乡亲到芜湖来看望母亲。母亲说,难得他们有这样一份情义,感谢他们,都是六七十岁的人了,不要来了,打个电话我就心满意足了。

六、母亲勤劳一生

母亲一辈子信奉劳动光荣。

在我老家的农村，与母亲一般大的妇女，有许多人只在家里忙忙家务，从不到大田劳作。原因在于，她们受封建陋习影响，被缠成了一双小脚。①不要说干农活不行，就是走远路也不甚方便。我母亲小时候也裹过脚，但又偷偷放开，加之外祖母忙里忙外，疏于管束，因此，她的脚基本上是"天足"。这可帮了她大忙。农村中许多重体力活，比如，插秧、踏水车、收割、脱粒、推车、行船等，她样样能干。虽然辛苦，母亲在这些劳作中却也收获了自尊、自信。

母亲说，有一年父亲外出，我家的5亩麦子成熟，从收割、脱粒到晾晒归仓，全由她一人完成。母亲在生产队里的大田一直劳动到62岁，即户口从农村迁来我工作的芜湖之前。母亲不仅每天参加大田劳动，而且还在出工前和收工后，起早贪黑地进行副业生产。这样算来，每天的劳动时间不会少于11个小时。因此，在许多年间，我所看到的，总是母亲那不停劳作的身影。

在我父亲去世前后的几年间，除了得到我所就读的海安县中学的少量且珍贵的救助外，母亲和我主要靠自己的双手，熬过了那段特别艰难的时光。现在的年轻人难以想象，我在高考前的一个星期天，还回家在生产队的大田里劳动。那几年，除了利用星期天参加大田劳动以外，我还利用空闲时间帮助母亲进行副业生产，并利用寒暑假在学校勤工俭学。高三毕业后，总算没辜负父母的希望，以优异成绩考取了北京大学。

1980年，我被评为讲师，按照相关政策，我把母亲与我老伴和孩子的户口迁到芜湖。我所工作的芜湖师专地处芜湖市远郊，那时校内有不少荒地，我老伴和母亲闲不住，开垦出一片菜地。我和我老伴上班，这片菜地主要由母亲打理。别小看这一片菜地，依靠它可解决了

---

① 　学界一般认为缠足初起于宫廷，始于男性对女性舞姿的审美情趣。随着男性社会心理的变迁，缠足最终盛行于世，并从一种时尚逐渐发展成为女性的一种行为规范。以至在社会上形成这样一种风气，女性若不缠足，便难以找到婆家。近代社会风气的开化，对妇女放足起到了巨大的推动作用。从清末开始，城镇放足之风渐盛，然在农村仍是举步维艰。

我们一家五口吃蔬菜的问题。

从1995年起，我从芜湖师专调入安徽师大，算是真正进城了。母亲这年77岁。原先的菜地没有了，直到这时，母亲的农业劳动技能才最终失去了用武之地。也是从这时起，她开始专注于忙家务，帮助我们照顾孙子、孙女和接送孩子上学。一直到99岁之前，她自己的事，比如洗衣、洗澡、叠被之类，从不劳烦别人插手，我们想帮忙，她总说："我自己来。"

只是到了最近一年，母亲体力渐渐不支，诸如择菜、扫地、擦桌子、移动花盆等事项，才渐渐不能干了。面对如此境况，她老人家常发感叹，"我不中用了""怎么会老成这样"，从而表露出一种英雄气短、无可奈何的神情。

七、仁者寿长

在儒家学说中，"仁者寿"①是一个重要命题。它包含了对人的生命存活规律的深刻认识，是对人生德福一致的内在必然性的揭示。其言虽微，其义却大。我理解，之所以如此，是因为做仁者，当好人，必心怀慈悲、肚量宽宏、气态温和，也就拥有一个好心情，因而也就增寿，活得长。当好人，包括"自爱"，"亲人"（亲爱亲人），仁心（对亲人以外的他人好）等三个环节。它们共同构成了儒家仁爱观念的基本内容。我母亲在这三个方面，做得都可圈可点。

我母亲待人特别宽厚。在我农村老家，母亲生活了几十年，可从来没有与邻居、村人红过脸，从来没有说过一句不雅之言。也就是说，我母亲从没有骂过人，也不会骂人。

从老家临来芜湖之前，邻家的一位王老太太，拄着拐杖，挪动着一双小脚，登门送别。她对我母亲说："我们前后院住着，几十年和睦相处。你这一走，不知哪年才能回来。"说着说着，这位平时还算坚强的老太太泪流满面。母亲拉着老太太的手，忙着安慰。

离开老家之前，在母亲的安排下，我们置办了几桌酒席，感谢乡邻们多年来对我家的关心照顾。母亲一直教育我，切不可忘本，要知

---

① 《论语·雍也》。

恩图报。

一般说来，婆媳关系是不易相处的。可这在我家，似乎不是问题。前文说了，我母亲与我祖母相处得很好。我母亲与我爱人相处得也很融洽。两人一起生活了50多年，如同母女一般。平时说话，轻一句重一句都没有关系，谁也不会往心里去。

还在江苏老家的时候，有一次母亲生病住院，我爱人急得直哭。邻床的一位病友对我母亲说，你女儿对你真好。我母亲说，她不是我女儿，是我儿媳妇。这位病友感叹道："有这么好的儿媳妇，您老可是有福啊！"

母亲去世前，在不能下床的40多天里，明显感觉到她开始害怕孤独，对儿孙也愈加依恋。有时她闭目养神，我不与她说话，哪怕是陪坐在她床边，似乎也能使她享受到心灵的某种踏实与安宁。我和我老伴每天守在母亲床前，送水喂汤、变着法儿给老太太做可口的、帮助大小便排泄、每天擦洗身子，白天、夜里帮着多次翻身。这其中的许多事，都是我老伴做的，而且做得那么周到、细心。对此，我母亲深为感动。她多次说，自己有这么好的儿媳妇，不知道是哪辈子修来的福！

现在社会上有代沟一说，在我们家，我不敢说一点没有，但敢说，并不明显。我与母亲，几十年相依为命。她疼我、爱我，视为心肝。三年困难时期，我在中学住宿，国家供应的粮食，曾从每月32斤，一路降到24斤。为缓解我饥肠辘辘，母亲宁可自己挨饿，也要从自己口中省下吃的，不时给我送来学校。母爱之伟大，令我刻骨铭心。她户口迁来芜湖，与我同住，从此，我遇到什么烦心事，也总是愿意跟她诉说，并且也总能从她那里得到人生经验的指点，从而得以开朗。碰到什么好事，也总是急着在第一时间向她报告，让她与我共享快乐。母亲的高兴和赞许，实际已成为我人生的一大动力和莫大幸福。

难能可贵的是，我的儿子、儿媳，特别是我的孙子、孙女，对我们家这位老祖宗也是敬爱有加。这不仅表现在下辈对上辈的一般敬重，比如进门时"请个安"，临走时"道个别"之类的，而且是互相拥坐着，手一直握着手，长时间地交流谈心。顺便说一句，我的孙子、孙女也很乐意与我沟通，谈学习、谈生活，天南海北，有时一谈就是一两个小时。我家为什么其乐融融，其中一个根本原因，就是相互宽容着、真诚相爱着。

这其中，母亲给全家做出了榜样，形成了比较好的家风。我两个儿子成家以后，搬出去单过，每隔一段时间，老太太就会嘱咐我们，打电话让他们回来吃饭。她常说，一家人，不常走动，就远了。家里有什么好吃的，老太太或是让留着，等大家回来一起享用；或是打电话让他们来拿；或是吩咐我们给送去，反正不能独享。我家过年过节，甚是热闹。节日前好几天，就开始忙碌。在99岁以前，老人家往往还亲自动手。比如，端午节，她自己包的一手好粽子，从不放过展示自己的机会，往往一坐就是几个小时，而且自我感觉良好，许多年来乐此不疲。

母亲有自己的交友待客之道。她常说："敬重别人，那是敬重自己。"而且一直按此道要求我们。比如，出门走亲访友，不论礼轻礼重，不可空手前去；在家待客，一定要沏之以茶，捧之以果，到用餐时分，不可由客人自去。不论有无好的招待，但一定要热情相邀，尽其所能，不可怠慢。还在农村老家的时候，我家的一些亲戚，特别是亲戚家的一些孩子都很愿意到我家来做客。我的外祖父年老时，到我家来得多一些，而且每次来都要多逗留几日。那时家里不宽裕，母亲会单独给老人家做一些好吃的，这自然没有我和我姐的份。不过在母亲的教育下，我们都很自觉，借口到外面玩，主动避开。

到安徽师大以后，我开始带硕士生和博士生。其中有些学生生活极为困难，我母亲了解到这些情况后，当这些学生到家里来谈事的时候，引入书房刚落座，母亲就会递上茶水，捧来水果，并发出邀请，让学生留下来用餐。在我与学生交谈的过程中，她偶尔还会来到我的书房，提醒我别光顾着说话，忘记请学生品尝果品。有时母亲还让我找一些借口，让学生到家里来，借以改善一下他们的生活。另外，有学生出于某种原因，钱不凑手，母亲也会积极支持我予以帮助。在她看来，做老师的帮学生，是天经地义、不容分说的事。因此，一来二往，三年研究生读下来，这些学生都感到我母亲十分亲切，对她也十分敬重。母亲一生中给了他人许多温暖，同时也从他人那里获得了许多温暖。

儒家主张的"自爱"，指的是"克己""修己""成己"，即个体道德意义上的生命自我实现。但如果从价值角度来说，则是行为主体对自我的积极价值关怀。我母亲不懂这些，但她用行动体现了出来。

母亲有一些比较好的生活习惯。比如，每天早起，从不睡懒觉，晚上11点前必定睡觉。在晚年，她坚持每天一次，从四楼下到一楼，外出散步，与院子里的其他老人交流谈心。她晚上喜欢看电视，看中央台的新闻联播，还爱看战斗片和情感类电视剧，让我陪着，有看不懂的，还会让我为之解说。另外，老太太比较注意自己的形象，早上不梳好头，决不出自己的房门；不穿上整洁的衣服，决不出自己的家门。穿什么鞋、穿什么衣服适合，是否戴帽子等，老人家都比较讲究。总之，她比较注意把自己收拾得清清爽爽。因此，我每次出远门，她都像个检察官似的上下打量一番，如有不妥之处，还会提出"整改意见"。一旦她觉得满意了，有时还会以半认真半诙谐的口吻说上一句："不错，我儿子漂亮。"

说到"漂亮"，我这个人在自我欣赏方面比较迟钝。大学毕业以后的一些年，我才从别人的眼神和对待上，慢慢意识到，我可能长得不赖。我对母亲美丽的欣赏也是这样。俗话说，儿不嫌母丑。这如果作为过程，那么也总是先意识到"母丑"，然后才可能有"不嫌"的对待。可我在许多年中，这样的意识一点也没有。到师大以后，一次与母亲一起走在街上，那时母亲已年近80。碰到作为老友的师大的一位美学专家、教授，我对他介绍说，这是我的母亲。这位先生事后问我："老陶，你母亲的气质非同一般，是不是大家闺秀？"我说，不是，她出身贫苦农家。这位老先生还是有些不信。从那以后，我才开始意识到，我的母亲原来是这般优雅、这般美丽。母亲皮肤白皙，年轻时1.7米左右的身段，几十年劳动锻炼的丰满，前半生艰难生活的磨炼，后半生幸福生活的滋润，家乡乡土文化、革命文化和来芜湖以后的城市文化、大学文化（母亲在高校环境中生活了38年）潜移默化的影响，以及待人处世的平和，成就了她朴素而富有品位的一生。

人生百年。我的美丽慈祥，与我心相印、情相依的母亲，走了、远去了。我心悲戚，伤痛殷殷，眼含泪水，顾往追昔，写下上述文字，借以寄托对母亲的深深思念。

长情相依

——谢老伴

我的老伴李存英（以下简称"英"），七十有八，我俩相依为命，已经走过了50多个春秋。

这里从她的娘家谈起。

一、老伴的娘家

英的祖上，是农村的无产者：雇农。穷得真是上无片瓦遮天，下无立锥之地。解放以前，以租地主的土地和房屋为生。在英的祖父手上，他家曾遭遇过三次"回田"事件。所谓"回田"，即地主把租给佃户的土地收回去，另租他人。且这三次中有两次是发生在初夏之际。即麦子已经收割，而夏秧尚未开插之时。选择这个当口提出"回田"，是怀有算计和狠毒的，即打佃户一个措手不及，以求达到提高地租，逼其就范之目的。遭遇这种事情，佃户会十分被动。一是他对主家是否真的找到了下家，心中无底；二是因为时间仓促，佃户要马上找到新的主家，也极无可能。俗话说，季节不等人。于是，处于劣势的、地位低下的佃户，为了一家的生计，只得忍气吞声，任其宰割，或打掉牙往肚里吞，等熬到秋末，另觅新主。这两次回田给英的祖父母留下了惨痛的记忆。到年老时，他们还曾对我说起"三年中两遭回田两次搬家"的事，那真叫一个刻骨铭心！

英的祖父，我小时见他时，已经60开外，个头中等偏上，慈眉善目，一脸和气。但岁月的沧桑已经在他脸上刻下了深深的沟纹。

英的祖母比其祖父活得岁数大，她去世时，80多岁。这在那时的农村，无疑是高寿了。她是村里受人尊敬的接生婆。在这方面，她有一副好手艺。她从16岁开始接生，在以后的60多年中，接生的孩子无数。据说，没有发生一例差错。她的手艺是家传的，其母亲也曾是一位接生婆。

英的祖母给我留下了特别美好的印象。她无论在家，还是外出，身上都收拾得干干净净，一丝不苟。从年头到年尾，哪怕是夏天，也穿戴整齐，脚穿一双自己绣的绣花小鞋，头发也打理得妥妥帖帖，纹丝不乱，与人说话，声音轻柔，面带微笑。她特别敬业，无论寒暑，不论昼夜，是路近还是路远，谁家生孩子，她都会随叫随到，唯恐误事。除此以外，她还特别善良，给人家接生孩子，主家通常要给些"礼钱""礼物"，包括"吃请"等，如遇困难人家，她会主动谢绝。一做完事，取主家两张草纸（按常理不能空手，以示对主家的尊重），然后迅速撤离。这在我的家乡传为美谈，人们称她有一副"菩萨心肠"。

英家在土改时，有5口人，分得了10亩好地。俗话说，土地是农民的命根子。或用当时土改工作队的话说，农民成了土地的主人。从此，她家的生活得到了很大改善，还新买了一头耕牛。这在当时对一个农民来说，可是天大的喜事。

英的父亲不善言谈，话语不多，但十分勤劳。在我的印象里，他从早到晚几乎没有闲着的时候。除了在大田劳作以外，他还是干家务活的一把好手。

英的母亲身体不好，三天两头生病。因此她几乎不参加重体力劳动，但她意志坚强，明彻事理，且善于表达。这在我老家的乡村妇女中，并不多见。由于她拥有这一优长，所以在其子女面前和乡邻之中，都颇有一些威望，也很得他们尊重。于是，不时被庄上人请去评理，调解一些纠纷。老人家的子女都很孝顺。我和英在多年中，也按时给她寄去一些生活费，并请她到我们工作的芜湖住过一段时日。她以病弱之躯，活到90岁，这都得益于晚年的幸福生活。

二、从娃娃亲到产生爱恋

英在其家里，是多个孩子中的老大，且老二、老三都是女孩。一开始的许多年中，家中没有男孩，于是其父母就把女孩当男孩使唤。因此，英在家中从小就帮父母做一些力所能及的事，长大以后也就成为父亲在劳动上的一个好帮手，苦活、累活都能顶得上、拿得起。在这一过程中，她练就了一副好身板，并养成了勤劳、干练、有主见等品格。

英家与我家同住在里下河东的一个村子里，叫方桥村。里下河是流淌在苏中平原上的，从我老家的县城海安到东台的一条河流。这条河流淌在大地上，也流淌在家乡人的故事里，流淌在我的记忆中。小时候，运载各种物资的船只在河上繁忙往来。有时一条拖船可以拉许多条驳船，长长的，犹如一条游龙。岸上拉纤的、河里捕鱼的，自成一道风景。白天白帆片片，晚上船火点点，这一切都给我留下了美好的记忆。

在上大学前，没有见过世面的我，以为家乡的这条河很大很宽。后来在外闯荡，见过长江、黄河，登过高山，观过大海，再回到家乡，我发现，眼前的这条河似乎不是我记忆中流淌的那条河，它变小、变窄了。其实，眼前的这条河就是原先的那条河，它虽然变了，但没有大变，只是自己的眼界变宽、变大了。

英的娘家与我家相距不远，只有十几分钟的路程，中间隔着一条小河，是里下河的支流，呈东西走向。我家在小河的南庄，他家在小河的北庄。从南庄到北庄，要从庄西的小木桥上走。后来（改革开放以后），为了通行方便，在庄东头又架起了一座可以走汽车的桥。

英的父亲与我的父亲是村中好友。我与英同岁，都生于1944年。在我们都还小的时候，大概是6岁时，村中一长者多嘴，撮合两家父母同意，让我俩结成了娃娃亲。对这事，双方父母自然乐意。这在他们看来，作为父母的他们是有权替作为儿女的我们做主的。那时，我的家乡虽说解放了，进入新社会了，但在婚姻问题上的许多陈旧观念还依然牢牢占据着人们的头脑，比较落后的农村地区更是如此。

我当时什么也不懂，对英自然谈不上有什么感情，连"娃娃亲"这一指谓，我也是多年以后才听说的。不过，英后来以自己的佳品懿行走进了我的生活，赢得了我的尊重，也赢得了我的感情。然而，尽管如此，我内心一直认为，父母为儿女决定婚姻大事，或干预儿女婚姻是绝对不道德的。正是鉴于这一教训，我对儿孙的婚姻，从不说三道四，而是尊重他们的意愿。由他们自己选择、自己担责。诚然，在他们征求我的意见时，我也会无保留地说说自己的看法，不过，只是供他们参考罢了。

我家的人口本来就少。姐姐出嫁以后，没几年父亲过世，我又在外上学，母亲孤身一人在家。在这种情况下，英的父母不顾当时农村的习俗，即没有过门的儿媳妇是不能在婚前踏进婆家大门的，嘱咐英不时来到我家，陪我母亲说说话，拉拉家常，顺便做一些家务事，包括忙忙自留地。特别是母亲生病时，她侍奉左右，周到细致。这使我母亲心生感动，也获乡邻众口夸赞。顺便说一句，英和母亲共同生活了50多年，两人亲如母女。我母亲活到百岁，这与她周到的关心照顾有很大关系。

英渐渐长成大姑娘了。算不上美，但也不丑。1.65米左右的个头，待人笑容满面、落落大方，浑身透着一股青春勃发的气息。我开始爱上她了。后来我俩结婚了。这种爱并不是想象中的那样火热与浪漫，而更多的是恬淡及温存。我感到有她的陪伴，有她作为后盾，再无后顾之忧，可以一辈子安心了。

三、岁月把爱恋凝成亲情

我在大学毕业后，到部队农场锻炼，经再分配，到芜湖师专工作。从结婚到1980年，我俩已两地分居了10多年。她和我母亲及孩子在老家农村生活，母亲年岁渐大，家中里里外外，全靠她一人支撑，她成了家中的顶门立户之人。

在生产队里，她积极参加生产劳动，还是妇女劳动组一个组的组长。这组长相当于部队上的一个班长。只不过，领导的人要多一些，有20位左右。担任这个职务，除了要有一定的组织指挥能力以外，还必须是侍弄庄稼的行家里手，以及要有带头吃苦、冲锋在前的劲头。

在家里，她和母亲配合，利用工余时间进行副业生产，主要是从事草袋编织。这里包括到外地购买原材料进行生产加工，以及外出销售等的一条龙操作。这其中的主要工作，都由她一人承担。在别的人家，许多重活是男人干的，女人只是从旁协助，进行一些辅助性劳动。而在我的家里，通常由男人干的活，也只得由她顶着。其吃苦耐劳的精神，令生产队里的一些男人也自愧不如。

英不识字（到芜湖以后，我教她识得一些字，除不能看书报以外，应付日常生活，如签个名、识得男女卫生间、认个街道门牌号码等，大体可以），但其心算能力和数字记忆能力过人。在我家几代人中，现在不乏大学生、研究生，也不乏高级职称之人，但在这一方面，没有人不为之惊叹，并对她老人家佩服有加，甘拜下风的。

我和英生有两子。从怀孕到孩子出生，我都不在她的身边。在落实知识分子政策，全家迁来芜湖以前，大儿子在老家读到初二，小儿子读到小五。如上所言，英不识字，孩子在学习上只能靠自己，她很难提供帮助，但孩子的身体成长和良好习惯养成，她功不可没。

附带说一句：家庭是孩子成长的摇篮。最初的行为约束来自身边最近的人，特别是母亲。这种教育和影响体现在家长的每一件小事、每一个举动，甚至每一个眼色上。孩子正是从家长一举一动的示范上，获得生活的体验和行为规范的最初观念。一般来说，母亲描绘了孩子的人生底色，父亲支起了孩子的人生高度。

男孩子调皮，小时难免惹是生非，时不时会与同学或邻家孩子闹出纠纷。这时她要出面解决。按老家的传统，大体上是把自己的孩子责怪一通，代自己的孩子向对方赔个不是，以求息事宁人。孩子难免生病，或遭遇不测，临到这种时候，她会感到痛苦、焦急、无助。这样的事发生过三次。一是，大儿子手臂被开水烫伤；二是，小儿子脚踝被毒蛇咬伤；三是，小儿子与邻家孩子玩耍，不慎把腿摔伤。那时，大队的赤脚医生解决不了这样的问题。英不得已，要背着孩子，大汗淋漓，一路小跑，从生产队奔到大队，再奔去公社卫生院。小儿子被毒蛇咬伤，手臂红肿，为防扩散，得抓紧时间医治。有邻人告知，有一民间高手，能治蛇伤。英背着孩子，东问西访，费尽周折，寻得此人，孩子得救。英一颗悬着的心，才算放下。

英吃了那么多苦，受了那么多累，除了凭自己的德行和能力支撑外，还有一个重要原因，即她自知，她与别的农村妇女不同，她的男人是有出息之人，因而在她心中怀有希望和梦想。后来用她自己的话说，那时浑身有使不完的劲。

然而她的梦想能否持续，她的希望能否实现，她的男人能否与她厮守终生，会不会中途变心，抛她而去？对此，在我的亲戚中有不少人心存疑虑，有不少好姐妹也替她捏一把汗。另外，生产队里也有个别好事者断言，她如此辛劳，到头来只会竹篮打水一场空。

人们的疑虑、担忧和议论，不能说毫无道理。不要说戏文里的陈世美，就是现实中此类事也并不少见。有些男人觉得，随着自己一步步高升，一级级走向辉煌，原在农村的结发妻子也就一次次掉价，越发老土，成糟糠了，与自己不相配了，烦了、厌了，于是另寻新欢。这种情况在解放时进城的干部中，在当今的社会上，我自己听到和见到的就有不少。往远处说，近百年来，不少名人追求现代，热衷个性解放、人身自由，对自己的原配夫人都是先娶后休的。这类事从书上看到不少，作者大都予以赞美之词。对此，我曾怀疑，寻得新欢的男人理直气壮，而被休女人则活该倒霉、向隅而泣，这种一个人的幸福建立在另一个人的痛苦之上，一群男人的幸福建立在另一群女人痛苦之上的现象，真的值得去如此赞美和追求吗？据我的所见所闻，追求这种所谓自由幸福的男人，真正获得自由幸福的少之又少。

话说回来，面对上述种种是好意还是恶意的担忧、议论，英一概不加理会，也不申辩。她的心是定的。我记得有一本书里曾写道，在男女情感问题上，女人是特别敏感的。男人一个眼神的飘忽，一个手势的变化，都会让女人对男人的心境有所触摸。我相信这一点。英凭着她作为女人的直觉，断定她的男人，做事向来沉稳，对她的感情是专一的，像大山一样，是靠得住的。

英是了解我、深知我的。不论学问上有什么长进，职称上如何一步步晋升，我始终牢记，自己是农民的儿子，我的根在农村。学问上的长进、职称上的晋升，都是以英的巨大付出为前提的。不然，我何以安心，又何以能做出学问。

我自认为，我的性格在总体上是坚强的，但除了这主要的一面以外，也还有柔软的一面。比如，我见不得弱者受辱，看不得老人流泪，睹不得男人打女人。我认为，这可能受我父亲的影响，也与我受到的教育有关。

我小时候，从没见父亲动过母亲一个小指头，没有见他们吵过嘴、红过脸。有困难父亲总是自己扛着，劝母亲别担心，"船到桥头自然直"，总会好起来的。他总是那样爱着母亲，疼着母亲。

另外，通过学习，我也知道，马克思曾认为，妇女解放是人类解放的标志；毛泽东也曾有言，妇女能顶半边天。因而尊重妇女、保护妇女，肯定妇女的作用，是对一个现代优雅男人的品格要求，也是马克思主义的一个重要主张。

马克思还曾认为，从男人对妇女的态度，"就可以判断人的整个文化教养程度"①。马克思说得是很对的。男女的情感是人的感情世界里最幽微、隐秘的部分。在这里要实现从庸俗到优雅的提升，确实需要在灵魂深处来一场革命。许多自称为革命者的人，只是革旧社会的命，而没有在灵魂深处进行自我革命，结果在这个方面败下阵来。

由于有这样的家庭影响和学习教育，在男女问题上我不敢有一点任性。不然，哪会有如今的家庭和谐、儿孙敬重、四世同堂的欢乐生活呢！

我作为老师，在课堂教学中进行师生对话时，有学生问我，你是大学教授，听说师母原先不识字，是个文盲，这不影响你们之间的交流和感情吗？我说，不会。夫妻在一起过日子，又不是开学术研讨会。这感情就在柴米油盐里，就在关心体贴中。夫妻感情的真谛不在于文化水平的相当，而在于心灵相通、知冷知热。作为中国共产党创始人之一的李大钊先生，从日本留学归来，在我的母校北大当了教授，那可是一位大知识分子，五四时期的风云人物。而他的老伴、结发妻子赵纫兰女士是一个不识字的普通家庭妇女。然而这并没有妨碍他们成为同理想、共患难的恩爱夫妻。反之，不要说文化水平相当，就是大学同班同学恋爱结婚，又有谁能保证他们能相守终身？

有学生问，在你几十年的教学生涯中，你难道就没有碰到过你喜欢的，或主动向你示爱的好女子吗？我说，这个问题提得很尖锐，甚至有点挖隐私的意味（学生大笑）。我接着说，怎么可能没有呢，原来陶老师在你们有些学生的心目中，就是这样的不堪吗？（有学生喊，陶老师帅）我说，我碰到过这样的好女子。再说，天下又有哪位男士不喜欢优雅俊美的女士呢！

我记得有一次，在教学楼四楼上课，课间休息，有一男生把我让到一旁，问我，说他下课以后，不知怎的，总喜欢往楼下看漂亮的女生，自己是不是思想意识有问题。我说，欣赏美，欣赏美女，这是人之常情，我也并不例外。不喜欢，不欣赏，那才不正常呢！该男生听

---

① 《马克思恩格斯文集》第1卷，184页，北京：人民出版社，2009年。

我这么一说，即刻释然，快乐而去。

但男女喜欢是一回事，男女情爱是另一回事，这其中是有界限的。作为有家室之人，如果去追求这种没有前途的所谓的爱，这对双方，特别是女方，是一种伤害，甚至是一种犯罪。你喜欢人家，就要珍惜这份美好的感情。珍惜的办法，就是埋藏心底，不外示。有女士因不完全了解你，向你示爱，在某种意义上说，这是人家的一种权利。但你唯一可做的，就是要控制情感，而不能让情感控制。理性的宁静与情感的暖意应该统一，这才是人生的最高境界。对于此类事情，应该不形声色，内敛情感，冷却处理，勿使误判。

四、共同缔造心安之家

1980年，按有关政策，母亲、英和孩子的户口从老家农村迁来芜湖，从此全家团圆，开始过上了城里人的生活。为了适应新的生活环境，我着手教英识一些常用字，这在前文已经说过了。学校安排英先是从事打扫卫生的工作，后又调至学校食堂工作。在这个过程中，英从临时工变成了合同制工人，进而又从合同制工人变成了正式工。后来又通过考试，获得了中级厨师职称。

城里学校的教学质量大大高于我老家的农村学校，加之有我的从旁指导、督促，两个儿子的学习成绩都有很大长进。他们分别于一年后考入了芜湖市重点初中、高中。后又经各自努力，先后获得了大学文凭，并且都有了较为稳定的工作和安定的家庭生活。对自己孩子的教育，我的体会是，不逼不纵，少提原则要求，多些具体指导。在尽力提供必要条件的前提下，鼓励孩子自立自强。在这一方面，家长也要为孩子树立不断进取的榜样。

英在我教学的大学工作，能按时上下班，相对于在农村老家，他的工余时间大为增加，怎么办呢？总不能闲着，于是她开始了新的学习。

学习烹调。她经我母亲指导和自己摸索，学会了烧作一桌好菜。我的研究生不时光顾，这给她提供了露一手的机会。获学生夸奖，成了她的荣耀。许多年后，一些毕业后的研究生来家中拜望还每每谈起，说师母烧做饭菜的味道，给他们的学生时代留下了美好记忆。我的朋友，也不时来家，品尝她的手艺。我如有什么好事，她也会动手烧几个好菜，以示犒劳。坊间有句俚语，女人要抓住男人的心，首先要抓住男人的胃。看来此言不虚。

学会缝纫。应英要求，我给她买了一台缝纫机。从此，家中从大人到小孩的一些衣服的缝补，一些小件衣服的制作，对她来说，都不再是难事。她怕年老了，眼力不济，或有一天先我而去，于是预先给我缝制了多件裤衩，以备不时之用。在她看来，自家缝制的这种衣服，比买来的穿得舒服。

学会编织。令我感到意外的是，她在农村拿惯了锄头的手，竟然能灵巧地穿针引线。母亲的毛帽、毛袜，一家大小的毛衣、毛裤，都是她的作品。她的编织不仅讲究大小合身，而且还力求织出花样，编出品相，以至拥有了某种艺术的内涵。

学会腌制一些小菜。比如腌生姜、大蒜、香菜等。她还学会了自制葡萄酒。这酒是绿色的，且味道好。于是这成了饭桌上家人的一种喜好，研究生来家吃饭，也少不了以它助兴。

英在家里掌握经济大权，是家里的"财政部部长"。不过，这个"财政部部长"不好当。因为在开初，这个家太穷了。最穷的时候，全家月收入只有80多元（我60多元，英20元），而全家老小有五口人的开销。英只好用工余时间，开出一个菜园，主要由母亲料理，种些蔬菜，以之补救。然而不管是穷日子还是好日子（后来日子逐渐好转），英都能把一家老小的生活，安排得井然有序。

一家人生活在一起，英自然会参与我的一些事。

我这一辈子和农民，特别是那些经历过艰难生活的农民打交道比较多。这些农民给我的总印象是处事比较本分。因为他们懂得生活的艰辛，所以他们从不取不义之财，得到别人的恩惠，也会懂得感恩。然而这只是问题的一面，另一面则是，往往不愿施恩于人，或者说，比较小气。说实话，我在英身上看不到这种心理。这是我为之高兴的。

我的研究生绝大多数来自贫困家庭。有研究生来家谈事，英和我母亲总是热情招待。到饭点时，便留学生用餐。有时还主动邀请学生来家改善一下生活。一次我姐从江苏老家来我这里小住。看到英和母亲如此款待学生，感叹道："你们对学生如此客气，怪不得学生说你们好!"

有学生或因交学费，或因生病，或因外出求职，钱一时拿不出，我得知总会解囊相助。每逢这个时候，英从不说一个"不"字，而且认为，这是我当老师的本分，义不容辞。一次，我指导的毕业班一研究生外出求职，打电话向我借3000元钱，我随即答应，到家里来吧！谁知，这可急坏了英。她东拼西凑，把家里的生活费都搭上，才最终把钱凑足。随后英削好苹果，等待学生的到来。学生来家见状，感动不已。

国家遭遇大的灾难，动员人们主动捐款。每逢这种时候，英总是积极支持，并认为，党员要起带头作用，不然，要你们这些党员有什么用?

没有退休以前，我在工作中会碰到一些烦心事。她怕我往心里去，因而总会说，有什么大不了的，活得好好的，这比什么都强。

母亲在世的时候，常邀孩子们回家团聚。那时大体是每周一次，一般定在星期六中午。在这方面，母亲是家里的指挥官，英是战斗员。每次聚餐从买到洗到烧，都由英一人承包。这够累的，但英从无怨言。她常说，图个老祖宗高兴，图个一家人高兴。渐渐地，我们也上了年纪，在儿子们的建议下，进行了改革，改为两个礼拜一次，后来又改为一个月一次，再后来改为重大节假日来家聚会。

俗话说，父母在，家在。家安，心安。儿孙回来聚会，这叫回家。父母不在了，儿孙再聚会，这叫走亲戚。

如上所说，我们在芜湖的这个家，是从老家江苏海安迁来的，是从一个农民之家变成了学人之家。为了这个家，作为一家之主的我，贡献了一生的努力，英也为这个家操劳了一辈子。她的特点可以用"明事理，很能干"来概括。不远的将来，总有一天，我们会离开这个世界。"百年修得同船渡"，感谢我的老伴！我的英！我们共同缔造了一个心安之家。

健康地为祖国工作50年

　　"争取健康地为祖国工作50年"，这是56年前我在北京大学读书时听说过的一句话。据说，此话源于当时担任清华大学校长的蒋南翔先生。是否真的如此，当时没有考证。最近从网上查找资料，才获得证实，此话确系蒋先生所言。今天想以这句话为题目，来说说自己坚持体育锻炼的经历与体会。

　　健康，从现在的观点看，是一个大概念。它包括生理健康、心理健康、道德（人际和谐）健康等三个方面，即健康是以强健的形体为基础的正常的生理活动和健康的心理活动，以及和谐的人际交往活动的有机结合。我原先理解的健康比较狭窄，仅指强健的形体，即既没有疾病，也不虚弱，身体棒棒的。对学生来说，也就是作为"三好学生"之一好的"身体好"。这样理解健康，虽然比较狭窄，但抓住了健康的基本前提。

　　至于如何实现身体好，这也涉及多个方面。可能当时的物质生活条件和医疗卫生条件都还比较差，于是对我来说切实可行的做法，就是加强体育锻炼。因而在很长时间内，在我的心目中，促进身体健康也就等同于加强体育锻炼。

　　另外，仅就体育锻炼而言，我也经历了一个从不自觉到自觉，再到积极自觉的过程。下面先从不自觉的阶段谈起。

一、不自觉地进行体育锻炼

　　这个阶段，主要指入学以前。这里所谓的不自觉，是指在无意中进行的体育锻炼，包含两个方面。

　　一是在从事体力劳动中所进行的无意识身体锻炼。我出生于农家，从小时起，就得帮父母做一些力所能及的事。先是家务劳动，比如扫地、擦桌、刷锅、洗碗、打猪草之类。后是田间劳动，比如捡麦穗或稻穗、放泥肥、踩水车之类。同时还有小件物品的外出采买活动。比如，不时到两里路外的乡供销社，去购买油盐之类。在这类活动中，我不知不觉地进行了身体的锻炼。

二是在体育活动中所进行的无意识身体锻炼。比如游泳，水乡的孩子，特别是男孩子，没有不会游泳的。但游泳一开始在我的思想中并不是一项体育运动，而是被视为男人必须具备的一种本领。在我的家乡，如果男孩子害怕下水，不会游泳，是会被小伙伴们称之为"旱鸭子"，而加以耻笑的。我是三岁学会游泳的，是父亲教的。他的水性好。

所谓水性好，一是指会潜泳，即整个身子潜入水下游泳。谁潜泳的时间长，谁的水性就好。小时候我在家乡还听说过这样一个故事。那是在解放战争中，我党的一个干部，就是靠这种潜泳术，躲过了敌人追捕，而逃过一劫的。二是会踩水，即用一只手臂把衣服和鞋等的随身物件高举过肩，用另一只手臂发挥平衡作用，人立在水中，靠两条腿在水里上下踩动，从而使身体向前移到对岸。我的家乡河流纵横，从一处到另一处，如果是从桥上过河，就要绕很远的路。为了图方便，在天气暖和的时候，一些水性好的人，就是靠踩水而到达对岸的。诚然，身体赤条条的，被人（特别是女人）看见不雅，于是，往往选择没有人的地段下水。

父亲教我学游泳，大体有两个步骤：一是他用一只手臂把我夹住，用另一只手臂划水，到离岸边两三米处把我松开。二是教我不要怕，把头埋在水里，用双手自己划。就这样，我扑腾几下，会游了。经过多次练习，我的水性越来越好，也学会了潜泳、踩水。由于有这样的经历，所以后来在《水浒传》中读到关于阮氏三兄弟，以及"浪里白条"（张顺）等诸位好汉水上功夫的精彩描述，也就颇能心领神会，不由自主笑出声来。

这里说一段题外话。到北大以后，北大游泳队要从新生中扩招，我们班有好几位同学报了名。我思忖：我来自南方水乡，水性又好，学会游泳已有十几个年头，算是老资格了，于是就信心满满地报了名。谁知，到颐和园昆明湖中一测试，我虽然用尽全力，但还是远远地落在了后面。那时我孤陋寡闻，压根儿不知道游泳还有仰泳、蝶泳、蛙泳、自由泳等不同样式，而且也不知道，原来并不被我看好的一些大城市来的同学，是经过专业训练，颇有游泳技能的角儿。我的游姿不上道，我自嘲是狗刨式的，游技也不行，自然只能落选。后来我进一步体会到，只是游泳的爆发力不如人，但忍耐力还是可以的。1971年夏天，为了纪念毛泽东主席畅游长江15周年（1956年夏，毛泽东主席在武汉畅游长江，并写有《水调歌头·游泳》），芜湖市招募人员游长江，我通过了测试，从而全程参加了芜湖市组织的畅游长江活动。

再比如，钓鱼，多年以后，我才知道这也是一项体育活动。从事此项活动，极有利于身心健康。它是一种忘我的沉浸、快乐的享受。在我的家乡也有"吃鱼没有取鱼乐"的民谚。我很小就喜欢看别人钓鱼，到六七岁时，也学会了做鱼钩、学会了钓鱼。每次或多或少都能有所斩获，几乎没有空手的。我从事这项活动，兴致比较高，一是感到好玩。庄上孩子，吆三喝四，三五成群，一起垂钓，既比耐心，也比收获。二是，主要的，是有所收获，从而能赢得母亲的几句赞许，并改善一下家中的生活。那时的农村穷，一连几个月，甚至大半年都不见一点荤腥的。因而在这种条件下，钓鱼或到河里捕鱼，也就成为改善生活的一个方便途径。这一习惯动作在我家，从我父亲到我，一直延续了好多年。在我全家搬到芜湖以前，每年放暑假回老家，每天下午四点多钟，我都会带上我的儿子，有时还带上庄上其他一些人家的孩子到河里游泳和捕鱼。每次都能捕到一两斤。幸好，我老家水多，鱼类资源比较丰富。

随着生活条件的改善，现在在一些人那里，钓鱼变成了一种纯粹的娱乐活动，即钓鱼只是为了享受其快乐过程。人们在钓到鱼以后，在鱼还没有离开水的情况下，便解开鱼钩放生。至多是在伙伴相配合的情况下，迅速举起鱼，喊声"茄子"，拍张照，然后把鱼放回水里去。人世间许多事，都是以条件为转移的。此一时，彼一时也。

自觉进行体育锻炼是上学以后的事。

二、自觉地进行体育锻炼

这一阶段，大体指我的小学、中学阶段。这里的自觉是指按学校的规定，即课程安排和考试要求，有意识地进行体育锻炼。这里先从上初小谈起。

我就读的初级小学是平等乡练桥小学，该校占地一亩左右。前面有一个小水塘，教室向南，从东西走向看，呈"【"型。学校从一年级到四年级共四个班，没有操场，也没有体育老师。在我的印象中，似乎也没有上过体育课。这里有一个客观原因，即教室前面的空地太小，施展不开。如果一个班级上体育课，那么势必会影响其他班级正常上课。虽然没有体育课，但体育活动还是有的，大体是一拍、二跳、三踢。所谓一拍，即拍皮球；二跳，是指跳绳；三踢，就是踢毽子。学校没有提供任何体育器材，似乎也没什么体育器材可以提供。以上三项活动所用器物，都是学生自备或自制的。回望现在，不要说小学、幼儿园，就是居民小区，也有不少健身设施。真是翻天覆地的变化啊！

后来我到平等小学念高小，这里的体育条件稍好一些，但也没有专职体育老师。体育老师由其他老师兼任。学校有一块不大的土操场，有一个篮球架，有一个沙坑，可以跳高、跳远。这里应特别说一下做课间操。

学校的课间操，也就是1951年11月24日公布的新中国第一套广播体操，即边听音乐边做操。那时，乡里通了电，可村里还没有通上电。没有电，也就无法按广播的音乐做操，于是只能由作为领操员的老师领着大家做操。从周一到周六（当时每个星期休息一天），每天上午第二节课一下课，我作为班长就领着全班同学到操场的固定位置站队，接下来是和着领操员的口令和动作"一二三四五六七八，二二三四五六七八……"，开展体操运动。当时作为全校唯一的一项大型集体活动，上至学校领导、老师，下至广大同学，全都踊跃参加。这项活动成为大家喜爱的一项体育运动。全校300多人，小操场被挤得满满的，大家一起做动作，这场面在我这个当时还没有见过世面的小学生眼中，还真是有些壮观、震撼。由于学校坐落在通往县城的大道边，因而学校（没有围墙）做操这件事也就成了乡村平原上一道亮丽的风景，引得不少行人驻足观赏。只可惜，因当时条件限制，既没有音乐伴奏，又没有统一着装，不然，更是一番美妙光景。

我于1958年秋入海安县中学读书。这里的体育条件相对我原来就读的小学，好了不知多少倍。这里有篮球场、排球场、单杠、双杠、高低杠、爬绳、400米的跑道等。单篮球场的篮球架就有3对，还有专职的体育老师上课。我在海中读初中、高中共6年，有两件事至今令我印象深刻。

其一，1958年10月，学校举办运动会。这是我平生第一次参加的，也是在就读该校期间学校举办的唯一一次运动会。在这次活动中，我主要做了两件事。

一是，作为班级干部协助班主任做了一些组织工作。主要包括组织同学积极报名参赛，另外在运动会召开时，帮那些没有运动服、运动鞋（那时称球衣、球鞋）的参赛同学，从没有参赛的同学那里借到运动服、运动鞋。当时，包括我在内的从乡下来的同学，穿的都是家制的圆口布鞋。这种布鞋慢走还可以，但穿它跑步，就会不跟脚，容易掉。何况，我们那时家里穷，是光脚穿鞋，不穿袜子，脚与鞋之间的摩擦系数小，因而更容易掉。那次运动会上，在200米跑的比赛中，就有一位别的班的参赛同学因穿的是布鞋，而中途跑掉一只鞋子。

二是，我报名参加了400米的跑步比赛。之所以报名，不是指望获得好名次，也不是如现代人那般的潇洒，即所谓的"重在参与"，而是应班主任老师的要求，在班上发挥一点带头作用。可在参赛前，我遇到了一点小麻烦，即我在帮别的参赛同学找到了适配的运动衣、运动鞋的同时，可我能穿的运动鞋，因码数大，一直没有找到。怎么办呢？我急中生智，找到一位家在海安镇的我班同学，让他从家里给我找来一些旧布条。我用旧布条搓成小绳子，然后用小绳子把布鞋绑在脚上去参赛，这样总算渡过了难关。

另外，运动会上还有一件事给我留下深刻印象，即在运动场边的墙上贴了几条标语。其中有一条写的是"发展体育运动，增强人民体质"。日后我才知道，这是毛泽东主席于1952年向全国人民发出的号召。

其二，从1959年到1961年，是新中国成立以来所经历的最为困难的时期，俗称"三年困难时期"。最大的困难是缺粮，全中国都在挨饿。在我所在的海安县，中学生的粮食供应标准，从原先的每月32斤，一路下降到24斤。现在想来，在当时那种情况下，能保证这个标准，已经够不容易的了。现在老了，吃得少，加之每天吸收的副食品营养丰富，一个月24斤粮食足够了。可那时，正处于长身体阶段，又加上肚子里没有什么油水，因而饿得慌，看书时间一长，就头疼。为了节省体力，维持基本的教学活动，按上级有关指令，学校领导把体育课、课间操和其他体育活动都停止了。直到1963年经济情况开始有所好转，1964年进一步好转。然而在这期间，因为我们64届学生要迎接1964年高考，学校对我们毕业班学生的学业抓得越来越紧，因而体育活动时间也就大多被挤占了。

三、积极自觉地进行体育锻炼

这个阶段从上大学开始，一直延续到现在。这里所谓的积极自觉，是指身体的锻炼不是源于外在的约束，比如，为了应付考试，而是源于内在的喜爱，以至成为生活的日常。

上大学以后，由于享受国家助学金，生活不仅有了保障，而且获得了前所未有的改善。另外，相对于中学，大学的课程安排也较为宽松，因而学生自由支配的时间增多。对个人来说，精力和时间是开展体育健身活动的两个基本前提。在这个意义上说，体育健身是衣食无忧者的活动。现在公园里有那么多老人在活动健身，这从一个侧面说明这些老人衣食无忧、生活幸福。这不由得使我为我们所生活的这个美好时代点赞。由此我联想到，随着全国人民生活水平的进一步提高，全民健身运动的进一步开展是指日可待的。

有了时间和精力，还得有动力，才能主动积极地参加体育健身活动。对我来说，"争取健康地为祖国工作50年"就成为我奋斗的目标，成为我前进的动力。

一天清晨，当我从所住的北大三十八斋下楼前去参加晨练时，在楼梯口正好碰上了前几天在一起晨练的历史系的一位同学（历史系男同学与我们哲学系男同学同住一栋宿舍楼）张君（我忘记他的名字了）。因为相熟，在去东操场的路上，他以老大哥的口吻对我说，要坚持锻炼，争取健康地为祖国工作50年。我听到这句话，感到其表达的境界甚为高远，也就是说，使作为个人健身活动的体育锻炼获得了更高层次的观照，以至平添了崇高感、神圣感，不免心情振奋。我说，"你说得太好了，我会坚持锻炼的"。他告知，这话不是他说的，而是清华大学校长蒋南翔的一句名言。这是我第一次听说蒋南翔这个名字，也是第一次听说他有此名言。从此，这句话在我心头被铭记了50多年。也因这句名言，我把蒋南翔这个名字在心头记了50多年。顺便说一句，我不仅把这句话牢记心头，而且化作了行动。另外，我曾担任芜湖师专校长，在新生开学典礼上，我也曾给学生讲自己的这一段经历，并号召学生积极加强体育锻炼，争取健康地为祖国工作50年。

来北大以后，我发现北大学生的体育活动开展得非常丰富多彩。受到这一环境的感染，我除了每天早上进行以跑步为主要内容的晨练以外，还在体育课上初步学会了滑冰。作为南方人，一开始很觉新鲜，在老师的指导下穿冰鞋，履上冰，因没有经验，掌握不了要领，摔了不少跤，后来也就慢慢学会滑了。另外，我还经常利用课外活动时间到排球场打排球，并渐渐地喜欢上了这项运动。与参加其他球类运动相比，打排球对我来说，似乎成了一项比较得心应手的运动。现在老了，多年不玩排球了，但观看电视里的排球比赛节目，仍然是我多年不变的一种喜好。

大学毕业以后，到部队农场锻炼一年，经过再分配到芜湖师专工作，回到了我比较熟悉的大学校园，各项体育活动，包括跑步和球类运动等重新开展了起来。芜湖师专的教工篮球队，因有一位姓谢的老师挂帅，所以这项体育活动开展得有声有色。学校一位喜爱排球运动的领导，有一次跟我谈话，要我挑头把校教工排球队组建起来。应领导要求，我很快加以落实。接着训练、比赛活动也渐渐开展起来。除了跟校内一些系的学生排球队进行比赛以外，有时还跟芜湖市的一些企业、学校的排球队进行比赛。或者被邀出去，或者邀请进来，一学期这样的比赛总有几场。当时的社会，包括芜湖师专这样的大学，文化娱乐活动都极为缺乏，因此观看篮球或排球比赛似乎成了大学生和教职员工的娱乐方式。现在回顾这一段历史，还是令我欣慰的。

随着年龄渐长，一些比较激烈的、活动量大的体育项目逐渐参加得少了，我参加的最后一场体育赛事是1989年芜湖师专校工会组织的教工羽毛球赛。这次活动我获得了中老年组第2名，那年我45岁。打完比赛以后，感到很累，过了几天才缓过劲来。这使我第一次深切体会到，年龄不饶人的道理。

我虽然不再从事剧烈的运动了，但有两项活动至今一直坚持着。一是每天一个小时的户外走步运动；二是从年头到年终的冷水洗浴运动。我于2010年退休，连头带尾算起来有11年了，但感到身体尚好，还能进行一些学术研究活动，也就是说，多少还能为国家做一点事。这叫发挥余热吧。

四、几点体会

回顾这几十年走过的健身之路，我有几点体会。

其一，对一个人来说，身体健康是第一位的。生命之美在于健康长寿。健康是人生幸福的基础，也是为国服务的前提。因此，"争取健康地为祖国工作50年"应该成为人生的理想、奋斗的目标。诚然，在祖国和人民需要的关键之时、艰难之地，作为祖国和人民的儿女应该站出来，发扬一不怕苦、二不怕死的精神，但不到万不得已，决不可轻言牺牲生命，更不能做无谓的牺牲。

其二，体育锻炼是保障身体健康的一个必要途径。这里得从生理和心理，以及促进人际和谐等多个方面的健康去理解。从生理维度说，体育锻炼对促进血液循环、发达肌肉、强健骨骼，从而对提高免疫力和健康指数有极大好处。从心理维度来说，体育锻炼是缓解压力，放松心情的一剂良药；对振奋精神、磨炼意志品质，也是一种助力。另外，参加集体性的体育活动，对增添人际感情、和谐人际关系，以及培养协作能力，都是很有意义的。

其三，要选择适合自己的运动项目，并且对运动强度要适当加以把握，不能以竞技体育的更高、更快、更强为目标，也不能以自己曾经达到的顶峰状况为追求。老了就是老了，别想再回到过去，不要为此而纠结，要勇敢地接受现在的状态。尽管顶峰状态的感觉令人回味，但最终会走下坡路。因而不管年老年幼，体育锻炼都应以自我舒适为准绳。

其四，贵在坚持。当人日渐趋老之时，往往懒得动弹。其实，越懒越怕动，越怕动也就越懒，这就造成了一种不良循环。因而要尽量注意打破这种循环，要使体育锻炼成为人生的喜爱、生活的日常。

回乡琐记

一、清明回乡给母亲上坟

2021年4月4日，是中华民族为故去亲人祭奠的传统节日：清明节。节前，即4月2日，风和日丽，阳气升腾。我和老伴一起，坐内弟儿子从上海开来接我们的车，从芜湖启程，回海安老家，去祭祀埋在那里的我们的亲人，特别是2018年离世的，距今已经三年的我的母亲。按乡间习俗，给入葬三年的亲人上坟，是要隆重一些的。我作为母亲唯一的儿子，回乡主持此项活动，也就成为不容分说的事。为此，在老家生活的我的姐姐和我的内弟已经为我们做好了一些必要的物质上的准备，只等我们回去。

另外，我们全家于1980年离开老家迁来芜湖，一转眼已有41年。其间虽然回去过几次，但都因时间短促，而行色匆匆。眼看着我和老伴的年岁早已逾七望八。俗话说，年龄不饶人，难免会有行动不便的一天。于是，不难想象，以后回乡的机会已经无多。古语云：六十不远游，七十不留宿，八十不留饭。其所内含的区别对待的精神仍然很有意义。但鉴于我国现在人均预期寿命已有极大提升，因而仍沿用此说，似乎已不合时宜，故而本着上述所言的精神，将其改为：八十不远游，九十不留宿，百岁不留饭。如此看来，我和老伴都已接近了"不远游"的年龄阶段。因此，我们珍惜这次回家探亲访友、拜望乡邻的机会。

我在故乡生活了18年，出生在那里，生长在那里，从小学到中学，后来外出求学、就业。我老伴在家乡生活劳动了36年。年轻时，趋新，憧憬外面世界的精彩；年老时，念旧，品味着重返故乡的欣喜。

如前所说，我们全家在芜湖已经生活了多年，现已四世同堂。对儿辈孙辈来说，他们早已把"他乡作故乡"了。然而作为芜湖第一代"移民"的我和老伴，对故乡则怀有深深的眷恋。因为那里有我们曾经生活的乡土，有曾与我们生命历程交汇重叠的乡亲，有曾患难与共的埋藏心底的乡情。不妨说，乡情即故乡。

快回家了，我这个在外闯荡多年，已步入人生深秋之际的游子，不知怎的，忍不住有些激动。一向睡眠不错的我，竟有些失眠了。我想，这可能是情感上的"叶落归根"的呼唤所致。

二、三年前送母亲骨灰归葬故里

母亲走了三年啦！但在我和老伴的心目中，似乎她并没有走，或没有走远。于是，心中念念，日有所思，夜有所梦。母亲不时入梦，呵护左右，操持劳作，举手投足，恍如昨日。

在母亲遗体火化三个月后，我和老伴遵其所嘱，把骨灰送回老家，放入在她生前早已备好的棺材中（据说，这一做法在家乡乡村文明建设中已被禁止），与早年逝世的父亲埋葬在一起。

老人入土为安，这是一件大事，在农村也是颇为复杂的烦心事。这里的"复杂"有以下两个方面。

其一，雇人难。入土为安，实施过程，包括取土、挖穴、入殓（此处特指把骨灰放置棺中）、抬棺、埋棺等一系列步骤。这是一个重体力活，按传统习俗，是不能由家人承担的，因而只得雇人帮忙。而问题在于，在现在的乡村，要雇到人很难。倒不是因为佣金高，而是因为再高的佣金，也雇不到适合的人。原因在于家乡的乡镇企业发达，青壮年都忙于上班，早出晚归是他们生活的常态。大白天，在乡村路上遇到的大都是老年人，特别是老年妇女。

其实，不独农村如此，我生活的城市芜湖，大白天，在公园等许多公共场所，扎堆玩耍的也大都是老年人。我年轻时，从没有见过社会上有这么多老年人。因为那时的生活、医疗条件都比较差，许多人不到老年就已经走了。现在中国已经进入老龄化社会。这种情况，在城乡大体一样。

　　所幸，在孩子舅舅和老家原生产队老队长的帮助下，通过熟人关系，总算请来了几位尚有体力的老年农民帮忙。见了面，我才知道，他们是我儿时的玩伴，有的还是小学、中学的同学。见面以后，他们口口声声喊我"陶老师"。听他们如此称呼，我虽没有《故乡》中所描述的，鲁迅听闰土叫他"老爷"那么惊诧，但也颇不自在。我说，不要叫"陶老师"了，听起来生分，还是叫"老陶"为好。后来他们也就改了口。他们声称，听说我送老太太回家，是特地来帮忙的。听他们如此说，我很感动。

　　我父亲的墓地在村中一片桑园中。七月骄阳似火。树冠高出头顶数尺，枝繁叶茂，通风不畅。我心里捏着一把汗，为这些干活的老人担心，怕有什么闪失。据我姐说，他们村里曾发生过这样一件事。一位老年农民被邀请去抬棺，在途中不幸猝死，最后两家人闹上法庭，还让主家赔了不少钱。为防不测，我主动增加了人手，因操作空间狭小，这样可以轮换着休息，以防太累，并让邻家大嫂送去西瓜、茶水，以防中暑。结果总算平安无事，一切顺利。

　　其二，程序烦。这是指出殡的程序烦。在城市，人死了，火化，然后把骨灰撒入江湖，或埋放树下，或葬于墓园，也就了结了。而在农村，受传统习惯影响和人情面子支配，处理起此等事来，要繁杂很多。

　　从大环境来说，国家提倡的殡葬改革，在农村还不够广泛深入。几千年来的传统，代代相因，根深蒂固，老一辈人就是在这种传统的浸染中长大的。不然，就会被扣上"不孝"的帽子。我想，等这一代老人离世，一些旧传统、旧习惯也就跟着带走了。这一点，许多老人自己也很清楚，都说尽自己一辈子，至于儿孙们如何做，他们也就管不着了。一般来说，时代的变革促进社会陋习的变革，但社会陋习的变革要迟于时代的变革。这是因为在新时代生活的老一辈人的离场和新一辈人的上场都需要时间。社会陋习的变革是以新老辈的交替为标志的。

　　另外，以家族、村落、地方相联系的面子文化在我家乡的农村还颇有影响。所谓面子，可以理解为在一个相对封闭的地方网络中，人们彼此交往并由此产生的"别人怎么看我的问题"。在这个熟人社会中，为了得到别人的认可，即所谓"给面子"，就得按照当地的风土人情行事，即人家怎么做，你也得怎么做，不能出格或擅行。对我这个在外地生活的人来说，可以不考虑面子问题，但在老家农村生活的姐姐特别是我母亲的娘家人，他们得考虑自己的面子问题。从主观上说，也就是想把事情办得所谓风光一些。经过协商，母亲娘家人还算通情达理，没有提出在我看来过高的要求。我所提出的程序简化的意见也没有获得他们认可，于是谈成了大家都可接受的方案。

事情结束以后，为了感激乡邻和好友对我家的关心、关照，我安排了几桌酒席邀请他们光临。其中有几位还带来了礼金，被我和老伴一一婉拒。

三、难行路变畅通路

相对于三年前的那次回乡，这次回去要简单轻松得多。但又出现了一个新的问题，即如何回去的问题。2020年暴发的新冠疫情，到2021年还在国内不少地方扩散。为了防止坐火车遭到感染，二儿子、儿媳打算开车送我们回去。但很不凑巧，临行前的一天，他们单位有事，因而不能成行。一筹莫展之际，在上海工作的我内弟的儿子得知这一情况，打来电话，说由他开车到芜湖来接我们返乡。

内弟的儿子与我们关系亲密。在上小学时，他曾在我这里就读过几年，小学毕业后考上中学，因户口关系，才转回老家继续求学。

早上7点，我们一行从芜湖出发，沿高速公路一路前行。经马鞍山到南京，绕城而去，走南京四桥，过长江，下扬州，奔泰州，于10点20分抵达海安。一路行程，窗外光影移动，赏心悦目、美不胜收，如看电影一般。这种旅行享受，使我心生感慨。

从芜湖到海安，从海安到芜湖，这条路到现在为止，我已走过了整整50年。1980年全家搬迁到芜湖之前，每年的寒暑假来回四趟，特别是寒假放假，临近春节，人流涌动，如何归乡是令我颇伤脑筋的一件事。

从芜湖到海安，当时有两种方案可供选择。

一是走陆路，即坐火车再换乘汽车。具体线路是，起大早从芜湖师专（当时我的工作单位）步行（那时还没有公交车）到七里外的大桥火车站，坐上从铜陵开往南京的绿皮火车，在南京中华门站下。然后坐南京市内的公交车，到中央门长途汽车站下，在这里购买去海安的汽车票。那时从南京发车，以海安为终点站的汽车，只有上下午两班。上午的班次赶不上，只能坐下午的那一班。春节期间这趟车票很难买到。

有一年寒假放假回家，车到南京，天不作美，鹅毛大雪从天而降，纷纷扬扬，不多时满地皆白、茫茫一片。我到南京长途汽车站购票，被告知由南京发往各地的汽车停开。不得已，我转到南京大轮码头，想坐船回南通。我寻着港口办公楼，找到一位领导，亮出工作证，并说明来意。这位领导看我是从芜湖远道而来，又是一位大学教师，从而予以关照，于是我购得了一张三天后从南京到南通的轮船票。没有办法，作为一家之主，归心似箭的我，就这样在南京等了三天。

二是走水路，即先坐长江轮船，然后换乘汽车。具体路线，是从芜湖师专坐车到芜湖市8号码头，购买从重庆，或武汉路过南通，开往上海的轮船。然后在南通下船，坐车到海安。长江大轮分一至五等不同舱位。当时作为普通教员尚未评职称的我，只能坐四、五等舱。但从芜湖上船的旅客很少能买到四等舱的票。其原因在于：从上中游，即重庆、武汉、九江等地，前往下游的南京、镇江、上海的旅客，在那时除了乘长江大轮，别无选择。除四等舱以外，五等舱的票大体好买。五等舱有两种类型：一是有24席卧铺的隔间舱；二是发一条草席，自己找地方铺上的散舱。在散舱这种地方，人员拥挤、声音嘈杂、空气污浊，冬夜还很寒冷。从芜湖上船，到南通下船，要在船上熬上一个通宵。相对于散舱票，如能买到五等舱的卧铺票，在那时，算是顶好的了。

总之，无论从陆路还是从水路走，在春节前后，这一路走起来都很辛苦。后来好了，从芜湖到海安有了直达的火车，再回老家也就方便舒适多了。不过，那段行路难的经历至今让我刻骨铭心。我这个人很少做梦，多少年来，一做梦，基本内容不是赶船，就是赶车，而且总是赶不上，有时在梦中还为此急出一身汗来。可见，当年受到的刺激已深深烙入潜意识中了。

一路上，就这样神情飘忽，抚今追昔、思来想往，不经意间，三个多小时匆匆而过，车下高速，海安到了。我的心情兴奋起来。

四、海安的历史追忆

我对中学时代那个被平视的、以农业为主业的海安，至今仍记忆犹新。但如今，随着了解的深入，一个立体的，有着悠久文化底蕴、深厚革命传统，向着工业文明和数字化时代飞奔的现代都市海安，开始款款向我走近，渐渐映入我的眼帘。

作为回乡行程的组成部分，我由亲戚陪同，参观了海安博物馆，观看了村貌街景，走访了十多家亲戚、乡邻，拜望了有恩于我的两位中学老师和本村一位老书记的遗孀，阅读了与海安相关的材料，[①]这使我对家乡海安的历史及现状有了更多的了解。

海安地处苏中平原，东临黄海，西通泰州，南和如皋比邻，北与东台相接，是在长江三角洲的自然发展演变的过程中不断沉积淤涨、向东延伸和扩大而成的。域内水网密布、沟渠纵横、湖荡遍地。因而与这种地理环境相联系的以桥、墩、垛为标志的地方甚多。古来同族而居，哪姓建桥，族姓即桥名，如"王家桥""张家桥"等。"墩"与"垛"同为低洼中的高地。其区别在于，前者为自然形成，后者为人为堆积。哪姓居墩，或以族姓为墩名，或以其地貌特征命名。哪姓堆垛，则以族姓为垛名。墩与垛均为海安先民辟草蒿、创文明的立足之地。

其中，以青墩新石器时代遗址，最为著名。该遗址距今已有6000多年的历史。这为佐证海安的悠久历史提供了极为宝贵的资料。青墩所在的古代潟湖沼泽平原，平均海拔高度为3米，青墩是一块面积约7万平方米的台地，海拔为4.5米。在这里发现了大量的陶、石、骨器、麋鹿角和兽骨等古代遗物。从青墩的文化遗存分析，其总的文化特征基本上与江南新石器时代遗存相类似，其中出土的带柄穿孔红陶斧系国家一级文物。

在青墩文化遗存发现以前，人们并不知道海安历史是如此悠久。据辑有宋及宋以前资料的《宋本方舆胜览》一书说，海安地界人"性多朴野，俗务儒雅"。所谓"俗务儒雅"，即指日常生活中，有儒雅气质。关于这一点，我谈不出有多少体会，但在海安的日常语言中，有

---

① 主要是张应和编著的《海安胜迹录》（北京：作家出版社，2001年）。

一些语词透露出了古雅之气，这是可以肯定的。在此，不妨举两个例子来加以证明。

一是海安人指称木质的锅盖为"釜冠"。我小时也跟着长辈这么说，但那时并不知道怎么写，后来才知道是上面这两个字。"釜"在古汉语中是指"锅"，"冠"是指"帽子"，由此引申为锅的帽子，即锅盖。

二是海安人指谓"干什么东西"为"干什么杲昃"。小时候，我也是跟着大人这么说，但也只知其意指，而不知文字如何表达。后来才从有关材料中得知，古代称日出之处为"杲"，即东方，称日落之处为昃，即西方。故而"杲昃"相连，引申为物事意义上的"东西"。

海安与如东、东台、大丰等县一起，东濒黄海。这一带的人民在历史上曾面临两大威胁：一是海潮，二是海敌。在抗击这两大威胁的斗争中，涌现出了一系列令海安后人景仰的人物。

比如，在抗击海潮的斗争中，曾任兴化县令，负责修筑泰州捍海堰的宋代名臣范仲淹，就曾在海安一带留下美名。捍海堰海安段长71公里，宽10米，高5米，顶宽3.3米。建成后效益显著，使盐业、庄稼不受伤害。后人将阜宁至吕四的海堤统称为"范公堤"。明嘉靖七年（1528年），海安人民在海安镇的西寺为范仲淹建范文正公祠，以为纪念。

范公的精神为后人，特别是共产党人发扬光大。抗日战争时期，时任阜宁县县长的宋乃德造福一方，带领人民修复了一条长60公里的古堤。老百姓称这一段堤为"宋公堤"。新中国成立后，宋乃德曾任轻工业部副部长等职。

1954年，苏北沿海淫雨绵绵，为堵范公堤上的一段缺口，危急关头，几十名共产党员、干部群众报名参加"敢死队"。当此之时，古堤上下，成千上万人为这一壮举呐喊助威，从而谱写了一曲惊天地、镇苍龙的胜利凯歌。

在抗击海敌的斗争中，海安也涌现出了不少名人。比如，明代嘉靖年间，为抗击倭寇，巡抚唐顺之、海道副使刘景韶于1557年重筑海安土城。[①]1559年，刘景韶率兵在海安西场设伏围困倭寇三昼夜，取得

---

① 1949年，海安土城被全部拆除。我在就读海中时，在学校西北角的河对岸，此城墙的部分基础仍清晰可辨。

歼敌大酋长以下1572人、活捉15人的战绩。海安人民立"平倭冢记碑"以记其事，以垂久远。为纪念刘景韶的功绩，海安市民在镇北名胜凤山上，建"报德祠"，扬其功业，晓谕后世。

抗日战争时期，新四军陈毅部于1939年从江南移师江北，1940年10月取得黄桥大捷，进驻海安。在联合各界结成抗日民族统一战线和拓展苏中抗日根据地的斗争中，共产党得到了著名爱国民主人士韩国钧①的大力支持和协助。他在曲塘主持了"苏北抗敌和平会议"，还参加筹备了由刘少奇、陈毅领导的在海安召开的苏北临时参政会，在大会上讲了话，并被公推为名誉参议长。会后，他为建立"三三制"民主政权，扩充地方武装，发动群众抗日做了大量工作。陈毅曾回忆说："余秉承党中央加强抗日团结之政策，复于大小事务，征询紫老意见。紫老知无不言，言无不尽，余亦言必信，行必果，彼此均有相从日浅，相知甚笃之感。"②

1941年2月，日军第二次占领海安。紫老未及撤离，陷于敌区。于是他离开日军盘踞的海安县城，抱一死决心，携备殓衣及棺材，避居乡下徐家庄。不久敌伪威逼其出任伪江苏省省长，遭紫老痛斥。他说："老朽是中国人，宁死不当一天亡国奴。"忧愤之中，紫老于1942年1月24日与世长辞，终年85岁。陈毅闻此噩耗，作悼诗一首："忍视神州竟陆沉，几人酣醉几人醒？坚持晚节昭千古，誓挽狂澜励后生。御侮力排朋党论，同仇谋止阋墙争。海陵胜地多人杰，信国南归又见君。"③韩国钧灵柩葬于海安镇北侧的凤山下。他的爱国精神和民族气节，彪炳千古！他是海安的骄傲！

黄桥战斗胜利以后，苏中抗日形势发生了重大变化。为了在该地贯彻抗日民族统一战线政策，巩固既得胜利，建立和扩大抗日根据地，在共产党领导下，组建了一支由黄逸峰④任司令和政委，团结各种武装

---

① 韩国钧，字紫石，1857年生，清光绪年间举人，江苏海安人，曾任广东省督练公所参议兼兵备处总办，江苏民政长，安徽巡按使，江苏省省长。

② 陈毅：《记韩紫石先生》，《盐阜报》，1942—5—11。

③ 转引自张应和编著：《海安胜迹录》，370页，北京：作家出版社，2001年。

④ 黄逸峰，江苏东台人，1906年7月生。他一生七次在国内外被捕，三次加入中国共产党。"四一二"大屠杀前夕，他只身营救过周恩来，受到党的总书记陈独秀的接见和赞扬。从一介书生到大学教授，从国民党中委委员到抗日部队司令，功劳卓著，一生坎坷，后以73岁高龄就任上海社会科学院院长，科研硕果累累。1988年11月27日病逝，享年83岁。

力量共同抗日的联合抗日部队。简称"联抗"。这支部队经过锻炼改造，后来实际上成为共产党领导的新四军的一部分。1944年10月，"联抗"部队正式并入新四军，成为一个主力团。我家所在的海北地区，当时属"联抗"的根据地。在"清乡"与反"清乡"、"扫荡"与反"扫荡"的严酷斗争中，根据地的军民付出了沉重的代价，做出了巨大牺牲，同时也给日伪军以沉重打击。苏中人民为了纪念为民族解放而牺牲的"联抗"战士，特立"联抗"部队烈士纪念碑，以告慰忠魂，教育后代。

黄桥战斗胜利后，新四军移师海安。这是新四军从1939年进入江北，继而东进过程中所收复的第一个重镇，这使得海安一时成为华中抗战的中心和各方军事力量的关注点。1940年11月，刘少奇（化名胡服）自皖北来到海安，在陈毅、粟裕、黄克诚等同志的共同努力下，经中共中央批准，于11月17日在海安成立"华中新四军、八路军总指挥部"，宣布叶挺任总指挥，陈毅任副总指挥，刘少奇任政治委员，赖传珠任参谋长。叶挺来到苏北前，由陈毅代总指挥。尽管在7天后，刘少奇、陈毅率华中总指挥部机关，从海安移驻盐城，但这在海安革命史上却留下了光辉的一页。

解放战争初期，在我的家乡及周围进行的苏中战役——"七战七捷"，闻名遐迩。但对我来说，它曾经是一个模糊的概念。为了纪念这次战役，苏中人民于1988年5月在海安城区建成了苏中"七战七捷"纪念碑，并于1998年5月开始兴建纪念馆。我这次回乡没有来得及参观纪念馆，但仔细阅读了相关资料，也对"七战七捷"有了更多一些的了解。"七战"，即宣（家堡）泰（兴）战斗、如（皋）南战斗、海安战斗、李堡战斗、丁（堰）林（梓）战斗、邵伯战斗、如（皋）黄（桥）战斗。其中第三、第四次战斗都发生在海安地界。"七战七捷"历时一个半月，即从1946年7月13日至8月27日。在这次战役中，国共两军兵力悬殊，国民党出兵12万，不仅人数众多，弹药充足，枪火猛烈，且有飞机配合。华中野战军所属部队3万余人参加了战斗，装备处严重劣势，但七战皆捷，以伤亡1万余人的代价，歼敌5万3000余人。其中的海安战斗，华中野战军以3000多兵力抗击5万余敌人的轮番进攻，并以伤亡200余人的代价换得杀伤敌军3000余人的战果，创造了敌我伤亡15:1的辉煌纪录。

"七战七捷"的重大胜利，不仅沉重打击了国民党军队凭借其绝对优势，不可一世发动内战的嚣张气焰，迟滞了其对苏皖和鲁南解放区的进攻，还在战略上有力地配合了山东和晋冀鲁豫两军作战，为人民解放军继续实行内线作战提供了宝贵的经验。

这些经验正如苏中"七战七捷"纪念碑碑文所概括的，"苏中战役之所以获得大捷，主要是中共中央军委、毛泽东同志的正确领导和参战军民的同仇敌忾、勇猛顽强、以一当十、前仆后继、流血牺牲之结果；军事指挥上的深谋远虑，机动灵活，英明果断，亦是重要关键"，"战役的主要指挥员粟裕同志是我军杰出的军事家，他和谭震林同志等对战役作出的伟大贡献，将永垂不朽"。1984年4月18日，粟裕夫人楚青遵粟将军遗嘱，将他的部分骨灰安葬于海安县烈士陵园。

在抗日战争、解放战争时期，海安县城曾三次陷于敌手，人民军队曾三度解放海安。黄桥大捷后，新四军使海安获得第一次解放；1945年日本投降，新四军使海安获得第二次解放；1949年初，人民解放军使海安获得第三次解放。在血与火反复较量争夺的过程中，海安人民响应共产党的号召，为自己的翻身解放，而踊跃参军、参战，踊跃支前。在苏中战役中，地方武装、人民群众参加战斗和支前的就有数十万之众。我的父母、我的乡邻当年作为民兵，就曾活跃在这支数十万之众的队伍中。不少人为革命牺牲了生命，不少人做出了名扬后世的卓越贡献。其中，以1947年3月8日中共中央机关报《解放日报》在纪念"三八妇女节"的社论中所表彰的，与刘胡兰齐名的海安沙岗乡革命烈士民兵女英雄高凤英[①]，以及在抗日战争、解放战争中写下光荣历史的角斜民兵团[②]，最为突出。人民的战争，人民的胜利。红旗举，英雄何惧枪林雨；忠魂舞，扬名华夏传千古。

在参观海安博物馆的两个多小时中，我沉浸于一个悠远的、光荣的历史中的海安；走出博物馆来到大街上，看阳光灿烂，感春风送暖，我又流连于一个对我来说面目全新的现实中的海安。

[①] 民兵女英雄高凤英于1947年1月15日在海安县的高家垛战斗中壮烈牺牲，年仅23岁。高凤英烈士墓位于海安县原沙岗乡张东村烈士墓园中。

[②] 1964年7月，江苏省人民委员会、江苏省军区命名角斜民兵团为"红旗民兵团"。

五、海安的巨大变化

古代海安及周围地区均称"海阳"，东晋义熙七年（411年）建宁海县，南朝齐永明五年（487年）置海安县，属海陵郡。后几建几废。1948年，由苏皖边区政府改紫石县为海安县。2018年，经国务院批准，撤销海安县，设立县级海安市。

海安古来为鱼米之乡，兼有海盐之利。但在近代以来的历史上，工业不昌，加之民国时期战争频发，因而一直发展缓慢。我早年（1958—1964年）在海安县中学就读时，海安县城主要街区仅有两条，东西长7里，人口不足4万。海中坐落在街区的东北处，我们同学三三两两在傍晚外出散步，出校门往东走，走不多远，就是城郊农民的菜地。海中的教室、师生的宿舍和老师的办公室全是平房，没有楼房。在海安镇上最高的楼房是二层，不过这样的楼房也只有为数不多的几幢。

而现在的海安，马路宽阔，路边高楼林立，栉比相衔，街区延伸扩大，道路纵横交错，高速公路、铁路、民航（建有南通兴东机场）构成了立体的、四通八达的交通网络。往昔那个记忆中的小镇具有了现代城市的面貌。陵墓、园林、博物馆、图书馆、大学校区（南通理工学院海安校区），以及革命纪念文物（联合抗日座谈会会址、苏北临时参政会会址、"七战七捷"纪念碑和纪念馆）等的修复和兴建，使城市景观更为丰富多彩，充溢诗情画意，因而更为宜居宜业。经济技术开发区的建设及其向国家级开发区的升格，促进了高技术产业的发展，展现了海安更为光明的未来。

与海安城区的巨大变化相比，海安乡村的变化也毫不逊色。在我看来，海安乡村的变化可以用一句话来概括——乡村生活逐渐实现城市化，即乡村农民正在或已经过上了城市人的生活。

人类在原始社会末期，经历了一个城市兴起，城乡分化的过程，从此城市成了社会的政治中心、文化中心、商业中心，近代以来工业化的发展，又使城市成了工业中心、经济中心，因而过上城市生活，便成为广大农民的共同心愿。我小时在老家，曾听老一辈人讲过这样一句话：三辈子修不到一个城角落。其意思是说，农村人要想变成城里人很难，即使修炼三辈子，也很难享有在城市边角地带居住和生活的福分。不过，那是指农业社会。进入工业社会以后，情况变了。为了过上城里人的生活，农村人大体有两条路可走：一是通过努力，在城里找到工作，使自己成为城里人；二是通过乡村振兴，过上城里人的生活。世界上许多国家（主要指发达国家）的农民所选择的是第一条道路，农村年轻人大都去了城市，因此不少村庄走向凋零、消失，而城市人口占到全国总人口的80%甚至90%。中国人在从事现代化建设的过程中，除了农民工进城务工，逐渐变成城市居民以外，还开辟了一条农村扶贫开发、发展乡村经济、建设乡村文明，从而吸引年轻人回乡创业，为乡村振兴做贡献的新路子。这条新路子现已初见成效。

在我的老家所在地海安的海北乡下，可以说，已经走上了乡村振兴的道路。从一个村庄到另一个村庄，过去是狭窄的泥巴路，如今早已变成了可以走小轿车的水泥路。人们早就用上了电，喝上了自来水，用上了煤气灶，用上了抽水马桶。垃圾有专人开车收集、集中处理。每家都装上了太阳能热水器或煤气热水器，可以随时洗个热水澡。我小时候所生活的农村，因冬天天气太冷，加上燃料短缺，人们一个冬天都洗不上一次澡。工作以后，每年放寒假回来，就带着两个儿子，走上八九里路，到县城的澡堂去洗一次澡，然后在街上饱餐一顿。那时，这件事在孩子眼里竟成了天大的享受。在我老家农村，电视机、洗衣机、电冰箱早已普及，小汽车也不是稀罕之物，十有五六的人家有了小汽车。在农村，看一个地方富不富，一是看房子，二是看人的衣着。改革开放40多年来，老家农民的住房，100%实现了一级跳，即从草房跳到瓦房。其中，后来有90%多的人实现了二级跳，即从平房跳到楼房，二层或三层楼。其中，又有60%左右的人实现了三级跳，即从楼房跳到单门独院的别墅。在我们那里还有一个特点，即有好衣裳，没有人藏着掖着，而是比着穿。人们早就不穿打补丁的衣服，不穿褪了色的旧衣服，而是穿时新的衣服。无论小孩，还是老人，特别是年轻人都把自己打扮得漂漂亮亮的，一身利索。他们告诉我说，国家好，党的政策好。只要勤快，挣钱的机会多的是，好日子还长着呢！我为他们今天的幸福生活和自信豪情而感到由衷的高兴。

刚解放时，我就曾听来村里工作的干部说，社会主义的美好远景是：楼上楼下，电灯电话，出门坐汽车。现在看来，这样来描绘社会主义是简单化了。然而这个简单的描绘，在当时发挥的宣传作用可是巨大的。这样一个简单描绘的远景，经历了几十年的奋斗，才变成了现实。这启示人们：一个历史时代的结束，一个新的历史时代的到来，其时之漫长，其路之曲折，是超出常人预料的。现在我国开启了实现第二个百年奋斗目标的新征程，我们对其曲折性、艰巨性，应该有更为充分的估计和思想准备。

4月4日清明节那天上午，我和老伴、我姐和姐夫驱车3里，带着小桌、板凳、饭菜、水果、香烛、鞭炮等一应之物，去父母墓前祭扫。下午又到内弟家，与他一起到岳父母的坟上祭扫。

给先人扫墓，一是缅怀先人的恩德，感谢他们的养育之恩。这即是中国古人所言的"慎终追远"，从而知道来时的路。二是告慰先人，发扬他们的美德，遵从他们的教诲，开拓未来的路。

4月6日上午，我们与亲友告别，坐小车从来路返回。思之绵绵，心中怅然。得诗一首，以表情思：

轿车西去故乡远，乡友多逝所剩稀。

几多惆怅心头起，再聚有谁未可知。

人生之旅如攀登，放眼高处有峰奇。

世间美景谁都恋，寿高二百有归期。

老年的壮美

人老了，头发斑白，皮肤失去光泽，能力下降，体弱多病。因而不少老年人自怨自叹："真的老了，不中用了！"在一些当儿女的青年人眼中，作为老人的父母似乎也已成为一种负担。其实，这种认识必须加以纠正。少年人有少年的可爱，青年人有青春的美丽，中年人有中年的辉煌，老年人也有老年的壮美。唐代诗人刘禹锡曾有诗云："莫道桑榆晚，为霞尚满天。"有一句歌词唱得好："最美夕阳红。"我国民间也有这样一句谚语："家有一老，如有一宝。"我认为，这说得很对。老年的壮美可以从以下三个方面来加以说明。

一、老年可以享受更多彩的生活

为了一家老小的生计，一个人从年轻时开始，就得奔波劳碌，努力打拼，而且在许多情况下，还不得不去从事条件差、待遇低，自己不喜欢，以及不时需要加班加点的工作。为了谋生，早出晚归是上班族的必须，而起早贪黑则是个体劳动者的常态。

不少人赞美劳动，马克思也曾赞美劳动。但马克思并不是笼统地对劳动加以赞美，而是赞美劳动的自觉性、自主性、创造性，即劳动的积极方面；主张批判和超越劳动的强制性、片面性和单纯的谋生性，即劳动的消极方面。因此，从总体上说，马克思主张不断创造条件，用劳动的积极方面去克服和超越劳动的消极方面。

然而在当今世界，从总体上说，上述超越还远未实现。也就是说，人类社会还远未实现从谋生的劳动到自由活动的跃升，即从以谋生为目的的物质生产的低层次提升到以人的能力发展为目的的自由活动的高层次。马克思认为，这种飞跃是以生产力的发展为前提的"工作日的缩短"①。由于工作日的缩短，人们才可以有更多的自由时间，去从事物质生产以外的科学、艺术、体育、旅游等的活动。

我们这一代老年人，与前几代相比，不仅活得更长，而且在总体上更健康、更活跃，受教育程度更高，特别是养老金保障制度的普遍建立，医疗保险、住房政策的实施等，使很多退休老人再无后顾之忧，从而享受着幸福的晚年。这里的幸福不是无所事事的吃喝等死，而是精力充沛，过上更轻松、更灵活、更多样的生活。与我年龄相当的不少老年人，在退休以后，有的进入老年大学学习；有的外出旅游，不仅在国内游，而且到国外游，甚至周游列国；有的重拾年少时的兴趣爱好，从事自己喜爱的歌咏活动、绘画活动，以及各种各样的制作活动，其中有人还小有成就。由此我认为，虽然我们的社会在总体上尚未实现从谋生劳动到自由活动的跃升，但不妨承认，在局部意义上，我们这一代老年人已基本生活在马克思所曾描绘的那种自由活动的状态中。

二、老年可以享受更愉悦的生活

在没有退休以前，生活的烦恼、工作的忙碌、人生新高峰的攀登，占据了上班族的许多休息时间，因而朋友和同学的一些聚会不能履约，看望父母的许诺也一次次推延，孩子所在学校的家长会也往往难以参加。诚然，在自己的工作单位，也有不少人际交往，但其中的不少都是工作色彩浓于情感色彩，甚至是为建立某种工作关系的"情感投资"。退休以后，这种情况可以从根本上得到改变。从积极方面说，生活的丰富可以促进情感的丰富，即从以往比较单一的工作中的战友之情，丰富为各种活动参与者的，或票友，或队友，或玩友之情。从消极方面说，可以弥补以往情感交流上的欠缺与不足。比如可以通过加强联系，重拾以往的朋友和同学之情；又比如，可以在孙辈的照顾上多下功夫，以求加以补偿以往对子女的照顾不周。古人讲"含饴弄孙"，这实在是人生的一大天伦之乐。我的不少老年朋友，都在帮儿女照顾自己的孙辈。虽然有人抱怨照顾他们比自己上班还累，但还是乐

---

① 《马克思恩格斯文集》第7卷，929页，北京：人民出版社，2009年。

此不疲。原因在于服务子孙后代所带来的深度满足，是任何其他快乐都不能比拟的。另外，有不少人因习惯使然，在退休以后，仍在做着退休前的事，比如我自己就仍在从事科学研究。从对象维度看，是在做着同一件事；从主体维度看，其内涵并不完全相同。退休前做，更多的是一种责任担当；退休后做，则更多的是一种情感寄托。

三、老年可以享受更超脱的生活

人在各个阶段，都有关于人生的思考，但在年轻时，要思考得深入、正确并不容易。一是因为忙于生活、忙于工作、忙于上人生的新台阶，挤压了人生思考的时间。因此，年轻时，即便对人生有所思考，但这种思考也难以实现平静和深入；二是阅历的限制使人难免幼稚无知、缺乏定力，从而为环境所左右，被当今社会盛行的物质主义、消费主义所裹挟，因而对人生的思考可能失于迷茫，或陷于误区。西方市场论中有一个"经济人"假设，即追求个人利益最大化的人。所谓"个人利益最大化"，说白了也就是"个人占有最大化"。其实，人越是孜孜于占有身外之物，也就越会被身外之物所占有，因而会丧失自我，陷于心灵荒芜，成为精神上的"流浪汉"。诚然，这里所反对的，是占有的最大化，不是反对占有，不是反对作为"奉献""分享"前提条件的占有。不然，互惠、互利、共生、共荣就会沦为虚无。

人只有步入老年，经历了各种正面的、反面的，顺境的、逆境的磨炼以后，把人生的各种经历汇集在一起，才能真正体悟人生的真谛。人生之旅犹如爬山，只有在接近山巅时，才能看到真正壮美的景色。或者说，才能看到人生的深层秘密。这个真谛或秘密就是：人生的价值不在于身前占有多少好的东西，而在于身后给世界留下了多少好的东西。有人会说，这不就是我们所颂扬的一些先进模范人物的人生追求吗？说得一点没错。先进模范人物之所以是先进模范，就在于他们比较早地领悟并践行着对一般人而言的，到老年才可能领悟的人生真谛。

对一般人来说，为什么到老年才可能领悟人生的真谛？这除了上文所言的，人到老年生活阅历会得到极大丰富以外，还因为人愈到老年，愈接近人生的大限，从而也就愈加明白一个道理：人死后，什么也带不走。这就叫"死后原知万事空"，或曰"赤条条来去无牵挂"。既然什么也带不走，那么个人身前占有的东西再多再好，又有何益？如同虚无。相反，如果给世界留下愈多愈好的东西，那么则可以恩泽子孙后代。因而在这个意义上说，人生价值的根本就是服务于他人和社会。

我在年轻时曾读到过这样一则材料。一位法国老太太，是一个退休教师。在她老伴去世后不久，她在这个世界上所剩下的唯一的亲人，即她的爱女又惨遭车祸离她而去。老人悲伤已极，下决心离开这个世界。就在她去购买自杀药物的途中，恰好碰到了她曾教过的一个学生。该学生向她问好，并向她请教了一个问题。正是学生的这一举动，使她突然意识到，她对这个世界还有意义，从而打消了先前的念头。读到这则材料，我感到能被他人需要，就是生命价值的社会实现。

人到老年，如果能把人生的境界提升到这样一个高度，那么也就超越了早年那种为名利所捆绑的庸碌生活，而与高尚的事物建立联系。正是这些东西塑造了许多人的老年。在这样一个阶段，名利世界里一直受到称颂的青春形象似乎一文不值。以往那种由于自私而引发的矛盾、纠纷，也就或至释然，或付笑谈。生活因之变得如此简单、纯真、宁静，从而在此刻终于成为真正的自己。

不久前，我受朋友之请，以第三方的身份参与该朋友家一桩遗产房分配纠纷的调解。该朋友在家中作为弟弟，上有两个已出嫁多年的姐姐。其父母留下一处房产。父亲先去，写有遗嘱，并签下姓名；母亲后去，没有遗嘱。在如何看待父亲遗嘱是否适用于母亲遗产的问题上，弟和姐各有对自己有利的理解，于是互不相让，由此产生纠纷，僵持不下，长达20多年。我在听取了上述各方意见的基础上，提出了一个折中方案，以求相互退让一步，达成和解。出乎我意料的是，调解过程竟然特别顺利。事后，我问该朋友何至如此？他说："20多年了，都七老八十了，还争个什么劲？差不多也就得了。"听他这么一说，我明白了一个道理，老年确实可以使人想得更开一些、更放得下一些。其实，这就是老年对人生的馈赠。

总之，老年的壮美在于，可以使人生享受更精彩、更愉悦、更超脱的生活。因而老年的壮美，如同自然中夕阳的壮美一样，都是值得称颂的。由此，老年人应该充分认知老年的壮美，使自己的老年生活过得更充实、更快乐、更享受。党和政府的各级组织，也应积极维护老年人的权益，并在经济消费、大众娱乐，以及邻里和谐、环境保护、关心下一代等的志愿者的工作中，注重发挥老年群体不可或缺的作用，创造条件，让他们继续用自己的才能、劳动，为社会做出贡献。

老人要有一个好的心态

人老了，住房大小无须多么讲究，方便舒适就好；钱之多少不再那么重要，够花就好；恩怨情仇已成过往，问心无愧就好；生老病死人之本然，自适自安就好。这好那好，说到底，有一个好身体，特别是好心情，即健康心态最好。所谓健康心态是指包括认知、情感、意志在内的心理机能能够适应生存的需要，并在适应中不断发展的协调状态。

人之心情与其所处环境、生理因素，特别是面对负面情绪时的自我调适有关。影响老人心情的负面情绪，大体说来有以下几个方面，即对死亡的恐惧、疾病的烦恼、孤独的痛苦，以及关于儿孙的担忧、自我过失的懊悔、曾受伤害的怨恨等。下面就这些负面情绪的消解，来谈一些体会。

一、不要用他者的"不是"惩罚自己

这里的"他者的'不是'"是一个概括性的指谓，其中包括作为"他者"的环境条件，或具体事项，或所在单位，或他人等对自己施加的"不是"，即对自己造成的已得到纠正或尚未纠正的某种伤害行为。对受害人来说，这种伤害本身是不会被忘记的，但对待伤害的态度可能有两种：一是健康的态度，即不忘历史、总结经验，向前看；二是不良的心态，即纠结以往，耿耿于心，向后看，即前文所言的，用他者的"不是"惩罚自己。

我认识一位老者，年近九十，有副教授职称，学问做得不错，出了几本著作。生活上有老伴在侧，有一儿一女都在本市（芜湖）工作，他自己身体尚好。按说，他的老年是够幸福的。但这位老者有块心病，搞得他有些心绪不宁，即他没有评上正教授职称。据他自己说，这不是因为他条件不够，而是有个别领导与他过不去，故意不让他知道当年开评职称这件事，让他错失机会。而此后一年多，他就退休了。因此，没有评上正教授这件事，成了他的终身遗憾、人生痛点，以致几十年来纠结于心，挥之不去。

这位老者是我散步时结识的一位朋友。他在与我交谈时，多次提及上述这件事。可见，此事对他的伤害之深。我作为一位大学老师，深知教授职称在一个高校教师心中的分量，因而对他深表同情。但同时劝他，人生的幸福是多面的，不可囿于一隅，从而影响自己的生活质量。况且，当年那位主事的领导已经作古（据该老者说），而他还在为这件事心生痛苦，这又何必？再说，人生在世，哪能都是顺心事。相对以往那些在历次运动中受到不公正对待的人，没有评上正教授这档事，岂不是小巫见大巫了？听我如此说，他告诉我，这些道理他都懂，只是临到自己头上，就是逼不过劲儿来。我说，还是要逼过来。

二、要在情感上放自己一马

人到老年，已经走过了人生2/3的路程。种种过往，对一般老年人来说，既有成长、有追求、有进步、有亮点，也有不足、有遗憾；有过愚蠢的错误和鲁莽的选择；有为着单一目标的实现，而错失了其他美好；有因思虑过慎，而与某种机遇擦肩而过；有因没有预料的某个偶发事件，从而影响了自己目标的实现；等等。

老年人如何看待已经走过的这人生的2/3，有些讲究。总体来说，就是在情感上放自己一马，多一些自我肯定，少一些自我谴责。

所谓多一些自我肯定，是指在情感上，多回味那些曾经经历的做过的、做成的好事，使自己在这种回味中获得精神愉悦。这与"好汉不提当年勇"是两回事，不可混为一谈。也就是说，一个人曾经做了好事，经常回味、暗自欣赏，并无不可；但如果故步自封、夸耀于人，则确实不妥。

所谓少一些自我谴责，这里是指人的过失有两种：一是有心之过，二是无心之过。有心之过，即因私心杂念膨胀所引发的嫉妒、仇恨而做了有损别人的事。如果因为这等亏心事，你已受到惩罚，或已作了道歉，或已作了补偿，不管是否获得了对方的理解和宽恕，你都得宽恕自己。对无心之过，即因年少无知而做了错事，如果你早已总结了经验，吸取了教训，那么对这等事，更应该少一些遗恨、少一些自责。因为每个人，包括凡人和伟人，都是偶然闯入人世、试图参悟生命、途中跌倒爬起来的人。俗话说，谁没有年轻过，谁没有跌撞过。而且正因为有这种人生历练，所以人才活得真实，人生才能走向成熟，前路也才走得稳当。这是谁都必须经历的，是谁也跳不过去的。所不同的是，伟人比凡人可能跌得更多、更重和爬起来更快罢了。

我认识一对老年夫妻。退休前，男方在一大学当教授，女方在一中学当教务主任，生有两个男孩，其年龄相差两岁。这对夫妻在年轻时忙于工作，为了减轻家务负担，他们把大儿子送去天津姥姥家，大儿子在那儿上的小学、中学、大学，后来也是在那儿就业、结婚、生子。由于打小缺少父母的陪伴和关爱，大儿子对他们俩缺乏感情，甚至颇为隔膜。外婆在世时，大儿子还不时给他俩来电话。后来，外婆去世了，他的电话就少了。再后来，该教授的老伴也走了，大儿子的电话就更少了。另外，老教授告诉我说，老伴在世时，即便大儿子来电话，他们之间也很少交流。每次儿子来电话，如果发现是他接听的，那么儿子在电话那头往往会说，让妈妈接电话。这位老教授说到这里，止不住地掉泪。

后来老人的二儿子也去外国留学后在那里生活。这样一来，老人更感孤独了。他说，这种孤独感压得他有些喘不过气来。

同为人父，我特别理解和同情这位老教授。退休前，他和老伴都是各自领域的佼佼者，一心投入工作，忽略了对大儿子的关心和照顾。而且这种忽略在当时的社会还是作为一种人生美德来加以肯定和宣扬的（现在这种情况依然存在）。因而这种忽略虽然有其不妥，但作为遗憾在某种意义上还是情有可原的。另外，我认为，往者已逝，来者可追。过去的事已经过去，懊恼自责不仅于事无补，而且徒增烦恼。与其如此，不如行动起来，加以弥补。我说，你儿子不怎么与你联系，你不妨主动给他多打电话、多联系。如果你这样做了，那么早已作为人父的、50多岁的儿子会感动的。何况父子连心，感情的增进并非难事。后来，这位老先生果然这样做了，他们父子俩的联系也因此多了起来。有一年，其儿子还主动邀请他到天津去过春节。我为他们父子俩感情的增进而感到高兴。

附带说一句，年轻人忙于工作无可非议，但忙于工作，不能忘记守护家庭。除特殊情况外，二者可以兼顾。所谓守护家庭，就是要舍得花一些时间和精力，加强和增进家庭成员间的相互联系。在当今社会，有些老人退休后，无家可归，或有家归不得，不得不说，这是人生的一大缺憾。造成这种状况的原因比较复杂。但年轻时，疏于守护家庭可能是原因之一。

三、要相信"儿孙自有儿孙福"

"儿孙自有儿孙福"这是坊间流行的一句俚语。在我看来，这句话说得颇有道理。不过，需要对它加以正确理解。所谓正确理解是指，父母对待成年子女存在着两种极端情形：一是滥施关爱，二是刻薄寡恩。要在与前者划清界限的同时，还要与后者划清界限，从而在对成年子女的关心爱护与尊重其独立之间找到某种平衡。

我国改革开放前，由于环境比较封闭，国人对西方，特别是对美国的了解比较肤浅。其中，会有不少道听途说的成分。不知是从何时开始，也不知是何缘故，我形成了这样一种认知：美国家庭，特别是白人家庭，子女一旦成年，就必须离开父母，自奔前程、自谋生路，即便是穷困潦倒、露宿街头，父母也不会伸出援手。从中国人的家庭观念看这种情况，美国父母似乎有些不近人情。

改革开放以来，我国不少人到美国去，或求学，或探亲，或旅游，或定居。这些人从美国回来，我就向他们打听其在美国的所见所闻，特别是美国父母如何对待和处理自己与成年子女的关系。通过向许多人征询，我才知道，存在于我头脑中的上述印象，是较为片面的。

美国人把个人的独立自由视为自己的天然权利，因而美国的父母在对待成年子女的问题上，是以尊重成年子女的独立自由为第一原则的。在他们看来，这种尊重本身就是父母之爱的一种表现。当然，在坚持这一原则的前提下，美国父母对有困难的成年子女，也会给予精神上和物质上的支持，只是程度不同而已。诚然，把上述"第一原则"

绝对化，即把"第一原则"理解为"唯一原则"的情况，也在相当程度上存在。这从而也就形成了在中国人看来不近人情的情况。但不可把这种在一定程度上存在的现象加以夸大和普遍化，这是必须避免的。

相反，我们中国人由于受传统观念的影响较深，因而较为缺乏个人独立自由的权利理念，也缺乏父母对成年子女独立自由权利的尊重理念。在我国，经常听到年老的父母对成年子女这样说，"你年纪再大，在我面前，总还是孩子。"即子女总是父母施爱、关心的对象。其实，这样说是一种角色错位的反映。

在孩子年幼无助的时候，父母作为监护人，无疑要给孩子以细心的关照和贴心的关怀。可以说，在孩子小的时候，中国父母，特别是母亲，就像一台永动机，源源不断地输出爱和帮助。但在孩子长大以后，不应该停留于这种状态，从而挤压孩子独立自主发展的空间。也就是说，在成年子女面前，父母要进行角色转换。成年子女作为独立的主体，他们所需要的不是以往那种保姆式的父母之爱，而是对他们独立自主的尊重。常听老人抱怨自己的子女，说他们"报喜不报忧"。为什么会这样，从一方面说，是子女对父母的关爱，让父母快乐、安享晚年，不要为他们操心；从另一方面说，是为了防止父母干涉他们的"内政"，怕他们听风就是雨，大惊小怪，小题大做，瞎掺和，帮倒忙。

在当代中国，在这种角色错位中生活的老年父母不少。因为角色错位，他们生活在对成年子女无休无止的担心之中。担心什么呢？担心他们吃不好、睡不好，担心他们的婚姻大事，担心他们的住房太小，担心他们的收入不高，担心他们对自己孙辈照顾不周。总之，对子女什么都担心，什么都放不下，从而着急上火，忐忑不安。其实，这种担心没有必要，有时甚至有害无益。要相信"儿孙自有儿孙福"。

诚然，这句话也可能成为一句流于空洞的、无可奈何的托词。为了防止这种情况的发生，就要注意从小培养孩子的独立自主意识，要对他们进行挫折教育，让他们经风雨、见世面、抗打击、顶压力，增自信、强本领。如果这样做了，那么在孩子成年以后，该放手时就放手。这没有什么可犹豫、可害怕的。要相信，儿孙会走好自己的人生路。

这里附带说一个问题，不少老年人对年轻人不放手，总是抱怨，说他们不成熟，长不大。其实，这是错觉。可以说，几乎每一代人都会抱怨下一代人不如自己这一代，说他们不负责任、担不得事。如果真如这种观点所言，一代不如一代，那岂不是说，社会只会倒退，不会进步？然而事实并非如此。那么为什么会产生这种错觉呢？这是因为，随着社会的进步，人们受教育的时间在延长。与之相联系，年轻一代进入职场的时间在延后。由此所决定，年轻一代获得经济独立的时间也必然会推延。而经济独立是自我负责的经济基础，是成年的标志之一。由此可见，不是年轻一代长不大，而是时代发生了变化。

四、战胜老年孤独的痛苦

相对于上文所言的种种负面情绪，孤独的痛苦对人或老人来说，是更为深沉的一种。因为人是社会的人，离开社会交往，本身就不是正常人过的生活。这种孤独生活所引发的痛苦，也就是一种本体性痛苦，或曰孤独就是痛苦。这是其一。其二，孤独的痛苦不同于其他种种负面情绪。因为前文所言的其他种种负面情绪可以通过社会交往获得某种稀释和排解，从而减轻以至消除。而孤独的痛苦，因与社会隔绝或和他人切断联系，无法获得稀释和排解，只能陷于其中，受其煎熬。

2022年2月23日的《参考消息》，以《中国单身老人上相亲节目找老伴》为题，报道了单身爷爷奶奶约会的事。其中提到一位78岁的王先生丧偶已经20年。与在节目中匹配的女友去餐厅约会后，他哭了。"这是20年来第一次有人陪他吃饭。"在他身边，离异的张女士，也因为之前的长期孤独生活而情绪激动。从这件事情看，因孤独造成的伤痛对老人而言是一种致命的痛。这种痛苦一旦难以自拔，其结局可想而知。从全球来看，老年人的自杀率往往高于平均水平。孤独和医疗保障不足是造成这一现象的主要原因。

孤独的表现形式有两种：一是交往隔离的孤独，二是心际隔离的孤独。造成交往隔离和心际隔离的原因大体说来有二。一是主观原因，即孤独者自我设限、自我封闭，拒绝交往和交流。这种人往往是从片面和消极维度来看待自己在社会竞争中的失败，认为人世无情，从而丧失自己在世的存在感和价值感，尽管身居繁华闹市之中，也会感到虚幻和漂泊，从而抱有一种冷淡、漠然的情绪。而冷漠的人必然对他人怀有戒心，以致身近咫尺，心隔千里。不过，这种原因所造成的老年孤独是极少数。二是客观原因。这里的客观原因，或是指孤独者因自身的心理或生理疾病而导致的交往能力下降；或是指丧偶、离异、没有子女陪伴，以及缺少朋友等。

要战胜老年孤独的痛苦，要做到这样几点。

一是加强学习。这是从主观上战胜老年孤独的痛苦的一个重要手段。这里的学习包括阅读纸质书、电子书和收听有声读物。阅读不仅是一种脑部训练，可以提高认知能力，而且通过阅读，能与作者交流，认知世界、认知历史、认知现实和未来，从而开阔眼界、拓宽心胸。因此，一个人独处并不意味着孤独。大量研究表明，与不读书的人相比，那些快乐读书的人，其孤独感要小得多。我自己就是这样一个快乐读书的人。读书可以修身养性，提振精神。"读书使整个世界都陪在我身边，谈何孤独！"

二是参与社会。退休了，离开了自己的工作单位，但并不意味着脱离社会。自己的工作单位只是社会的一个极小组成部分。或者说，只是一个小社会。脱离了工作单位，不妨融入一个更大的社会。脱离了专业工作者的角色，可以拥有其他的社会角色，比如老年大学的学生、老年合唱队的队员、老年志愿者、广场舞者、外出旅行者等。老年人广泛参与社会，既可以老有所为，贡献余热，又可以老有所乐。这样一来，有何孤独可言。

三是创建人际文明。这里包括文明社会和文明家庭建设。一个文明社会，必然是一个尊老敬老的社会；一个文明家庭，必然是一个尊老敬老的家庭。老人之所以值得尊重，不仅因为老，主要还在于他们曾经是社会生活的主体，为社会奉献；他们曾作为家庭生活的主角，为家人奉献。所以老人最怕的是，在社会和家庭中丧失尊严。随着社会的快速进步，老人在节奏上有些跟不上，有些不适应了。在这种情况下，如果不能提供适合老人的消费和服务，甚至歧视老人，那么老人就会感到失落，从而怯于参与社会。同样，原来在家庭中受到庇护的孩子长大了，有主见了，远走高飞了，使老人感到失落。有的孩子不那么听话了，甚至对老人加以排斥、嘲笑，老人自然会感到有失颜面，从而怯于与家人交流。如果老人怯于参与社会，又怯于与家人交流，那么必然趋于封闭、孤独、痛苦。因此，文明社会建设的一项重要内容，就是要增加社会援助，为老人提供更便捷的生活服务。文明家庭建设的一项重要内容，也就是让老人获得家人的赡养、陪伴和情感慰藉。世界上许多国家的经验表明：赡养祖父母，是对抗老年人孤独的最可靠武器。老人自己作为长辈也要学会像朋友那样与后辈相处，学会与孩子建立友谊。

五、用快乐提升老年对疾病的抵抗力

对疾病的烦恼是影响老年人心态的又一种负面情绪。为什么会产生这种负面情绪，从主观上说，是因为老年人容易拿自己的现在与年轻时，特别是自己的高光时刻进行对比。那时候年富力强、身体健康，能负重、能奔跑。现在不行了，体力下降，以致多病。这样一比，就觉得年龄不饶人，感叹自己的身子骨不争气，因而愁眉苦脸、唉声叹气。

其实，这样来对比是不科学的，由此气恼更不可取。一般说来，人都有自己的少年、青年、中年、老年时期。这种区分的基本面，就是基于与年龄增长相联系的身体状况的变化。所以不同年龄段的人的身体状况不可以相提并论。人步入老年，抵抗力减弱，产生这种或那种疾病，是可以预见的老年生活的常态。既然是常态，也就必须泰然处之，没有什么可烦恼的。中国民间流行着这样一句话：老人要服老。我认为，这是说得很对的。所谓服老，即老年人要在心理上承认自己老了，要在生活上适应自己是一个老人。老年是人生的一部分。人要学会接受自己的每一部分，并予以珍惜。所谓珍惜，从抗击疾病的维度说，就是要做到，没生病要积极预防，生了病要积极治疗。

怎么预防疾病，有以下几点要注意。

一是，不要吸烟。如果你吸烟，从现在起就要戒掉。许多疾病，特别是呼吸系统的疾病，都与吸烟有关。世界卫生组织预言，假如人们都不再吸烟，5年以后，癌症将减少1/3。第一次尝试戒烟可能不会成功，但开始戒烟的时间越早越好。

二是，不要酗酒。科学研究表明，酗酒也会引起许多疾病，比如消化系统疾病、心脑血管疾病等。如果你有酗酒的毛病，现在就应寻求帮助，或加以自我克制。尽管放弃酗酒很困难，但你永远不会因为做了这个决定而后悔。

三是，保持健康的体重，注意营养均衡，多吃水果和蔬菜，适量饮食。但要避免过度节食或无法长期坚持的严格饮食限制。过胖或过瘦都会引发多种疾病。

四是，优先考虑运动。每天安排时间运动，并坚持不懈，一般不要少于半个小时。老人的运动项目以慢节奏为原则。比如散步，就是比较适合老年人的一项运动。每天散步可以保持大脑、神经系统和肌肉的认知能力，延缓痴呆和消除压力，远离沉重心情。

五是，着力培养稳定且长期的人际关系。这里包括稳定的婚姻关系，也包括与家人、朋友的关系，关键是找到与你的生命历程有某种重叠的，不管发生什么都可以依靠、可以倾诉的人。

六是，增加对绿色空间的接触。培植绿色空间，不仅是为了保护自然环境，也是为了增进人类的心理健康。那些常年生活在钢筋水泥丛林中的人，包括老年人应更加珍惜绿色空间。大量研究发现，增加与大自然的接触，不仅可以增进人们的身体健康，而且有利于心理健康，对抑郁症、焦虑症和情绪紊乱等都能起到缓解作用，从而减少负面情绪的影响，促进积极的社会交往，感受生活的意义。

所谓有了病，要积极治疗，这里积极，一是指要定期检查，对疾病要早发现、早治疗，不能拖，即不能把小病拖成大病，把大病拖成绝症；二是指一旦发现有病，要听医生的话，要相信科学，积极予以配合，该吃药就吃药，该开刀就开刀；三是要积极乐观，即在相信药物和手术的同时，要相信快乐也能治病。有医学专家做过统计，人的疾病70%与情绪有关。还有医生说，有不少人谈癌色变、得癌惊魂。相对于其他疾病，癌症患者的死亡率确实比较高。但其中不少人之所以走得那么快，不是病死的而是吓死的。在我的生活圈中，就有一些曾经得了癌症的人，康复后，活了不少年。我有一位大学同班同学，20多年前得过癌症，现在活得好好的。他说，与癌抗争，是战斗，而且还是持久战，多活一天赚一天。因此，要快快乐乐地过好每一天，要相信快乐是一种治疗疾病的神奇力量。快乐的外在表现形式是大笑。

据心理学研究，大笑时，由于心情变佳，生长激素的分泌会增加87%，这对提高人体对疾病的抵抗力大有裨益。

六、睿智地面对死亡

就普通人来说，其所面对的死亡，从关系由远到近进行排列，大体可以形成这样一个序列，即路人、朋友、亲人、自身。一般说来，基于同类的尊重，人们对路人的死亡是悲悯的；基于同好的友情，人们对朋友的死亡是悲痛的；基于血缘的亲情，人们对亲人的死亡是悲伤的；基于自身情感与生活的同体，人们对自身的死亡，在现在时意义上，并不成为一个情感问题，因为"逝者不知死"。如同古希腊哲学家伊壁鸠鲁所言："死亡不过是感觉的丧失……当我们存在时，死亡对于我们还没有来，而当死亡时，我们已经不存在了。因此死对于生者和死者都不相干。"①

然而在将来时的意义上，人们对自身必将到来的死亡确实存在一个态度或情感的问题。然而这种情感很难在一般意义上用一个词来概括或指谓。这是因为不同的人对生命意义的理解不同，处境不同，因而对必将到来的死亡，所表现的情感也会各异。比如，就对生命意义的理解来说，释家把人生活的现实世界定格为"苦海"，人活着就是活在苦海里，人死亡就是脱离苦海。因而他们把死亡看作转世轮回的一个契机。但脱离苦海以后，也有两途：即恶人的灵魂下地狱，善人的灵魂上天堂。道家把人的死亡看作一种自然现象，即大化流行的一种表现。如昼夜之常、气之聚散。因此，人之死，是天公地道之事，对之应自然平和。儒家不像释家那样，把人的生命单纯归结为灵魂，也不像道家那样，把生命单纯归结为肉体，而是侧重从社会意义上，把生命看成道德的载体，要为社会尽到义务和责任，即要为社会"立德、立功、立言"。如能这样，活着才有意义，死了亦有意义，或曰"生死以义"。于是主张，为了义，可以从容赴死，或曰"杀身成仁""舍生取义"。

普通人通常是立足于自己的感性经验或人生常识来理解死亡和表

---

① 周辅成编：《西方伦理学名著选辑》上卷，102页，北京：商务印书馆，1964年。

达情感的，因而不太理会空虚的天堂地狱说，也不太在意比较玄远的大化流行说，但对生死自然无疑是有感的，即认为，有生必有死，或曰"人固有一死"。对"生死以义"说，一般是认可的，对"杀身成仁"的壮举也是敬仰的。但作为芸芸众生中的一员，如果一个人对社会尽责，做出了贡献，又生活在一个他（她）为之操劳的比较和睦的家庭中，在没有重大疾病的情况下渐渐老去，这样的老人面对死亡往往会比较淡然。我在前文中谈到我的母亲对死亡的态度，大体就是如此。

但在我的日常交往中，也碰到过一些老人对死亡感到比较恐惧。这恐惧来自对死亡的害怕。老人对死亡的害怕大体有四种情形。一是"失福型"，即害怕死亡的降临，使自己丧失了没有享得够的幸福。我们这一代老年人曾经生活在缺吃少穿的年代，改革开放后，生活渐有起色，表现在收入大幅提高，房子变得现代化，生活体验越来越美好。然而在一些老年人看来，享受美好生活的时间毕竟太短，因此心有不甘，害怕死神的降临。二是"失责型"，即担心死亡突然到来，中断了自己尚未尽责的未了之事。这未了之事，或是国家之事，或是家中之事。"出师未捷身先死"，属国家未了之事；白发人照料黑发人，属家中未了之事。三是"失安型"，即害怕死亡的痛苦使人难忍、难安。四是"失面型"，即害怕自己死得比较惨，以致惨不忍睹，从而丧失体面和尊严。近几年不时耳闻，有的老人身边无家人，死于家中，多日后被发现时，已经面目全非、惨不忍睹。这令老人们胆战心惊、不寒而栗。

我认为，这四种对死亡的害怕皆事出有因，但于理无据，并非不可避免，因而这些问题需要睿智地加以对待。下面就分别来谈一些体会。

1.关于"失福型"的辨析

恋生畏死，这是人作为生物的一种本能。但人不同于一般的生物。其区别之一就是，人有意识。关于生死，人能形成生死意识。"生"意味着生命的存续，"死"意味着生命的结束。人的生命（以下生命皆指人的生命）的结束，受到两方面因素的制约。其一，生命作为有机体受到内在自然的约束，即作为生命基础的细胞分裂次数的约束。这种分裂一旦停止，也就意味着生命的终止。其二，作为生命表现形式的生活受到外在社会境遇的约束。这里有两种可能：一是社会境遇好，生活幸福，从而有利于生命的延长，这就是通常所说的"福多人增寿"；二是社会境遇不好，或很差，生活困苦，甚至使人难以忍受，于是痛不欲生，生不如死，从而有人把死亡看作苦难人生的一种解脱，这就造成了一些人的不正常死亡。不过，对绝大多数人来说，尽管生活特别艰难，但依旧忍着熬着。因为在他们看来，"好死不如赖活着"；或者，还有未了之事有待他去承担，因而在他看来不可一走了之。但无疑，困苦的生活会或多或少缩短人的寿命。然而从总体上说，无论是幸福生活对生命的延长，还是苦难生活对生命的缩短，都是在生命作为生物机体的存在幅度以内的。也就是说，生活再好，也不能使生命无限延长。因此，对死亡降临的"失福型"害怕，虽情有可原，然于理无据。如果任其滋生，必是徒增烦恼，因而理应否定。

2.关于"失责型"的辨析

那些对死亡产生"失责型"害怕的人，其在家庭和社会中肯定是一个有担当、有责任心的人。这一点必须予以尊重和赞颂。但这里的担当和责任是有界限的，即人只能对身前之事负责，不可对身后之事负责。因为如上所言，除非自绝于生命（有担当的人，不可能做这种选择），人之死亡基本上是一个生物学的问题，因而在根本上是不能由当事人左右的。既然如此，人之身后之事，对人之身前来说，不是一种责任，而是一种无奈、一种遗憾，因而根本谈不上"失责"。诚然，为了使当事人走得心安，其后人不妨把此人未了之事，接下来，安排好，做下去。这是其一。其二，当事人对身前之事出于种种原因没有做完或没有做好，但只要用了心、尽了力，于心无愧就好。何况，功成不必在我，功成必定有我。因此，关于死亡突然降临，会中断自己对未了之事尽到责任的害怕心理，是可以理解，并值得肯定的。但死亡的到来，毕竟不是以当事人的意志为转移的，因此没有必要为此类未了之事耿耿于心，以致死不瞑目。如前文所言，不妨在情感上放自己一马。另外，这也启示人们，在有生之年，特别是青壮年时期要为家庭、为社会多做事、多做贡献，从而使自己在离开这个世界前，多一些欣慰，少一些遗憾。

3.关于"失安型"的辨析

一些老人是在痛苦中离开这个世界的。这是一个在相当程度上存在的较为普遍的事实。这里有生理上的原因，也有社会政策方面的原因。所谓生理的原因，是指从生到死的转化本身难免会伴随痛苦。这如同婴儿降生母亲难免会产生阵痛一样。在这个意义上说，死亡的痛苦是一种概率性的必然。诚然，不同的人在临终前面临的痛苦会有轻重的区别。另外，这种痛苦是可以减轻的。从国家宏观政策和公共服务层面说，安宁疗护服务的到位，医疗资源的平衡配置，以及死亡教育的有效实施等，都可以减轻老年人死亡前的痛苦。拿死亡教育来说，此项教育可以使社会全体成员理性看待死亡，客观评价死亡，科学应对死亡。中国现在比较重视优生教育，而忽视死亡教育。这种倾向与中国传统文化的影响有关，即重视人生，避谈死亡。在民间还有谈死亡不吉利的偏见存在。其实，没有科学的指导，只能使当事人在面临死亡时，陷于迷茫，以致加重心理负担。死亡教育其中的一个目的，就是帮助生命末期的老年人，掌握生死学的知识和理念，缓解面对死亡的恐惧，更坦然、更平静地面对死亡、接纳死亡，认识到死亡本身就是对生命的一种价值肯定，同时个体死亡也是对人类种族延续和社会发展的一种价值贡献。在这个意义上说，人应该以一个好的心情去拥抱死亡。

4.关于"失面型"的辨析

对"失面型"死亡的害怕也是一个现实问题。这个问题是完全可以解决的。这里可以从以下几个方面来着手。一是就老人自己来说，一定要避免坚持单独生活的固执。有些老人自以为，多少年来单独生活惯了，与儿女一起住不方便，从而拒绝与子女同住。一些老人之所以会惨死家中，其中有不少就与这种固执有关。其实，在过去，父母是家庭的中心。俗话说，父母在哪儿，家在哪儿。现在人老了，特别是步入晚年的老人在观念上可以变一变，即应以儿子（或女儿）为中心，儿子（或女儿）在哪儿，父母就应在哪儿。二是从儿女方面说，要孝顺父母，接纳父母与自己一起生活。为了促进这一目标的实现，除了要在全社会进行孝道教育以外，如前文所言，政府也可以为接纳父母同住的子女提供某种优惠。三是从社会方面说，原所属工作单位和所住居民小区，应建立有专人负责的与独居老人联系的制度。四是为了维护作为人权之一的死亡权，体现国家和民族的基本价值认同和文化特征，须构建具有文化内涵的殡葬礼仪制度，保障逝者的尊严。

　　人生在世，如果做了一件或两件为人民所认可的事，那就不枉此生了。如果做到了生而无憾，死亦坦然，那么人生也就达于了幸福完满。但愿人人都有一个幸福完满的人生。

关于居家养老

一、居家养老是构建中国养老服务体系的基础

从中国的文化传统来说，一个完整的人生历程，包含三步：一是成长于家庭；二是从家庭走向社会，即外出求学和工作；三是从社会回归家庭。家庭及其扩展开来的家乡就是一个人的"根"，回归家庭也即"叶落归根"，或曰居家养老。因此，从总体上说，家庭既是人的生长地，也是人的归宿地。

家庭是由婚姻、血缘或收养关系而产生的亲属间的共同生活组织。在这个意义上说，单身汉有其生活，但不成其为生活组织，不构成家庭。所以，国人把"脱单成亲"称为"成家"，这确实是很为贴切的表达。

家庭是人的生长地和归宿地，这里的家庭是指正常家庭。所谓正常家庭，是由父母及子女等构成的两个及以上人口共同生活的组织。反之，那些没有子女或配偶的老人，以及子女不在身边的空巢老人家庭，那些不结婚同居的、同性恋的、大孩子带着小孩子不知其父母是谁的，以及没有亲情温暖的家庭，都算不上正常家庭。

由于受个人主义和自由主义的长期浸染，在美国的家庭结构中，正常家庭只占19%，而非正常家庭高达80%多。[1]这种家庭结构既不利于个人的成长，也不利于社会的稳定。有研究者认为，这种家庭结构是美国犯罪率居高不下的一个原因。我对这一观点深信不疑。俗话说，有问题的家庭，易于产生有问题的子女。

---

[1] 参见张维为：《这就是中国：走向世界的中国力量》，43、44页，上海：上海人民出版社，2019年。

　　中国是一个重视家庭的国度。这至少是从孔夫子那时以来所形成和得以延续的一个传统。它也是中华文明构成和变迁的伦理和制度底色。其核心可以用"修身齐家治国平天下"来概括。这里的关键是"齐家"。因为它是"修身"的目的，同时又是"治国平天下"的基础。

　　对重视家庭这一传统，国人自己往往习以为常，以至习而不察。可一些外国人不仅视之为中华民族的传统美德，而且认为它是中国经济和社会快速发展的一个重要原因，即在改革开放过程中，这种传统，促使家庭成员相互提携，提供就业和创业机会，共担风险，对付社会动荡和转型。美国学者、中国政府友谊奖获得者丹尼斯·西蒙就持这种观点，并对这一传统给予了高度评价。他说："确保孩子有吃有穿、有房住、有好的工作和生活，这是中国父母一生所求，也是中国家庭理念的核心，是中国整个文化和社会体系中非常重要的价值观。"在我看来，这是说得很对的。不过我认为，中国形成重视家庭的传统，如上所说，不仅因为它是人的生长地，还因为它是人的归宿地。在人伦关系上，不仅表现为长辈对后辈的"哺育"（"慈怀"），而且还表现为后辈对长辈的"反哺"（"孝道"）。这种家庭中代际的互动，会给家庭成员带来无比深沉的安全感、快乐感和幸福感。为了享受这种快乐和幸福，每年春节那些在外打拼的人，虽远在千里，却不顾途中舟车劳顿，霜雪兼程，千方百计赶着回家过年。

　　养老孝老在中国不仅是一种家庭美德，而且获得了国家法律的规范保护。从先秦到明清，几乎每个朝代都颁布法律来奖励或惩罚家庭成员照顾或不顾老人的行为，要求后辈对家中长辈尽到养老、孝老、敬老的责任。养老不仅包括照顾服务，而且包括经济供养。

　　新中国成立后，于1954年9月颁布和经过以后五次修订（1988、1993、1999、2004、2018年）的《中华人民共和国宪法》，都强调子女对父母赡养的重要责任，明确规定"成年子女有赡养扶助父母的义务"。这种责任和义务，通过1996年颁布和2018年得到修订的《中华人民共和国老年人权益保障法》，得到了进一步具体的规定和细化，借以保障老年人在家庭和社会中享有的各项权利。

　　随着世纪之交的到来，我国步入人口老龄化社会。为了应对人口老龄化，2000年中共中央、国务院颁布了《关于加强老龄工作的决定》（中发〔2000〕13号）。从此中国把老龄事业发展先后列入了"十五"

"十一五""十二五""十三五"规划（计划）纲要，强调"建立以居家为基础、社区为依托、机构为补充的多层次养老服务体系"。这个多层次养老服务体系以家庭赡养为基础，这是对中华民族养老孝老优良传统的继承和发扬。

二、居家养老所面临的新挑战

随着农业社会向工业社会的深度转型、城镇化进程的加速推进，在经济市场化、家庭结构小型化、女性就业结构职业化、疾病结构慢性化，以及老年人生活结构空巢化的冲击下，居家养老面临着一系列新的挑战。

中国古代农业社会"男耕女织"，男主外，女主内。女性在家中从事家务劳动，包括照顾老年父母。进入工业社会以后，部分家务劳动获得社会化，从而使女性得以从部分家务劳动中解放出来，成为劳动力市场的一个重要组成部分，于是这就产生了一个新的问题，即在家照顾老人与外出就业获得收入的两难选择。另外，外出就业的有偿性与家务劳动的无偿性相比，前者的满足感、幸福感是后者所不能比拟的。这是其一。

其二，经济市场化，通过市场来配置资源，其中也包括劳动力资源。因而市场化的发展也就意味着劳动力的流动，即劳动力从低生产率的地区部门向高生产率的地区部门流动。这种流动在当代中国主要表现为从农村向城市的流动，从中西部不发达地区向东部发达地区的流动，以及国际流动。在这一过程中，参与流动的，主要是年富力强者或有能耐者，不能流动的则是低能者或丧失劳动能力的老年人。在这种情势下，空巢老人的存在，在当代中国也就成为一个较为普遍的现象。统计数据显示，2021年中国约有近2/3的老人家庭出现空巢现象。这种身边无子女照料，而独居生活的老人，他们的窘迫和艰难状况，以及不时发生的可悲结局，往往令人心酸。

其三，经济市场化，也使金钱观念渗入家庭生活。在经济生活中的"亲兄弟明算账"，扩大为在家庭生活中的"亲父子明算账"。传统的养老孝老观念在金钱主义的冰水中，受到了严重侵蚀。在农村，一些有儿有女的老人，其幸福感往往不及那些无儿无女的由政府供养的"五保户"。不少地方甚至流行着这样一句话："共产党比儿子好。"这句话，一方面，是赞扬政府对"五保户"照顾周到，每月能准时把生活救助款打到他们的卡上，并不时组织志愿者上门服务；另一方面，是批评一些当儿女的对其父母关心不够、照顾不周。其实，有些当儿女的不仅对父母照顾不周，有的还把这种照料看成交易，老人给钱就照料，不给钱就免谈。在这种交易关系中，老人的幸福感自然荡然无存。当然，还有比这更为令人不齿的，比如"啃老"和虐待父母等。尽管这只是少数或个别现象。

总之，照顾老人一直在我国的宣传和法律规定中不断得到倡导和强化。但是，当代中国正面临着社会结构转型、家庭结构变革所带来的功能侵蚀和弱化的挑战，怎么办呢？这里需要有问题意识，与时俱进，想出新办法，采取新措施，走出一条具有中国特色的家庭老年照料的新路子。

三、走出一条居家养老的新路子

为了走出一条新路子，可以从以下几个方面着手。

1.提升对家庭老年照料的社会属性及其价值的认知

（1）要承认包括家庭老年照料在内的家务劳动，也是一种社会劳动或社会生产。或者说，家务劳动所进行的人口生产与物质生产、精神生产一样，是社会生产的一个有机构成部分。关于这一点，恩格斯在《家庭、私有制和国家的起源》一文中已经有所论述，即承认人口生产不仅具有家庭私人性，而且具有社会公共性。恩格斯的这一认知，在当今世界已逐渐成为共识。人口生产既包括生命生长，即生命的孕育、养育，也包括生命延续，即生命健康、老人照料，以及与此相关的做饭、洗衣、打扫卫生、购物等的劳动。

（2）承认家务劳动的社会性也就是承认包括家庭老年照料在内的家务劳动的社会价值。家庭老年照料的社会价值包括两个方面：一是社会经济价值，二是社会情感价值。到目前为止，社会经济价值以两种方式呈现。其一是，已被社会认可的价值。如家政服务业、保姆业、居家照料业等所创造的价值。其二是，家人付出的尚未以报酬计算的经济价值。现在的问题在于，如何把家人付出的、对老年照料的经济价值以其社会权益的方式体现出来。关于这一点，留待后文再谈。

家庭老年照料的社会情感价值，表现为对亲情关系的维系，不仅能够愉悦老人的生活，增进家庭关系和谐和家庭成员的幸福感，而且能促进全社会的和谐和全体人民的幸福，而这也是新时代人民对美好生活向往的重要体现。

2.加强对家庭老年照料劳动权益的法律保障

在家庭老年照料方面，中国以往的法律保障是单方面的，即只有对老人权益或曰被照料者的保障，而缺少对照料者的保障。一些比较早地进入老龄社会的西方发达国家，经过了长期探索，积累了不少成功经验，可供我国借鉴。我们可以通过学习借鉴，结合我国养老事业的实际，去建立符合我国国情和世界养老事业发展潮流的法律保障体系。这里拟提供以下思路。

（1）新时代的家庭养老立法应以人民对美好生活的向往为导向。这一愿景就是党的十九大报告中所概括的"七有"，即"幼有所育、学有所教、劳有所得、病有所医、老有所养、住有所居、弱有所扶"。在这个"七有"愿景中，除了前"两有"以外，其余"五有"都与"家庭养老"有直接关系。比如，"劳有所得"，就不仅包括从事社会劳动所得，还应包括从事家庭养老等家务劳动所得。另外，老年人是生病较多，自理能力较弱的人群，因而他们必然是"病有所医""住有所居""弱有所扶"的重点关怀人群。至于"老有所养"指的就是要建立以家庭养老为基础、社会为依托、机构为补充的多层次养老服务体系。在这个意义上可以说，后"五有"重点体现了家庭养老的全部内涵。因而应该立足人民对美好生活的向往，开展新时代家庭养老的立法工作。

（2）新时代的家庭养老立法应在多层次上展开。这里的多层次包括家庭、用工单位和社会等三个层面。在家庭层面上，应依靠法律保障夫妻从事社会劳动和家庭劳动的价值平等，从而保障双方平等拥有家庭共同财产的权利。在用工单位层面上，用工单位作为责任主体对照料父母的雇员应具有劳动保护的责任，从而帮助雇员解决照料父母与工作之间的冲突。对生育者，我国早有产假的法律保障，而对照料老人者，在我国还缺乏法律保障。这里需要学习一些发达国家的经验，加强有关老年照料的劳动保护的立法。这其中包括带薪（或不带薪）的老人照料假、灵活的工作时间，以及向照料者发放津贴等。在社会层面上，我国已做了许多工作。比如，通过个人缴纳部分进入账户、政府配套的方式，使老人享受个人养老金、医疗保障金等。另外，还可以设立"家庭照料者支持基金"。在现代社会，子女与老人分开生活已成普遍现象，可用社会支持手段，实施"多代同堂"政策（如新加坡），对与子女分居者，实施随迁"入户"的优惠政策；对照料老人者，实施不延长退休年龄的政策等。

3.构建新时代的养老孝老文化

（1）要有基于历史延续和社会发展的宏大视野。为什么要养老孝老，这得从家庭谈起。家是生命和情感的承载。这表现为两个方面，一是抚幼爱幼，二是养老孝老。抚幼爱幼也就是延续生命、关爱生命；养老孝老也就是呵护生命、珍惜生命。这两个方面又连接着对历史及未来的尊重与敬畏。养老孝老是对前辈劳动的肯定和回报，接续着历史；抚幼爱幼是对后辈劳动的培基与扩源，开辟着未来。正如习近平总书记所指出的："无论时代如何变化，无论经济社会如何发展，对一个社会来说，家庭的生活依托都不可替代，家庭的社会功能都不可替代，家庭的文明作用都不可替代。"①因而必须从生命承载和情感依托，以及家庭的社会功能和家庭的文明作用的宏大视野，来提高对养老孝老文化建设的认知。

（2）要坚持社会主义文化引领。无论是抚幼爱幼，还是养老孝老，贯穿其中的既非上下尊卑原则，也非物质等价原则，而是家庭中的代际关爱原则。试想，在爷爷让孙子"骑大马"的游戏中，有何上下尊卑可说；在母亲给儿子献肾的事迹中，有何物质等价可言?！新文化运动批判封建家长制，批判它对基于血缘亲情孝文化的扭曲，并非批判孝文化本身，那种把孝文化当作封建糟粕加以否定的观点是错误的。另外，批判封建主义对孝文化的扭曲，强调父母和子女在地位和人格上的平等和独立是对的，强调父母与子女间的双向义务责任关系也是对的。但是平等和独立不是基于个人主义的对立和冷漠，双方的义务

---

① 习近平：《动员社会各界广泛参与家庭文明建设　推动形成社会主义家庭文明新风尚》，《人民日报》，2016—12—13。

责任关系，不是契约关系，不是利益的等价交换，而是人情本然或人之常情，是相互关爱基础上的平等独立和温情愉悦。因此，在新时代养老孝老文化建设中，既要与封建主义尊卑观念所造成的扭曲划清界限，又要对个人主义、拜金主义所造成的干扰加以排除。为此，要坚持社会主义的文化引领，即坚持用社会主义核心价值观武装干部、教育人民、培育青年，把养老孝老教育工作作为社会主义精神文明建设的一个重要环节，认真抓好。

（3）要发挥政府的主导作用。政府机关及其工作人员要提高对家庭养老照料的社会属性及其价值的认识，支持居家社会养老试点工作。这一方面，已经做出了一些成绩，但还仅是开始，还须继续努力。除此以外，还要以政府或社团名义宣传孝道，表彰孝道行为，树立孝行楷模，并逐渐形成风气。比如，2012年8月13日，由全国妇联老龄工作协调办等机构共同发布的新版"二十四孝"行动标准，与人们日常生活密切相关，简单明白地告诉人们在日常生活中应如何践行孝道，从而为新时代践行孝道提供了行动准则。另外，在创建文明城市、文明社区、文明楼院、文明家庭的活动中，要加强对孝行文化的宣传和孝行模范的表彰。总之，要在党和政府的领导下，动员各方面的力量，共同做好新时代养老孝老文化的建设工作。

忘年之交*
——我与宜庆先生

几十年来，我所认识和结交的人不在少数，其中，不乏德高望重之人。宜庆先生（卢老），作为我的良师益友，获此赞誉，当属名副其实。我甚至认为，当年的芜湖师专（2005年并入安徽师大）因有宜庆先生，而有了道德高标；因有宜庆先生，而更显精神品位。

一

宜庆，姓卢，名宜庆，别名静园，安徽六安县人，1901年9月18日生于一个知识分子家庭。其父担任过30多年的中小学教员，对子女管束极严。先生曾对我说，小时没少挨他父亲的板子。后来，他自己也懂得要刻苦学习，从而于1925年8月以优异成绩考入现南京大学的前身国立东南大学教育系。读书期间，北伐战争爆发，先生受革命热情感染，于1927年1月至1928年1月休学投军，担任北伐军独立第5师宣传员。其后，返校复读于校名已获变更的南京第四中山大学，以及不久又获新名的国立中央大学，并于1931年1月毕业。

从那以后，先生一直从事教育工作。解放前曾辗转于皖东、皖西、皖中、皖南等地，往返于安徽、广西、上海等地，先后供职于14所中等学校、一所高校和省教育领导机关（1946年5月至1948年12月，任安徽省教育厅督学主任科长兼秘书）。先生在学校供职时或是教员，或是教务主任，或是校长。其中，在安徽学院先后晋升为讲师、副教授。

先生曾有一次与我谈及解放以前工作单位频繁变动之事。他说，那是为生活所迫，不得已的事。那时教师工作不稳定，生活无保障。

*原刊于陈孔祥主编：《赭麓记忆：安徽师范大学口述实录》第三辑，芜湖：安徽师范大学出版社，2021年。

社会长期动荡，对教育事业冲击太大。因办学经费难筹，加之学生流失，不得已降薪欠薪、缩减办学规模，以致学校停办等事，时有发生。另外，校方往往凭关系用人，你纵有才德，又能奈何，只得走人。那时学校教员失业以后，找工作不易，况且每次搬迁，拖家带口，舟车劳顿，辛苦异常。

他说解放以后好了，社会安定，人民政府对发展教育事业十分重视，教师工作稳定，生活有了保障。他说，解放前的18年间，他先后换过16个工作单位，平均一年多换一个。解放以后几十年来，只调动过两次工作，一是从徽州师范调入屯溪女中，二是从屯溪女中调入芜湖师专。而这两次调动，都不是个人原因，而是工作需要，组织安排。

芜湖师专曾于1981年10月召开过一次庆祝老教工从事教育工作三十年大会。会上先生即席发言，以自己的亲身经历说明新旧社会两重天的差异，批判国民党统治下教育事业的腐败凋零，歌颂新中国的教育事业，特别是改革开放以来教育战线的大好形势，并谆谆告诫青年，要有社会使命感，要珍惜自己的青春年华。一位饱经沧桑的耄耋老人，这一番发自肺腑、有着深厚历史内涵的讲话，使在座的人为之动容，深受教育。

二

从新中国成立到改革开放，有两次大的运动，一是1957年的反右派斗争及其扩大化，二是1966年开始的"文化大革命"，对教育战线影响很大。可先生几乎没有受到这两次运动冲击，在其高潮过去不久，先生还"高升"（一是从屯溪女中调入大学芜湖师专，二是从芜湖师专中文科主任提拔为副校长）了。有一次，我在与先生的交谈中探问其故。他说："我是一个从旧社会过来的、有历史问题①的知识分子，党和政府仍委我以重任。共产党以国士待我，我当以国士报之。因而几十年来，我只求做好工作，别无他求。"他说，看淡名利，不争不夺，

---

① 这里所谓的历史问题，先生当时一语带过，没有细说，我也不便多问，直到作此文时，查看先生档案才知道，先生曾于1927年加入过国民党，1935年加入过复兴社，1938年2月放弃登记，自动脱离。解放以后先生对这些历史问题都向组织作了如实汇报，得到了谅解，并给予了"不予追究"的政治结论。

也就避免了许多是非。可话锋一转，他又说，为了做好工作，该讲的还得讲，不能怕得罪人。因此，他被时任校党委副书记的李世庸夸赞为"急公好义"①，当然也有人嫌他较真。不过，他说，不管是给领导提意见，还是对自己的下属进行批评，都不要说过头话，要对事不对人，分清主流和支流。先生的这一自我守持，可从曾是他下属的三位教师合写的一篇文章中得到佐证。该文写道："卢老为人清廉正直……，他敢言别人之不言，却从不'打棍子'。"②

我曾问先生何以能做到如此。先生说，这得感谢建国初期的知识分子思想改造运动。当时参加学习的不少人起初对这一运动不感兴趣，有抵触情绪，认为这是组织上在"为难"自己。而他则利用这次学习教育的机会，认认真真读了几本书。其中就有毛泽东主席的《实践论》《矛盾论》，特别是对《矛盾论》的学习，使他受到很大教益。生平第一次懂得要用唯物辩证法的观点看问题，不然工作要吃大亏，个人也要吃大亏。他举例说，1957年有的人被打成"右派"，其实并不是真的"反党"，而是思想方法不对头，把党的工作中作为缺点的"芝麻"夸大成了"西瓜"，且言辞过激，结果造成了不应有的损失。这损失不仅是个人的，也是国家的。

三

解放前，先生在何种情况下，以及出于什么动机加入国民党和复兴社等政治组织，我们不得而知。但先生终究是一位学者，一名教师。他热爱教育事业，关心爱护学生。他从事教育工作55年，培养了一批又一批人才。学生钦佩他、敬仰他、感谢他，在他退休以后，还有不少学生前来看望。其中，有的年已半百，专程从外省来看他老人家。有时学生来看他，卢老先生邀我前去作陪。席间相谈，学生对先生情之真真，爱之诚诚，给我留下了深刻印象。

这里还有一事要提及，卢老在"文革"中之所以没有受到冲击，除了因他在解放初加入民盟，曾担任过屯溪市民盟主委以及省民盟顾问及省政协委员，从而使他作为民主党派人士受到保护以外，还因为

---

① 李世庸：《勤奋耕耘，诲人不倦》，《芜湖师专报》，1988—1—25。
② 王家禄、翟大炳、高树榕：《悼念卢老先生》，《芜湖师专报》，1988—1—25。

他所处的小环境比较好，即他作为主任的芜湖师专中文科，人际关系比较和谐，风清气正，秩序井然。虽然他对下属、对学生要求严格，但并非出于私念，而是满怀真情。因而他与他们之间没有落下怨恨，而且在"文革"中还得到了他们的保护。

他在退休以后，也并没有像常人那样"不在其位，不谋其政"，或"多一事不如少一事"。他对学生的关心，依然情真意切。比如，当看到学生浪费粮食，把吃剩的米饭、馒头倒在泔水桶里，或看到学生一边洗衣服，一边让自来水哗哗流淌等现象时，他会难以忍受，毫不犹豫地前去制止，并予以教诲。当学生不以为意时，他还会大声疾呼，甚至到了疾言厉色的程度。真可谓"爱之愈深，责之愈严"。

四

宜庆先生关心政治，解放前已对共产党形成了肯定认识。这表现在，他身在白区，却默许自己的大女儿卢秉正于1948年10月，即著名的淮海战役打响前夕，跟着共产党走上了革命道路。

鉴于卢老先生的一贯表现，1979年4月的一天，学校分管组织工作的党委副书记李世庸找到我，说我与卢老先生走得近，要我以我的方式探询一下，他是否有加入中国共产党的意愿。我知道，当时我党的各地组织正在进行吸收社会名流和贤达之士加入的工作。

接到这个任务后，我随即来到卢老家中探询。卢老以凝重的神情对我说，他不够条件；再说，年岁大了，入了党也不能发挥一个党员的作用，那又何必呢？卢老心目中的党员条件是什么？他说了一句至今让我难以忘怀的话："共产党员是不要命的人。"并由此扯出了先前从未与我谈及的，他所经历的一段往事。

卢老的妹夫周同初，曾于1926年参加中国共产党，后任中共安徽省六安县县委书记。因在白区从事地下工作，1934年秋遭国民党反动当局逮捕，投入南京监狱。卢老得知这一消息后，当即筹集400块大洋，前往南京疏通关系，使其得以从南京监狱转入安庆监狱。他在狱中经受各种折磨，终不屈服，因查无实据，关押三年后被予以释放。

出狱以后，卢老把他接来自己家中，让其避祸养病。卢老说，刚来时，他身体虚弱，瘦得脱形，几乎只剩下一副骨头架子，风一吹都会倒下。他和老伴通过种种关系，迎请医生为之治病，精心加以护理，几个月下来，其身体渐有起色。可不久，他执意要辞别远去，说要寻找自己的组织。他们挽留不住，只得由他而去。1938年6月，他在去往中共安徽地下省委汇报工作的途中，遭日本飞机轰炸，不幸牺牲，后被追认为革命烈士。卢老感叹道："他这样的人才是真正的共产党员，我不够资格。"

当时，我作为一名年轻的共产党员，听到党外一位老知识分子讲述他对共产党员这一称号的真诚理解，以及不经意间所谈及的，在白色恐怖下冒着巨大风险救助一位共产党人的感人事迹，深受教育。面对这样一个心地纯真的老人，除了敬重以外，我还能说什么呢？什么都无须说。事后，我把与卢老的谈话过程，如实向李副书记作了汇报，他听后也十分感动。

五

卢老自称他不够共产党员资格，可在我看来，他那近乎苛刻的律己精神，值得我们每个共产党员学习，并敬佩。

卢老在领导岗位上工作几十年，向来公私分明，从不因私动用公家一张纸、一个信封。不仅如此，他为了减轻学校负担，还多次放弃他本该享受的种种待遇。有以下几件事，在那时的芜湖师专传为美谈。

1959年卢老夫人徐世慧先生从当涂一所中学（中教八级）退休。当涂县民政局拨给她半立方米木材，作为安家之用。在那个物资紧缺的年代，木材可是稀罕之物，更何况还是赠送的。卢老夫妇得知这档子事以后，告知学校（芜湖师专）把木材运回，并说他家无此需要，放着也是浪费，还是留给学校使用吧。为了能对两位老人有所补偿，当时校长办公室准备选取两件适用的家具送去。在征求意见时，又被老人婉言谢绝。

在那个艰苦的年代，芜湖师专没有自己的澡堂，因而师生员工冬天洗澡困难。人们通常是来回坐20多公里的公共汽车，来到市区澡堂洗澡。鉴于卢老已是80岁高龄的老人，行动极为不便，于是，学校领导作出决定，派吉普车（学校当时只有一辆吉普车）来回接送，但遭老人一口回绝。他说："我个人洗澡，哪能让学校派车，这千万使不得。我外出洗澡，有外孙陪着，不妨事，请领导放心。"[1]

20世纪80年代，芜湖师专先后建成了一栋教授住宅楼和三栋讲师住宅楼。按相关分房条件，卢老完全可以分得一套。卢老当时所住的是20多年以前芜湖师专建校期间所建的两间小平房，十分简陋，室内既无自来水，也无厕所。有一次我到他家，谈及分房之事。他说，学校后勤部门早已派人来征求过意见。他已告知，决定放弃。听他这么说，我为之惋惜，这么好的机会，怎么说放弃就放弃呢？我不解。他说，老房子住惯了，有感情，不想搬。另外，在职人员都有沉重的工作和生活负担，而他早已退闲在家，还是先紧着他们。

卢老就是这样一个人，总是想着学校、关心他人，而不惜亏待自己。

六

我与宜庆先生结识较晚。我于1971年被分配到芜湖师专工作。那年，卢老70岁，而我才27岁。当时他被分配在校图书馆负责图书借还工作，而我则是在马列室教书。因此，无论从年龄维度，还是从工作性质维度来看，我与卢老都不会有过多交集，当然更谈不上结成忘年之交。但事有凑巧，我俩因书结缘。

他工作的图书馆与我的办公室（兼卧室）同在一栋楼上。图书馆在一楼，我的办公室在三楼。图书馆里藏有一套我所喜爱的《马克思恩格斯全集》，还有一套《列宁全集》，以及其他各种文史类书籍。1980年以前，我母亲妻儿的户口尚未迁来芜湖。因而那些年，我是一人在学校生活，故有大量空闲时间可以用来读书学习。

顺便说一句，从1971年到1980年这十年间，是我一生中读书最多、涉猎最广的一个时期。在这一时期，我是三天两头跑校图书馆，或借还书，或查资料。卢老很喜欢我这股子学习的劲头，一来二往，也就熟识起来。

---

[1] 参见胡学发：《卢老是我们学习的好榜样》，《芜湖师专报》，1988—1—25。

另外，当时图书馆的工作人员只有几位老人，干重体力活，确实有些力不从心。卢老因与我熟识，我又年轻，故而不时被临时抓差，帮助他们到芜湖市新华书店去购书、运书。当时学校没有交通车，只能坐外面的公共汽车。从新华书店出发，把书送上汽车，然后坐车到芜湖师专站，把成捆的书卸下，再运送到校图书馆。这来来回回、一上一下，可是一个体力活。卢老为了表示感谢，不时邀我到他家做客。其实，主要不是吃饭，而是交谈。这种交谈进行过两三次以后，也就从原先的客套，深化为内心的交流。于是也就加深了彼此信赖。

我与卢老所谈内容不是鸡毛蒜皮，或家长里短，而是工作、学习、人生经历和社会观感。卢老共有7个儿女，除大女儿外，其他儿女都在外地工作，他们来芜湖看卢老，我往往也会应邀作陪，卢老把我作为他所信赖的朋友，隆重地介绍给他的子女。卢老的大女儿所关心的主要是老人家的生活起居。因此，到了卢老晚年，能经常与他进行思想交流的人，主要是我。我一开始也没有意识到我在卢老心目中的分量。在卢老退休以后，我大体是每周去看望一次。卢老夫人这位脸上常挂着蒙娜丽莎式微笑的知识女性，待人特别谦和客气。每次坐定，她都把预先准备好的茶点送上。有一周，记不起因何事耽搁没有去。隔一周再去时，卢老问我："你上一周没有来？"我随即作了解释。这次交谈结束以后，我告别卢老来到门外走廊上，送我的卢老夫人轻声对我说，你上一周没有来，卢老想你。听到此言，我为之一怔。看来每周一次与老人的交流交谈，已成为他生活中一个不可或缺的部分。人到老年，需要陪伴，特别是精神的陪伴。

其实，陪伴从来不是单向的，而是相互的。我很愿意与卢老交谈。他人生阅历丰富，见多识广，从他那里可以听到书本上学不到的许多真知灼见。

比如，1979年学校开展职称评审工作。按省教育厅有关文件规定，从年龄上来说，我作为老五届大学生只能参评助教，不能参评讲师。但我那时的教学和科研水平已达到评讲师的条件。正在为此纠结之际，卢老鼓励我"不妨一试"，同时又说"得之不喜，失之不忧"，教我要平和地加以对待。后来，我如愿以偿，得以成功申报讲师职称，然而卢老送我的这八个字，始终铭刻于心，成为我的座右铭，也成为我对学生进行教育的人生格言。

又比如，1985年4月，我想主动辞职，即从芜湖师专校长的岗位上退下来，专心从事我所喜爱的教学和科研工作。我把这个想法告知卢老。卢老一开始有些不解。他说，你校长干得好好的，学校面貌也变化很大，怎么要辞职呢？我向他作了解释。卢老沉默片刻，接着问道：你下决心了吗？我说：已经思虑再三，下决心了。他说：这么大的事你都能放得下，凭你的条件，一定能做出一番像样的学问来。尽管什么是"像样的学问"，卢老当时没有说明，但他的这一席话，还是给我以很大鼓舞，从而进一步坚定了我辞职的决心，并转而成为促使我前进的动力。若卢老地下有知，我可以告慰的是：这几十年来，我一直在向他所期望的目标努力。

在我的人生道路上，卢老不仅像导师那样给我以思想指点，而且在生活上，还十分关心我的家人。当我的母亲妻儿于1980年按有关政策从江苏老家迁居芜湖，已经80岁高龄的卢老和卢夫人一道来到我的家中看望。临走时还一再叮嘱："刚来，五口人生活不易，有什么麻烦事告诉我一声，不要见外。"那时，还真有一些事得到了卢老的真情关照。比如，孩子从农村学校来，外语水平低，卢老主动提出给孩子补习外语。孩子每次到他家补习，卢老夫人总是给孩子准备一些好吃的，像对待自己的孙辈一样。我的两个孩子是男孩，那时正处于长身体阶段，家中口粮比较紧张，卢老得知后，派人送来粮本（那时得凭粮本按计划购粮）。孩子上学，学费一时不凑手，又从卢老处借钱解急。在私人交往中，卢老就是这样一位十分珍惜情谊，不摆老者架子，给人带来温暖的人。

七

卢老从图书馆的工作岗位上退休以后，还有一个心愿要实现，即把他多年积累的中国史文资料（略附外国的），加以补充、整理、汇编成册，以便为那些想了解一点历史、文学常识的读者提供方便。基于我俩的友谊和对我平生所学的了解，卢老决定选择我作为他的助手，来协助他完成这一工作。我当即表示：义不容辞。

随着工作的开展，我才逐渐体会到，这是一个以广泛知识积累为基础的，需要投入很大精力、花费很多时间，并要以极为认真细致的态度来加以对待的工作。因为其一，资料涉及的时间跨度大，即往上要追溯到170万年以前的元谋人，往下则要叙述到1911年的辛亥革命；其二，资料包括的范围广，除了中外资料要兼顾以外，还要介绍一个时期的经济、政治、文化，以及历史人物、历史事件等。经过三年多夜以继日的紧张工作，《中国史文资料简编（外国的略附）》终于定稿，并由芜湖师专印刷厂印刷，供内部发行。全书分上、中、下三册，计50多万字。卢老在该书"前言"中，对我的工作给予了充分肯定。他说："陶富源同志在资料的搜集、补充、校对方面尽了很大心力。"

其实，这对我来说，也是一个跟在卢老后面，进行学习和经受锻炼的过程。这表现在如下几个方面。一是，通过参与这项工作，我过去所掌握的比较零散的历史、文学知识得以丰富，并以时间为维度获得连贯；二是，我所从事的哲学研究及其成果获得了一定的历史、文化知识的支撑，从而平添了某种丰满性和历史感；三是，我切身领略了卢老治学严谨、一丝不苟的科学精神，以及他那老有所为和对读者高度负责的人格魅力。

令人宽慰的是，该书发行以后受到各方好评。另外，因写作本文，我在查阅卢老档案时还发现，卢老恢复其副教授职称（前文有言，他在解放以前已获副教授职称）时，有两位同行专家高度评价了《中国史文资料简编（外国的略附）》一书，认为：该书"史料筛选较为精当，有些考证也较有见地"。

八

卢老病重期间，为节省学校开支，一再推迟住院，后来虽在学校领导和同事的一再劝说下，住院治疗，但又一再提出，不要为他而花费更多的人力、物力、财力。对前去探望的子女和亲友，也劝告他们要以事业为重，不能因此影响工作。我也到医院去看望过他一次。可就这一次，还遭到他的一通训诫。我刚推开门，还没有来得及开口，他看到我，即以不太高兴的口吻说："你来干什么？你是个忙人，放着正事不干，凑什么热闹？赶紧给我回去。"在一般人看来，卢老的这一态度似乎有些不合常情，但我能理解。对他而言，做好工作就是对他最好的慰问。

卢老于1988年1月12日去世，享年88岁。学校按照卢老生前嘱托"丧事从简，不设灵堂、不收礼、不开追悼会"，只在芜湖市殡仪馆举行了一个遗体告别仪式。为了纪念卢老，1988年1月25日的《芜湖师专报》开辟专栏，以两个版面的篇幅，发表了芜湖师专师生员工总计12篇悼念文章，以表达对卢老的敬意与哀思。这在芜湖师专48年的历史上，是仅有的一次。这其中也有我的一篇短文。现全文转录如下：

学习宜庆先生

卢宜庆先生离我们而去了。安徽教育界痛失一位老前辈，一位德高望重的良师、楷模！先生经历了中国近、现代史上巨大变化的八十多年，经过长期摸索，最终走上一条追求光明的人生之路。在那黑暗的旧社会，先生不畏风险，对投身革命的亲戚予以鼓励、关心和照顾。先生热爱新社会，热爱共产党，直到晚年仍是身在斗室，心关天下。

先生热爱教育事业，在这块园地上辛勤耕耘数十个春秋。先生以治校严谨著称于同辈，其先后主持的学校，往往以良好校风誉满一方。

先生知识渊博，所览极多，以读书为乐，好学不倦。先生对工作极为负责，憎恶作伪，不容苟且。先生对自己要求极严，几达苛刻程度，从不多占和浪费国家一纸一墨。可以说，先生真正做到了在荣誉和利益面前不伸手。

一个多么可敬可爱的老人！

先生逝矣，但风范长存。先生的崇高精神将永远值得我们学习。

今年是新中国成立70周年。卢老所热爱和献身的新中国教育事业和其他事业一样，取得了十分辉煌的成绩。在此欢庆之际，怀念先生，写下此文，以示告慰。

勤劳立身

人活一辈子，不易。人活着，靠这，靠那，最靠谱的，还是靠自己的劳动，去做一个自立之人。这几十年来，我的家庭生活不断得到改善，对国家多少也做出了一些贡献，并享受着人生的快乐和尊严，概括起来说，贯穿其中的就是一个字：勤。它包括学前时期的勤快、学生时期的勤奋和工作时期的勤劳。中华民族以勤劳著称于世。如今国家日益繁荣富强，我们的子孙后代，如何继承和发扬中华民族的勤劳传统，避免"因富而懒"，是我们应该思考的一个重要问题。下面就这一问题来谈一些自己的人生体验。

一、凭劳动做自立之人

1.做自立之人

茫茫人海，各色人等。在当代中国社会，除丧失劳动能力而靠国家兜底保护的人之外，其他人大体可分为四种类型。

（1）自立型。所谓自立，即指"依靠自己而存在"①，或曰依靠自己而生存。这种人在中国成年人口中属绝大多数。他们靠自己立身行事。因自立而自信，因自立自信而自强，因自立自信自强，对国家有用而自豪。这种自立之人，自然受到社会的尊敬、推崇，乃至仰慕。

（2）依赖型。所谓依赖，即指"靠别人恩典为生的人"。这种人"把自己看成一个从属的存在物"②。比如，有当儿女的依赖父母，即俗话说的，"天不怕、地不怕，只要有个好爸爸"。那些被世人诟病的"官二代""富二代"就是其典型代表。这种人最终会成为父母的麻烦。

---

① 《马克思恩格斯文集》第1卷，195页，北京：人民出版社，2009年。
② 《马克思恩格斯文集》第1卷，195页，北京：人民出版社，2009年。

又比如，有的女人依赖男人，即所谓"千重要、万重要，嫁好老公最重要"。这种女人最终会成为男人的累赘。再比如，有人好吃懒做，依赖政府救济而生活。这种人也就成了国家的负担。我曾在贫困地区工作过一段时间。在那里，我遇到过一个懒人。这个人因为懒，既没有娶上媳妇，村中也没有人愿意搭理，只有小孩子主动招惹他，使他成为他们起哄、嘲笑的对象。

（3）不轨型。所谓不轨，即放着正路不走，走邪道。这种人通过偷盗、欺诈、暴力和贪腐等不法手段，去侵吞他人和社会的财富。因而成为世人唾弃和法律惩治的对象。我曾认识一位为官者，因贪污被抓了进去。其老母受到刺激，一病而去。不久后，其儿子也因贪腐被抓。面对家中如此惨状，其老伴痛不欲生，从楼上跳下，不治而亡。他在狱中也是整天以泪洗面，自悔道："上梁不正下梁歪，我是家中的罪人啊！"只不过，悔之晚矣。

（4）自弃型。所谓自弃，即不思进取、自暴自弃。这种人如果不加改变，那么其人生结局难免惨淡。这种人生结局不会被人同情，至多只会在熟识者中引起几声哀叹，哀其不幸，叹其不争。

不难看出，上述四种人，除第一种以外，其余都不可取。因此，为人父母，总是希望自己的孩子，将来成为能自立、对国家有用之人。

2.劳动是立身之本

做自立之人，何以自立？或曰以什么为立身之本？下面就这个问题谈三点看法。

（1）身外之物不能作为立身之本。其一，一个人如果依赖身外之物而存在，那他在根本上也就不成其为自立之人。其二，身外之物之作为身外之物，也就意味着，它可能属于你，但并非必然属于你；它可能一时属于你，但并非始终属于你。因而如果有人以这类可能的，或一时的所属之物为本，那就是一种不靠谱。或者说，这类东西的所属，如果不能从可能转化为现实，或从一时变成终有，万一一去不返，那么其人生命运也就难免"呜呼哀哉"。其三，对某种外物的拥有，除世袭和继承以外，通常都是自己劳动的结果。这就是俗话所说的"天上不会掉馅饼"。古代的世袭和恩荫不仅已成为历史，而且孟子也早有

"君子之泽，五世而斩"①的警语。关于财富的继承，在西方也早有"富不过三代"的诚言。

什么是身外之物？权力、金钱就是这类之物。因而那种关于人生之本的"权力本位论"或"金钱本位论"，都是不能成立的。

（2）身内之物也并非等同于立身之本。在这个问题上，中国古代有人提出了"诚信本位论"，即认为，人应以诚信为本，不诚，无以立也。当代有论者提出了"能力本位论"，即认为，人应以能力为本。另外，在现实生活中，也还存在一种"颜值本位论"，说得通俗一点，就是"凭脸蛋吃饭"。怎样看待这些观点呢，下面先从"颜值本位论"说起。

①关于"颜值本位论"。所谓颜值，即呈现在别人面前的俊美程度。人之俊美与否，涉及审美标准。而不同时代、不同群体、不同个体的审美标准不同。但有一点是共同的，即在同一标准下，人们的颜值并不一样，也就是说，有高低之分。诚然，这里的高低只是一个总体印象，是不能用精确数值来指谓的。因而那种用分值来标示颜值高低的做法，显然是不可取的。

那么颜值对人的意义如何呢？对此国外有人做过研究，其得出的结论是，在同等情况下，颜值高的人比颜值低的人更能获得晋升的机会。这一结论与人们的日常经验似乎也比较吻合。不过，这也只是一个大概。

然而前几年，我国影视领域形成了一种"颜值崇拜"热，并逐渐波及社会。受其影响，有人把提升自己的颜值视为人生大事。如果自然禀赋不足，则以美容整容来加以弥补，从而使美容整容成为一个时尚的很赚钱的行业。怎样看待这种"颜值本位论"呢？

其一，世上三百六十行，其中的绝大多数行当，其选人标准就是能干，而颜值高低是不在考虑之列的。不然，招来一些中看不中用的"绣花枕头"，又有何益？

其二，那些考虑用人颜值的行当，如模特、影视、主持等，颜值也只是其中的一个辅助条件，并非主要条件。其主要条件是才艺。拿影视作品来说，颜值只是演员造型的一个方面，而演员造型只是作品

---

① 《孟子·离娄下》。

整体呈现的一个要素。在这个系列的关系中，演员造型要服从作品整体，而颜值的选择又要服从演员造型，即适合角色需要。如果不适合角色需要，颜值再高，也是无用。

其三，不能把颜值降格为某种肉体的特征。说到底，颜值是先天与后天、自然禀赋与人文陶冶相统一的外在呈现。所谓先天就是通过生物遗传所获得的自然特征。所谓后天就是通过营养和康养所获得的健康润泽，特别是通过勤奋学习和刻苦训练所获得的人文滋养和仪态表征，这也就是人们通常所形容的气质、气度。另外，还包括外在的衣着、化妆、发型等的修饰。

如果对上述这些都避而不谈，而只从自然禀赋或某些肉体特征去理解颜值，搞所谓"颜值崇拜"，则是荒唐的、不可思议的。

②关于"诚信本位论"。诚信是指言而有信，或信守承诺。很显然，诚信本位论是从人之交往或交往关系立论的。它指明，只有以诚信做基础，人际交往才能得以进行和持续，人才能作为交往者立足，并在交往中满足自己的需要。也就是说，诚信是人作为交往者立足的必要条件。就此而言，"诚信本位论"是有其道理的。

但是，话说回来，诚信只是交往的一个必要条件，而非唯一条件。因为交往活动得以进行和持续，除了需要有诚信这一条件外，还须有一个更为基础的条件，即相互需要。或者说，人们因互有需要而相互交往。不难看出，互有需要是相互交往的目的和动因，互有诚信是相互交往的中介和手段。通常而言，手段服务于目的。因而对交往活动而言，互有需要与互有诚信相比，前者更为根本。

另外，从更高的立意来说，人们交往的需要根源于生产的需要，特别是物质生产的需要。因为物质生产活动本身，就是通过交往实现的人类改造自然的社会物质活动。

总之，在人类活动的总体意义上，把诚信作为人的立身之本并不恰当。

③关于"能力本位论"。这里的能力是指人内在所拥有的，改造外在对象的体力、智力、道德力、审美力，以及实践操作力的总称。人自身还有一种力，不是用于改造外界对象，而是用于消费外在对象的，比如消化能力、呼吸能力等就不属于我们上述所言的能力范畴。

人作为实践活动的主体，如果离开了作为活动手段的能力，那么自立也就无从谈起。因而就此而言，"能力本位论"是有一定道理的。现实生活也告诉人们，那些自立之人也就是有能力之人，或相对于别人而言，有一技之长之人。

但能力作为人之自立的条件，首先是结果，是作为结果转化而来的条件。因为能力不是生来的，而是生成的，是在后天的学习和实践中逐渐形成和提高的。这是其一。

其二，不能把能力与能力发挥混为一谈。能力作为一种结果，只是一种静态的潜在力量。它只有通过人的劳动活动，才能发挥，才能转化为动态的现实力量。众所周知，马克思的剩余价值学说得以形成的一个基本前提，就是在理论上，把劳动力与劳动力的发挥，即劳动区别开来。

其三，能力须通过劳动来确证自身，不然，谁能承认你有此种能力？上文提到的一技之长，或曰"一招鲜"，都是通过劳动来获得确证的。"唯学历论""唯文凭论"为什么不对，其不对在于，这种文凭或学历所标示的能力还没有通过实践表现出来。考场上的"高手"不等于实践中的"能手"，高分低能的情况在现实生活中并不罕见。因此，归根到底，人的立身之本不是能力，而是劳动。

（3）人以劳动为立身之本。在马克思、恩格斯那里，虽然没有在个体意义上，用如此明确的语言来表述这一观点，但他们的许多论述确实又是对这一观点的有力佐证。概括起来有如下三点。

①劳动是人的自由本质的标示。这里的自由，意味着人对外在自然和内在自然（本能）的超越，实现着人对自然原本没有的东西的创造。而劳动正是人的"积极的、创造性的活动"①。正是在劳动中，人们实现和发展着自己的自由。这里的自由，一是指超越外在自然，不断扩大着相对必然而言的自由；二是指超越内在自然，不断扩大着相对本能而言的自由。所以，马克思说："自由的有意识的活动恰恰就是人的类特性。"②

②劳动创造了人世间的一切。相对以往的一切思想派别，马克思主义的一个重要特征，是肯定劳动，特别是物质生产劳动的作用和意义。在马克思、恩格斯看来，劳动不仅是人区别于动物的本质特征，

---

① 《马克思恩格斯全集》第46卷下，116页，北京：人民出版社，1980年。
② 《马克思恩格斯文集》第1卷，162页，北京：人民出版社，2009年。

而且劳动创造和发展着人本身，即生成和不断提升着人的主体性，人的内在世界的丰富性、完美性。劳动创造了人类社会，它是人类生存和发展的根本条件；劳动还创造了人类历史，它是人类从野蛮不断走向文明的根本动力。因而劳动最伟大，劳动者最光荣。

③劳动是人生的必然与必须。人类劳动是通过社会的分工协作，即通过各种社会职业的设立和职责的履行，所实现的每个人劳动的集合。作为这种分工协作中的个体，其立身之本，说到底，也就是要在自己的工作岗位上勤奋地工作。之所以如此，是因为这是人生的必然，也是人生的必须。

所谓人生的必然，是指人作为个体有着天然的局限性。这种局限性决定了人不能靠自己满足自己的所有需要。因而要有社会的分工协作，要每个人在各自的工作岗位上，通过积极工作，实现人与人之间的相互服务。

所谓人生的必须，是指一个人只有在自己的工作岗位上努力工作，使自己的劳动产品满足他人和社会的需要，才能得到他人和社会的回报，从而满足自己的需要。

总之，人通过劳动服务于他人和社会，这意味着个人的事业、成就、贡献和社会价值的实现；得到他人和社会对自己劳动的回报，这意味着自我的权利、尊严、快乐和自我价值的实现。人就是通过劳动在实现社会价值的过程中实现着自我价值。

二、凭勤劳获得快乐

我这一辈子，基本上是在课堂上和书房里度过的，没有什么大出息，没有做过惊天动地的事，主要是跟书本打交道，跟学生打交道，从事教学、科研等工作。我这一辈子之所以能在教学和科研上取得一些成绩，主要得益于勤劳。

我的勤劳不是因为我懂得了前文所言的"劳动是立身之本"的道理，然后去身体力行。这些道理是我在上大学以后，通过对马克思主义哲学的学习，才逐渐领悟的。我的勤劳习惯的养成，最初是由家庭状况决定的。从其发展过程来说，大体经历了学前时期的勤快、学生时期的勤奋，以及工作时期的勤劳等三个阶段。

1.学前时期的勤快

我的祖上世代务农。我的祖父母、父母都是勤劳的庄稼人。从我很小的时候起，父母就叮嘱我，自己的事要学着自己做。不仅如此，还得在力所能及的范围内，帮着父母做事。

一开始，是帮着做家务。比如，扫地，擦桌，洗碗筷，从菜地里割菜，择菜，洗菜，倒尿桶，出灶灰，搓绳子，用水桶从河里提水等。

后来长大一些，就得到庄稼地里帮着大人干活。比如，"放泥"，即把大人挑到地里的河泥堆，用铁锹一铲一铲地分散布开。又比如，跟大人一起踩水车。在我的记忆中，这是小时干的最累的活。一部水车5个人踩，至少要4个人才能把水车踩得转。那时我家只有父母、我姐和我4个人，没有办法，我和我姐也得去。另外，插秧时节，还要帮着拔秧、挑秧和插秧等。

当然，也有令我快乐的、愿意干的活。那就是下雨天，被父亲带着去捉鱼。雨下大了，把稻田里的积水放到泥坞里，然后给泥坞开一个口子，把水放到河里，形成一尺高的落差。鱼听到流水声，就通过放水口跳到泥坞里。我和父亲看到坞里鱼多了，就从隐蔽处迅速跑出，两人分工，一人堵住上水口，一人堵住下水口，把鱼堵在泥坞里。有时，一场大雨，我们会捉到几十斤鱼，除自家吃以外，还送人。

后来读到一些文学作品，其中有关于书中主人翁那种轻松懒散、没心没肺的童年生活的描写。这样的生活我从来没有经历过。每天天一亮就得起床，然后做着各种事，而且每一件事都必须做得很认真。不然，会引起父母的不快。我小时候，几乎没有挨过父母的打，但如果某事做得不好，挨上两句批评是免不了的。我虽然是家中独子，受父母疼爱，但他们对我的爱，从不摆在脸上，而是埋在心里；从不娇惯，而是严格要求。当然这种严格要求，不是停留在父母的口头上，而是在行动上给你做出样子。这种样子，也不是有意为之，而是本然呈现。即在他们看来，过日子，做事情，本来就该如此。父亲对我的严格要求与他识得一些字，读过不少书有关。他的口头禅就是："子不教，不成人。"正是在父母的严格管束下，我才逐渐养成了比较勤快的习惯。

可能是"穷人的孩子早当家"的缘故，我自认为，懂事比较早。

在很小的时候，做起事来，就常被母亲夸赞为"有模有样"。那时偶尔请泥瓦匠或木匠到家中来干活。这些吃百家饭的人，见识广、有比较，看到我姐和我干事的那个勤快劲，以及待人接物的行止有礼，都赞不绝口，并夸父母教子有方。每当这个时候，我父母往往嘴上客气一番，说人家是谬赞，然脸上总是挂满笑容。

这种严格认真的训练，影响了我的一生。我这一辈子干事较为踏实、稳稳当当，既不过激，也不懈怠，只是一步一个脚印，认真去做。

2.学生时期的勤奋

从初小到高小，从小学到中学，最后到大学，除后来工作期间到一些大学进修学习以外，我共上了四所学校。一是海安县平等乡练桥初级小学，二是海安县平等乡平等高级小学，三是海安县中学，四是北京大学。

我在求学期间，一直比较勤奋。这勤奋在上大学以前，主要是压出来的。这压力主要来自以下几个方面。

（1）家庭生存的压力。家里穷，送孩子念书不容易。我父母生有我和我姐，却只能送我一人去上学念书。记得那时候，每学期开学交学费，都是让父亲颇为犯愁的一件事。家里钱不够，找邻居或朋友去借，要跑好几家才能把学费凑齐。我父亲在村里是一个有脸面也很要脸面的人，要不是万不得已，他是不会放下身段去求人的。1959年我父亲开始生病，到1962年去世，家里的顶梁柱倒了，这几年是我人生中最为艰难的一个时期，真的是缺吃少穿。那时我在海安县中学念书，生活上常常面临这个月能勉强糊过去，下个月还没有着落的窘境。直到考取大学以后，有了助学金，压在心头的生活愁云才消散而去。生活的艰困、家长的愁苦和辛劳，使我深深体会到，学习机会来之不易。我太爱学习，太爱读书了。我要珍惜这样的机会，要通过勤奋学习，来使家人过上较好的生活。

（2）担任学生干部的压力。在入学前，受父亲的影响和教育，我已能认字、写字。这相比那些一字不识的一年级的同学来说，算是先行了一步。加上我从小养成了勤快认真的习惯，上学以后，认真地听讲，认真地写字，认真地完成作业，勤快地打扫教室卫生，帮助老师拿教具、擦黑板等。一开始可能因个头高，被班主任指定为临时班长；入学后不久，被班上同学推举为正式班长。从小学一年级一直到大学，我一直担任班干部、团干部，在中学，还曾先后担任过团委宣传部部长、组织部部长。

现在有些家长不愿意自己的孩子担任学生干部，认为这会增加孩子的负担，从而影响学习。不过，从我的体会来说，这种认识并不全面。

小孩的成长，不能仅仅理解为知识的增长，还应包括各种能力的培养。比如，当众发表讲话的勇气和能力、对同学间纠纷的处理能力、各种活动的动员组织和协调能力。除此以外，还有各种精神品质的养成，比如，任劳任怨、团结协作、甘于奉献、不怕困难等。

另外，仅就当学生干部与知识学习的关系来说，两者在时间和精力的分配上无疑存在矛盾。因此在二者关系的处理上，学生干部一定要坚持以学习为主、兼顾工作的原则。不过，这也只是事情的一个方面，还有另一方面，即当学生干部可以促进学习，学习好也可以促进工作顺利开展。因为要当上并当好干部，学习成绩好，是第一位的。不然，同学不会信任你，老师也不会信任你。另外，学习好的干部，说话自然硬气，在同学中威信也高，因而工作也就较为容易开展。我从小学到大学，当了十多年学生干部。这学生干部的名头给了我学习的压力，但压力同时也是动力。它促使我在学习时更认真、更勤奋。可以说，在这一过程中，我实现了当学生干部与知识学习的良性互动。

（3）来自身边同学的压力。上小学时，我的同学都是农民的孩子；到中学时，我的同学中大体有1/3是县城和县里各镇的居民，包括工人和干部的孩子；到大学时，我的同学有不少是来自北京、上海、天津等大城市的，其中不乏书香门第和高干家庭的子弟。

这些同学是经过一层层考试选拔而走到一起来的，因而他们是同辈人中的俊秀、佼佼者。现在的年轻人可能很难想象，当年我所经历的，从初小到高小，从小学到初中，从初中到高中的考试选拔，有的入选难度并不亚于当今的高考。比如，1956年，我上初小四年级，全班40多人，考取高小的仅有5人。又比如，1958年，我所在的高小毕业班50多人，被初中录取的也仅有3人。

对我这个从乡下来的学生来说，生活在这样一群优秀的中学生或大学生中间，学习上的压力很大。通过比较，我从他们身上看到了许多优点，也从自己身上看到了不少弱项。不过，在这方面我有些

"倔"，就是不服输。这里的不服输，不是那种意气用事、争强斗胜，而是取人之长，补己之短，凭着"路遥知马力"的韧劲，去追赶和超越。

（4）来自写作的压力。我在《学术论文写作通鉴》2016年版序言中，回忆了我从童年时代听父亲讲故事，到我给儿时的小伙伴们编故事、讲故事的过往。从而作为一个原因，促进了我写作能力的提高，并得到语文老师表扬，把我的作文作为范文在全班和同年级其他班中宣读。一般说来，人都喜欢被人表扬，特别是在青少年时期尤其如此。这种表扬，既是对被表扬者过往的一种肯定，也是对其成长的一种巨大希冀与鞭策。在这个意义上，我十分认同这样一个观点：好孩子是表扬出来的。

正是在老师这种表扬压力的驱使下，为了写好作文，我在搞好课内学习的同时，开辟了一个课外学习的空间。当时，凡是一切有文字的东西，包括报纸、书籍，能找来的我都找来看。可惜那时在我上小学的乡下，所能找到的可读物少得可怜。我家里有三本书（依稀记得是《薛仁贵征东》《说岳全传》《杨家将》），我看完了，只能到村里有书的人家去借，后来还从本村借到外村。可以说那几年，我借遍了邻近的几个村。现在回想起来，还真佩服那时的勇气。一个10岁出头的孩子竟然到邻村的陌生人家去借书，而且还能借到手。那时家乡的淳朴民风，令人感叹！

记得有一次到王桥村一户姓陆的人家去借一本书。接待我的是这家的男主人，他年近50，一脸憨厚，听我说明来意，他说好，你等一下。说完，他从屋外拿来铁叉，回到屋内，从屋梁上取下一个包袱，掸掉上面的灰尘，露出蓝色的包袱布。然后把包袱打开，把我要借的那本书送到我的手中。这整个过程，他表情严肃，没有言说一句。只在临了交代："看好，送回。"我说："请您放心，那是自然的。"接着连声谢谢，告别而去。

这个男主人对书的那种虔诚态度至今还留在我的脑海中。现在出书容易，购书便捷，但是那种对书的虔诚态度似乎已经很难觅见了。为什么把书挂在屋梁上？是怕放在别的地方被老鼠啃坏。我家的那几本书，就是在三年困难时期由于粮食紧张，而被老鼠啃成碎纸的。

后来到海安县中学念书，学校有一个图书室可以借到书。有时我还到县新华书店去"站读"。

这种课外学习空间的开辟，对我后来的发展影响深远，不仅使我学到了在教科书和课堂上学不到的许多知识，还扩大了我的知识面，开阔了我的眼界，活跃了我的思维，这为我后来走上学术道路打下了某种基础。另外，在当时，这种课外阅读也极大地促进了我课内学习水平的提高。

在中学就读6年，我的功课门门都达优秀，成绩在班上名列前茅，而且还一直较为稳定。以至高三毕业考试后，分科迎高考之际（那时迎考，文理分科很迟，临高考前两个星期，才进行此项工作），一些任课老师纷纷找我谈心，要我报考他们所教的专业。在这种竞争中，班主任拥有天然的优势。我的班主任是语文老师叶志云。在他的关心和支持下，我报考大学的第一志愿是中文系，然后依次是哲学系、历史系。1964年夏，我被北大哲学系录取。

我的家乡海安，是南通地区（现为南通市）下辖的一个县。我们是坐车到南通去参加高考的。临考前，班主任主动把手表借给我，以便掌握时间。考语文时，我用眼睛把题目一扫，感觉不难。于是胸有成竹，沙沙写个不停，所有考题答好了，作文也写好了。我一看，时间快到了，于是交了卷。

刚出考场大门，班主任见我出来，大为生气，劈头问道，你怎么提前一个小时出来？我一听，坏了，我把表看错了。遭到一顿训斥以后，班主任把我拉到一旁，问我考的怎么样。我说，都做完了，并把作文一字不落地背给他听。他听后再没有说什么，看其神情，那颗对我这个宝贝学生突然揪起来的心，似乎已稍有舒缓。

可怜天下老师心！此无疆大爱，天地可鉴！在整个求学期间，老师对我的这种爱，就如同阳光那样照亮了我前行的路。我很庆幸自己考取了北京大学。不然，真不知如何向老师交代，又如何向自己交代！

某一行为方式成为一种惯性后，持续下去也就是自然而然的事了，这就是习惯成自然。上了北大以后，我仍然保留着以往的勤奋习惯。不过，有所不同的是，大学时的勤奋，从其指向来说，是专业性的勤奋，即在专业学习上的勤奋，从而多少克服了上大学前随性阅读（指课外学习）的不足。这是其一。其二，这是一种更为自律的勤奋，即外在的压力仍然是勤奋的一种动力，但内在方面的专业认知、学术担当、家国情怀等，已逐渐上升为勤奋的主要动力。其三，这是一种拓展性的勤奋。这是因为中学时的勤奋，主要在于努力学习前人的知识，而大学时期的勤奋，则逐渐增加着探索研究新知识的成分。我开始学着做读书笔记，研究一些学术问题，写作一些学术论文。

3. 工作时期的勤劳

1970年3月，我离开北大（因"文革"动乱，推迟毕业），到阜阳六三七七部队农场劳动锻炼，于1971年3月被分配到芜湖师专任教，从此作为一名高校教师，开始了几十年的教学和研究生涯。工作期间的勤劳，大体可以用三个短语来概括，即珍惜时间、持之以恒、不断超越。

（1）珍惜时间。所谓珍惜时间，也就是挤时间。我们通常所说的勤奋或勤劳，首先是一个挤时间的问题。为什么要挤呢？因为时间对一个人来说是极为有限的。一天24小时，除了工作，还得吃饭、睡觉、锻炼，那么怎么办呢？就得挤。

这里的挤，一是在数量上，尽可能多争取一些工作、学习的时间，尽可能少受外界的干扰。几十年来，除了外出开会和上课，我过的基本上是没有星期天、没有节假日的书斋生活。在退休以前，我把时间分成上午、下午、晚上三段，每天工作不会少于10个小时。从退休到现在，精力渐不如前，但每天也要用五六个小时的时间来读书和写作。不过话说回来，挤时间，我不主张把夜车开得太晚，不能搞身体透支。如果那样，不仅划不来，而且也不利于长期坚持。

二是在质量上，要提高在单位时间里的工作效率，即在有限的时间里多干一些事。这样也就等于赢得了时间。为了提高工作效率，对一定时间里要做的工作必须有个规划。这个规划包括要实现的目标、步骤、措施等。比如，对评上讲师以后，如何评上副教授，评上副教授以后又如何晋升教授，都应有一个规划。"凡事预则立，不预则废"，这是有道理的。有了规划以后，就要全身心投入，努力做出成绩。

（2）持之以恒。所谓持之以恒，是指要有恒心和韧劲。滴水穿石，这是一个众所周知的成语。这个成语体现了两种精神，一是恒的精神，二是韧的精神。水滴始终瞄准着一个目标滴下去，这就是恒。如果东滴一点，西滴一点，那么滴得再多，因为力量分散，也是不会穿石的。另外，如果不是在数不清的岁月中，不断地滴下去，那么因积累不够，也是不会穿石的。我们在工作中，就必须发挥这种滴水穿石的恒与韧的精神。

拿当教师来说，从走上教师岗位的那一天起，我就立志像我的许多老师那样，当一个对学生负责的好老师。然而成为这样一位老师，说起来容易，做起来难。难就难在，它不是一时之功，而是要用人生几十年的时间去践行。因为时代在变，教育的对象在变，因而在不同时代、不同届学生头脑中，难点、疑点、热点问题也在变。我作为哲学专业课和哲学公共课老师，如果教学从理论到理论，不与实际问题联系和碰撞，那么也就无从激起思想火花。这样的教学对教师来说，照本宣科，重复劳动，自然会索然无味；对学生来说也会抽象隔膜、毫无乐趣。另外，教学若是教师一人单挑，从头讲到尾，没有师生之间、生生之间的对话、争辩、交流，那么课堂也会显得色彩单调，生气不足。或者说，至多只有教师讲课的精彩，而没有学生积极参与的精彩，没有师生在课堂上互动共绘的精彩。

在课堂教学中，实现理论与实际的结合，谈何容易。因为学生感到犯难的那些难点、疑点和热点问题，对教师来说，解释起来也并非轻而易举。也就是说，教师有时也会感到犯难，特别是对那些热点问题。那么怎么办呢？为了实现课堂教学中理论与实践的联系和结合，教师就必须逼着自己，练好内功，比学生学得早一点，懂得多一点，悟得深一点。

另外，要实现教学中的师生互动，也并非易事。有时候，想互动，就是互动不起来。其原因主要在于教学中的互动环节设置不当。这里的"环节"就是互动的问题和场景。因此，在这里，教师在吃透讲课内容的基础上，用心用力去设置好互动环节是一个关键。而这正是教师的理论水平、问题意识和教学技巧等的综合能力的一种体现。

我教了几十年的书，感到老是在追着跑，即追着形势跑、追着问题跑、追着学生（思想和理论上的需要）跑。这种跑，难免累，难免苦。且不说，这样的跑，一直跑了几十年，就是一堂好课的成功，教师都要付出不菲精力和注入巨大热情。

不过，我很荣幸，这种努力得到了学生的广泛认可。他们的成长，也使我收获了无比的快乐。特别是，还得到党和国家的高度肯定，我被授予"全国模范教师"的光荣称号。这种发自内心的快乐，反过来，也就成为我在教学和科研岗位上坚持不懈、持之以恒的一个动力。

（3）不断超越。如果说上文所论的持之以恒，是相对于既定目标的实现而言的，即所谓的"咬定青山不放松"，那么在这里所说的不断超越，则是相对于既有目标而言的，努力去实现新目标。用一句俗话说，就是"吃着碗里的，望着锅里的"，或曰"这山望着那山高"。当然，这里是反其意而用之。要实现不断超越，在认知上，就不能满足于一知半解；在工作上，也不能满足于一得之功，而要有新目标新作为。

上文提到的，搞好教学要有问题意识，其实搞好科研，何尝不是如此。甚至可以说，搞好科研更要有问题意识，或曰强烈的问题意识。这里所言问题意识有三个层次：一是要有强烈的全球问题意识，二是要有强烈的中国问题意识，三是要有强烈的当代中国问题意识。为此，就要关心世界大事、关心国家大事、关心我们党和政府领导中国人民正在从事的伟大事业，要不断学习、不断研究，善于从中捕捉问题。

这里的捕捉问题，从科研角度说，还有一个从问题到课题，再到论题的转化、提升过程。

科研的第一步，是捕捉现实中的问题。然后对现实问题加以分析，找出原因，是操作方面的，还是理论或技术方面的。如果是后者，那么问题也就转化成了研究的课题，或理论研究课题，或技术攻关课题。不难看出，从现实问题到研究课题的转化，本身就要花费一番学习和研究的功夫。

把课题作为研究对象，科研人员通过艰苦的研究，获得了研究成果。此种成果要获得确证和社会公认，就要进行表达，进行论证。而论证的对象就是论题。因而从研究课题到论证论题的转化，又要花费一番学习和研究的功夫。

在某一论题上形成的中心观点就是论点。论点需要通过论据来加以论证。这里就涉及论点的提炼，论据的使用，论证的层次、结构、语言表达等一系列问题。因此，在这个意义上说，一篇学术论文就是学人的专业理论水平、专业知识运用能力、科学思维能力和文字表达能力的集中体现。

我长期从事学术研究，每研究一个专题，每写一篇学术论文，总是希望能有一些新意，有几处亮点，从而使人读后有所启发和收获。

我不敢说我真的做到了，但我一直力求这样做。不过，要真的做到这一点，很是不易。用殚精竭虑、绞尽脑汁、搜尽枯肠等来形容也不为过。回想从事研究和写作的经历，我从没有产生过胸有成竹的感觉。相反，一开始，笼罩心头的是陌生与茫然。后来通过不断试探、摸索，以及多次折返，才走出了黑暗的隧道而迎来了洞口的光明。这是因为学术研究的本质就是创新，因而既不能克隆别人，也不能克隆自己。碰到一个问题，一开始，只是感到有研究的必要，因而有研究的价值。至于如何着手，路在何方，结果如何，都是一无所知。科研本身就是"九死一生"的事业。不能怕困难，不能怕挫折。要经历无数次的失败，才可能从失败中寻得一条活路。因而也才有"虽九死其犹未悔"的箴言。

从事学术研究是一个苦差事，但成功之后的乐趣也是无与伦比的。这是我的生活中最为真实的一种乐趣。这乐趣首先是劳作的乐趣。一个作品，从无到有，到言之有物、言之有序、言之有文；从感受体验、思想观点、思绪情愫，到流于笔端，挥洒为文，缤纷成美；从书房走向社会，为世认可，我作为作者自然是无比欣慰与满足。此一乐也。文章发表了，书出版了，多少有些稿费，可以用来改善家庭生活，或邀三五挚友到餐馆"撮上一顿"，或到书店购买自己所喜爱的书籍。此二乐也。论文与专著被人引用、转载、点击，获社会好评。此三乐也。因有一些科研成果发表，作为条件之一，使自己得以晋升职称，也使本单位的学科建设获得支撑。此四乐也。

不难看出，上述后三乐是副产品，都是劳动之乐的衍生物。劳动之乐是根本之乐。这是我作为劳动者的自豪与乐趣。它不同于用权谋得来的权力之乐、用欺诈得来的金钱之乐、用伎俩得来的虚名之乐。这种乐使我一辈子过得踏实、享受尊严。

总之，我勤劳，我快乐。

三、继承和发扬中华民族的勤劳传统

1.中华民族是一个勤劳的民族

毛泽东曾说:"中华民族……以刻苦耐劳著称于世。"①

美国传教士明恩溥,在其著作《中国人的特性》中曾写道:"要是所罗门的勤劳致富是对的,中国应该是地球上最富饶的国家","他们通过举世无双的勤劳会赢得丰厚的回报"。他预言:"可以肯定,这个民族的天性,能以身体的活力为后盾,一定会有一个伟大的未来。"②

可以说,正是凭着这种勤劳卓越的精神,中华民族创造了绵延五千多年、标榜世界的中华文明。也正是凭着这种精神,在新中国成立70多年来,特别是40多年的改革开放实践中,中国人民实现了从站起来到富起来,再到强起来的历史性飞跃。

可是美国有个别政客却说,中国应该感谢美国,因为是美国一手造就了中国今天的成功。说这种话,真可谓有点大言不惭。

习近平总书记在庆祝改革开放40周年大会上的一段掷地有声的讲话,可以看作是对上述言论的最好回应。他说:中国"40年来取得的成就不是天上掉下来的,更不是别人恩赐施舍的,而是全党全国各族人民用勤劳、智慧、勇气干出来的!我们用几十年时间走完了发达国家几百年走过的工业化历程。在中国人民手中,不可能成为了可能。我们为创造了人间奇迹的中国人民感到无比自豪、无比骄傲!"③

2017年7月,美国国家统计局发布的一组关于世界各国劳动参与率的数据,中国名列世界第一,而且劳动总量也是世界第一。中国男性的劳动参与率达到90%,女性的劳动参与率达到70%以上。相对于中国女性的劳动参与率,这一数字美国为65%、英国为61%、日本为58%,法国和印度低至55%。国际劳工组织公布的数据也显示,从1990年到现在,中国的劳动参与率始终在70%以上。④以上数字从一个方面说明,中国人的勤劳是举世闻名、首屈一指的。中国今天取得的

---

① 《毛泽东选集》第2卷,623页,北京:人民出版社,1991年。
② 转引自王卫星:《在"美人鱼"的故乡讲述中国故事》,《参考消息》,2018—6—4。
③ 习近平:《在庆祝改革开放40周年大会上的讲话》,19页,北京:人民出版社,2018年。
④ 参见王卫星:《在"美人鱼"的故乡讲述中国故事》,《参考消息》,2018—6—4。

成就是中国人民自己干出来的。

如果说，中国过去因为太穷，而不得不发愤图强、努力奋斗的话，那么在日渐富起来并强起来的当代中国环境中，新成长的一代还能继续发扬父辈，乃至中华民族勤劳奋斗这一优秀传统吗？这一点是值得我们认真思考和研究的。我感到其中有几个问题是不能回避的。

2. 发扬勤劳传统要解决的几个问题

（1）要避免西方的福利陷阱。什么是福利陷阱？福利陷阱是指西方发达国家为了降低社会紧张度、缩小贫富差距在加强福利建设的过程中，由于福利模式的采取不当，从而造成了福利支出与经济发展的矛盾，并由此引发危机。这种危机表现在以下几个方面。其一，福利支出超出了经济的承受能力。由于福利支出过大，一些发达国家只能靠借债以维持现有的福利水平，最终导致了债务危机。其二，优厚的福利政策影响了人们劳动积极性的发挥。在有的发达国家，失业者享受的福利待遇比就业者少不了多少。在这种情况下，不少人往往选择失业，因而造成了就业（人数）危机。其三，人们年轻时对福利过度依赖，生活不思节俭，加之国家在福利方面入不敷出，于是造成了养老危机。现在不少西方国家正为福利危机所引发的上述种种危机所困扰。

不难看出，在普遍提高福利水平的同时，如果处置不当，重蹈西方一些国家福利危机的覆辙，那么让中国年轻一代继续发扬勤劳的传统美德，就会成为一句空话。

尽管在福利建设方面，我国目前的主要任务是提高社会公众的公共福利水平，但为了防止陷入福利陷阱，还须坚持如下基本原则。

其一，坚持对丧失劳动能力者的兜底保护原则，即国家所兜底保护的是丧失劳动能力的人。除此以外，一切有劳动能力者都不在这种保护之列。其二，坚持满足公民基本需要的公共福利原则，即作为普遍的公共福利，仅指维持基本生活的基本福利。只管雪中送炭，不管锦上添花，谁要想过上锦上添花的生活，谁就得靠劳动争取。其三，坚持享受基本福利的个人责任原则，即要获得雪中送炭，每一个有劳动能力的人都必须参加劳动，都必须承担因享受基本福利而应尽的个人责任。

（2）要鼓励通过劳动奋斗过上高品质的生活。如上所言，基本福利只是基本生活的保障，即有饭吃、有衣穿、有房住、有学上、有病得到基本救治。随着生活水平的提升，中国社会的主要矛盾已经转化为人民日益增长的美好生活需要和不平衡不充分的发展之间的矛盾。什么是美好生活？美好生活就是相对于基本生活而言的高品质的生活。它包括享受高水平的医疗卫生服务、优质的教育资源、更好的就业和创业环境、舒适的养老服务、良好的生态环境，以及包括健身娱乐、游戏消遣、观光旅游、阅读作品、欣赏文艺表演等在内的积极健康的休闲生活。

然而到目前为止，这种美好生活也只是我们的一种需要、一种向往。要使需要变为可能，要使向往变成现实，就要新一代人的努力奋斗。如果说，在过去很长一段时间，一般中国人是为着养家糊口而劳动奋斗，那么在新的时代条件下，则应鼓励人们为过上高品质的生活而努力奋斗。

一代人有一代人的使命，一代人有一代人的责任，一代人有一代人的担当。因而中华民族勤劳奋斗精神永远不能丢，艰苦奋斗的传统永远不能丢，永远需要发扬光大。为此，要与那种"小富即安"的思想划清界限，要与"艰苦奋斗过时论"进行斗争，要激励劳动、鼓励创新，推动国民经济和各项事业的高品质、高效率、更可持续的发展，从而为高品质生活的享受提供物质和社会基础。

（3）要大力提倡为崇高理想而劳动奋斗。人生的理想，不只是为自己，为温饱，为金钱。在马克思主义看来，相对于个人谋生的理想而言，人的自由全面发展才是人们奋斗的崇高理想。而每个人的自由全面发展，又必须以其他所有人的自由全面发展为前提条件。因此如果要实现个人自由全面发展的崇高理想，那么也就要为他人、为社会、为子孙后代、为人类的发展而努力奋斗。不难看出，这种崇高理想的动力是强劲有力的，而那种为自己、为温饱、为金钱所激发的动力是极为有限的。因而在新的时代条件下，如果还是局限于为自己、为温饱、为金钱，那么在不少情况下，已激发不起人们劳动奋斗的热情。因为温饱问题早已解决，中等收入的人群在中国也已有4亿多，如果人们只为自我，那么可以说，一些人已经能很好地自我享受。因而在新的时代条件下，提倡为崇高理想而劳动奋斗，就显得十分必要。

这可能吗？不仅可能，而且完全可能。中国共产党人的初心和使命，就是为中国人民谋幸福，为中华民族谋复兴。为了坚守这个初心和使命，许多共产党人抛头颅、洒热血，不惜牺牲自己的生命。中国共产党人这种为崇高理想而劳动奋斗的精神，正在感动着、影响着许多中国人，正在影响和塑造着中华民族的精神，从而逐渐成为我国社会的主旋律。活跃在祖国各条战线上的许多先进模范人物，他们的艰苦劳作和杰出贡献，都不是用自我、温饱、金钱可以解释的。活跃在抗震救灾、抗洪救灾、抗疫救灾和国家大型活动第一线的大批志愿者，他们的感人事迹也不是用自我、温饱、金钱所能解释的。他们的共同点，都是为国家、为人民，以至为人类而牺牲自我，同时也在更高层次上，即在为大我的服务中实现着小我。总之，他们都是在为崇高理想而劳动奋斗。让我们大力提倡这种为崇高理想而劳动奋斗的精神。

善良处世

　　不少人感叹"做人难"，实际是指"做好人难"。那么难在哪里呢？一是，与人打交道，想做好人，但缺乏客观条件；二是，做了好人，难以被人理解，即所谓"好心没好报"。其实，这种感叹比较笼统，也有些片面，因为好人是有层次的。在凡人或常人意义上，做善良之人，或曰选择善良，有意愿即可，是不需要多少客观条件的。另外，如果不局限于物质和对当事人的回报，那么"善有善报"还是能够成立的。下面来谈我自己在这一方面的一些人生体会。

一、有意愿，善良至

　　世事纷繁，人生百态。人的一生，许多事可以选择，也有许多事不可选择。面对这些事，人们或曰无可奈何，或曰顺其自然。"出师未捷身先死，长使英雄泪满襟"①，是一种无可奈何；"长风破浪会有时，直挂云帆济沧海"②，是一种顺其自然。这里的可以选择与无可选择，取决于主客观条件。条件具备了，就可以选择；条件不具备，或暂时不具备，就无可选择。诚然，无可选择在某种意义上也是一种选择。

　　但在世界上，有一种选择并不需要客观条件，既不需要外在客观条件，也不需要内在客观条件。这种选择，就是对善良的选择。也就是说，选择善良，既无须以能力大小作基础，也无须以金钱多少为前提，它唯一需要的就是主观条件，即意愿，或者说，有意愿就行。这也就是孔子所言的："吾欲仁，斯仁至矣。"③在日常的待人接物中，一

① 杜甫：《蜀相》。
② 李白：《行路难》。
③ 《论语·述而》。

个善意的眼神、一个赞许的手势、一句温暖的提醒、一次随手的帮扶，都是善良的表现。因此，从大人物到普通百姓都可以选择善良。在这个意义上，孟子所言的"人皆可以为尧舜"[①]，还是能够成立的。

二、择善即是拒恶

有人说，提倡人们选择善良，是否有些幼稚，这样会不会使人不分是非善恶，以致会对一时失势的敌人或恶人施以怜悯，最后祸及自身，落得如《农夫与蛇》这则寓言中的农夫那样的下场。

其实，这种担心是没有必要的。

因为善良并不意味着"好人主义"，选择善良，也不是去当所谓的"好好先生"。选择善良，同时也就是拒斥丑恶，即与丑恶之人和丑恶之事划清界限，加以抵制和斗争。孔子说："唯仁者能好人、能恶人。"[②]这里是说，只有仁者能按照仁道原则善待人、得罪人。这里的得罪人，就是得罪恶人。不难看出，得罪恶人，或曰去恶存善，是善良的应有之义，也是善良的一种重要表现。

正如奥地利学者茨威格所言：一个人什么都能逃避，就是逃避不了自己的良心。[③]

三、善良意味着怜悯

选择善良，首先意味着选择怜悯。

一般说来，怜悯是指对不如自己的弱者、苦者、难者，给予同情，并施以援手。不包括那些一时失势、未思悔改的敌人和恶人。

怜悯作为一种情愫是同情，或恻隐之心；怜悯作为一种操作或表示，是为善之举。孟子的"性善"说认为，仁、义、礼、智是人之本性，是人生来就有的。这是抽象的人性论，不可相信。但他把"恻隐之心"视为"仁之端"[④]，即把怜悯作为善良的开端或首要内涵，还是

---

① 《孟子·告子下》。
② 《论语·里仁》。
③ 转引自钟楠编：《世界名人名言集》，159页，上海：世界图书出版公司，1997年。
④ 《孟子·公孙丑上》。

有道理的。因为作为一个善良的人，首先要有同情之心。

同情不同于物质赠予，物质赠予意味着赠予者的物质付出，而同情作为一种情感连接，则意味着同情者的情感在这种连接中，不仅不会"亏损"，而且还会获得升华，因而同情是最容易做到的事。故而孟子甚至把同情视为一种"人之常情"。他曾举例说，人们突然见到小孩子要掉入井中，都会有惊惧同情之心。①

然而这种作为"仁之端"的怜悯、同情，往往遭到一些人的拒斥。比如，在现在不少影视作品中，我们不时听到当事人这样的话语："我不需要同情，不需要你的怜悯。"何至于此？我以为，这里可能有以下三种情形。

一是，在某种场合，当事人把别人善良的帮助，误解为同情、怜悯，从而加以拒绝，怕欠下还不清的人情债。

二是，在一定情景下，那个被同情者，还没有到被人同情、怜悯的地步，而是同情者自作多情、弄巧成拙。也就是说，把同情用错了地方，被所谓被同情者视为对自己的一种贬损。

三是，在一定条件下，被同情者所需要的是内含尊重的真正的同情，而不是那种没有尊重的、变了质或变了味的所谓同情。这种同情也就成了施予者的一种自我作秀、一种解闷逗乐，即拿别人的难点、痛点开涮。孟子说："一箪食、一豆羹，得之则生，失之则死，呼尔而与之，行道之人弗受，蹴尔而与之，乞人不屑也。"②意思是说，一筐米饭，一盆羹汤，得到它就存活，得不到就死去。呵斥着去给予，路上的行人都不接受；践踏过再给予，乞丐都不屑要。

总之，以上三种情形，是对同情的或误解，或误用，或糟用，都不是真正意义上的同情。因而遭到拒绝是在情理之中的。

同情是什么？同情就是对别人遭遇到的苦难和不幸感同身受，是深深体味对方苦楚的一种情感连接。这样的同情，对被同情者来说，不仅不会加以拒绝，而且会千恩万谢，以至终生铭记。

我曾在文章中，评价母亲一辈子勤劳善良。我母亲和父亲的善良是多方面的。其表现之一，就是富有同情心。

比如，在我很小的时候，家里的生活虽然紧巴，但每逢有人上门

---

① 《孟子·公孙丑上》。
② 《孟子·告子上》。

乞讨，如果在饭点，母亲总会立即放下手中碗筷，给乞讨者盛上饭或粥，还不忘从菜碗里夹上一点菜送上。如果不在饭点，则施以米或面，而决不会让其空手而去。母亲有时还当着我和我姐的面感叹道：但凡有一点办法，谁还会出来干讨饭这种营生。在我们庄上，有一些小孩子不懂事，看到有人来讨饭，三五成群跟在后面追逐。这在我们家是绝不允许的，我小时候也从没有这样干过。

另外，在我们庄上有一户姓陶和一户姓王的邻居。两家的男人都在上海拉黄包车。留下女人和孩子在老家，生产和生活自然有很多困难。这时候，我父我母都会主动伸出援手，前去帮忙。比如帮着去给地里施肥、帮助收割庄稼。房子漏雨，他们还会爬上屋顶，帮着修补。

我和我姐小时候也被父母支配，不时帮着这两家邻居去照看小孩。

在我家的邻居中，还有或远房、或近房的几家本家。由于其儿孙在外，或已过世，因而其本人年老时无人照顾，即现在所谓的"独居老人"，于是他们被我父母接回家中养护，直到离世（其中有一位活到90多岁）。在我的本家中有4位老人，其丧葬之事都是由我父一手操办。这在父亲看来，似乎都是义不容辞的。在我的记忆中，好像也没有从他们在外工作的儿孙那里得到过什么补偿。

可能是受父母怜爱之心潜移默化的影响，在我的人生经历中，有些决定就是在不违背原则的前提下，本着对当事人的同情而作出的。

四、善良意味着谦让

善良的最高层次是谦让。因此，选择善良，也包括选择谦让。

相对于宽容，谦让为什么层次更高？这是因为从主体维度说，宽容是宽容者对已经发生的对自己不利事件的善待，因而含事后被动之意；而谦让是谦让者对将要发生的对自己有利事件的善待，因而含事先主动之意。从对象维度说，宽容者所宽容的是已经造成的事实，不宽容什么也挽回不了，甚至还会失去更多。在这个意义上说，宽容也是一种最好的止损。而谦让者所谦让的是可能或将要到手的好处。不谦让，这好处可能就会得到，或将会得到。既然如此，那为什么要谦让呢？这是因为在同等条件下，出于某一方面的原因，别人比自己更该得到某种好处；或者出于某一方面的原因，别人比自己更需得到某种好处。总之，无论从主体积极性层面，还是从道德境界层面，谦让都比宽容高出一筹。

那么为什么把谦让而不是把奉献作为善良的最高层次呢？在我看来，奉献要以谦让为基础，但又高于谦让。因为包括谦让以及前文论述的宽容和怜悯等在内的善良，其在外延上，所指谓的只是人在处理与周边人关系时的一种美德，而奉献所指谓的不仅包括个人与他人，而且还包括个人对群体（比如个人对集体、个人对祖国、个人对人类），以及作为子层次的小群体对作为系统的大群体等在关系处理上的一种美德。

在内涵上，谦让所谦让的只是相对于谦让者原有利益而言的可能新增的利益，而奉献所奉献的不仅包括奉献者将来的利益，而且可能还包括原有的利益，以至生命。这就是儒家所言的作为人生最高境界的杀身成仁、舍生取义。可见，奉献在本质上不属善良，而是比善良高出一个档次的高尚。因而我们在生活中，指谓某位为"善良之人"，或指谓某位为"高尚之人"，此二者在本质上，还是有明显区别的。

在中国传统文化中，谦让或辞让是被视为一种美德的。孟子把"辞让之心"看作"礼之端"，是人性善的"四端"之一。[1]荀子似乎也是主张辞让的。他说："人之所好者何也？曰：礼义、辞让、忠信是也。"又说："道也者何也？曰：礼让忠信是也。"[2]中国古代孔融让梨的故事广为人知。1955年中国人民解放军实行军衔制，一些身经百战，立下赫赫战功的将军上书中央，请求将其军衔降级授予，获毛泽东主席高度赞扬。

然而辞让这一美德，却不被一些人看好。

有人虚设了这样一个场景：两人在路上相遇，因为相互谦让，结果谁也走不了。之所以说这一场景是一种虚设，是因为它在现实中从来没有存在过，将来也不会存在。人世间的许多原则从来都不是独立存在和独自发挥作用的，而是相互配合、互补地发挥作用。还拿上面的事例来说，两人在路上相遇相互谦让，但不会因此而陷于僵持。因为每逢这种时候，人们都会按长者优先，或急者优先，或忙者优先，

---

[1] 《孟子·公孙丑上》。
[2] 《荀子·强国篇》。

或女士优先，以及恭敬不如从命等的原则，让其中一位先行。

有人认为，谦让与现在通行的竞争原则有所背离。其实，此二者并不矛盾。谦让是享受意义上的，竞争是奉献或贡献意义上的。在奉献意义上，无疑是要提倡勇于担当、竞争比拼、奋勇争先；而在享受意义上，提倡谦让，则是不掠美、不争功，充分肯定别人所做的贡献。比如，一位运动员在运动场上奋力拼搏，勇夺金牌，但这并不妨碍他在奖金分配上，对他的教练员、陪练员，以及其他人员表示谦让、关照（在这方面，我国早有制度方面的安排）。

还有人认为，选择谦让会有违公平，即认为，一谦让，该得的没得到，不该得的反而得到了。在复杂的社会生活中，什么偶然的情况都会发生，这是不能否认的。但就一般情况而言，发生这种极端现象的概率极低。比如，一位金牌运动员不可能把所获奖金分配给一个毫不相干的、不该得的人。另外某个毫不相干的人，在一般情况下也不会接受这种分配所得。这也就是通常所说的"无功不受禄"。再者，就谦让本身而言，也不是无原则地谦让，而是有限度的。这个限度就是相对于某种原则而言的公平。或者说，谦让是以某种公平原则为基础的谦让。比如上文提到的一些将军，提出把自己的衔级下调，为什么？因为他们心中有一杆秤（公平）。也就是说，在他们看来，自己的军功没有那么大，因而不值得获得这个级别的军衔（诚然不一定准确）。这里的军衔与军功的对等就是公平。

另有人说，选择谦让，会使那些选择享受同等待遇的人感到难堪，即人家要享受这种待遇，而你却要放弃，这不是让人痛苦吗？这里是言重了。享受待遇是社会对做出贡献者的一种回报，因而这是一项权利。而权利不同于义务。义务是一种强制，是必须要履行的。因而相对而言，权利既可享受，也可放弃。在这里，是选择享受还是选择放弃，是个人的一种自由。因此，不能因有人选择放弃，而使享受者丧失自己自由选择的权利；同样，也不能因有人选择享受，而使放弃者丧失自己自由选择的权利。因为自由本身就意味着不受他人意愿、意志，包括感受的左右。正如在竞技场上，领跑者不会因顾及跟跑者的感受，而放弃自己自由奔跑的权利一样。

在中国的传统文化中，权利文化，以及与之相关联的自由文化相对淡薄，而义务文化，以及与之相关联的面子文化相对深厚。在这种面子文化面前，相对于选择放弃者而言，选择享受者没有了面子，似乎有些难堪，这是可以理解的，但不能由此而去怪罪谦让者。

另外，从更高的立意来说，谦让作为一种美德，与其他美德一样，本身就具有戒恶促善的功能。也就是说，美德之作为美德，本身就具有一种比较的性质。如果不存在与美相对而言的不美或丑，那么还需要美存在吗？不需要了。同样，如果某种德性，成了人人都具有的德性，那么它还是美德吗？不是了。[①]

总之，谦让作为一种美德，作为善良的最高表现形式，是不应被质疑的。

在我以往的经历中，可以提出来说说的谦让，大概有两次。

第一次，关于省哲学学会副会长位子的谦让。1999年，安徽师大政教系哲学教研室的一位老同志因年龄退下，空出了省哲学学会副会长的一个位子。按有关规定，我校需补选一位。通常情况下，我作为候选人之一当属无疑，不过我想，我已"过五奔六"，获得的荣誉也够多了，还是把这个露脸的机会让给年轻人吧，未来的事业要靠他们来支撑。于是，在推举会上，当召集人关于会议事项介绍的话音刚落，我第一个发言，推举了一位年轻同志。会上经两三个来回，因我的一再坚持，该年轻同志当选。

第二次，关于一套成本价住房的谦让。2008年，安徽师大一协作单位自建职工住房，以成本价给予师大十套，每套一百几十平方米，每平方米的价格大约为当时芜湖市商品房平均价格的一半，即2200元一平方米。当时学校规定，每个博士点点长分享一套。我作为博士点点长自然也会分得一套。当一位校领导告知我此事时，我说，"我放弃吧"。当时这位领导既没有加以劝说，没有追问理由，我也没有主动加以说明。

我为什么要放弃呢？想法或内心独白有三。

一是，凭自己的劳动得来，我享受起来心安理得；如果因领导照顾，而且是特殊照顾得来，那么我确实受用不起。享受这种特殊照顾，实际是给自己找麻烦，给心灵套上枷锁，那是心债。完全没有必要背这种债务。有人说，不要白不要，但正因为是白要，所以我不能要。

---

① 参见方旭东：《责备美德——〈荀子〉引出的问题》，《哲学研究》，2018（10）。

顺便说一句，我似乎还从没有享受过这种特殊照顾。

二是，我已有一套适合住的房子，再享受一套，那是锦上添花。可当时不少老师，特别是一些年轻老师还拖家带口住在学校筒子楼里的一间房子中。我曾在学校五号楼里目睹这一状况。家家在楼道里生火做饭，烟熏火燎。一家三口共处一室，本来就很拥挤，还用布帘隔成两小间，因而更感憋屈。

三是，我虽然全程参与了马克思主义基本原理博士点的申报工作，但是如果没有大家的有力支持，没有那么多人付出辛劳，是不可能申报成功的。申报成功以后我被推举为点长，在这个意义上说，我已经占了便宜，哪能再去单独享受这种照顾呢？

在我作出上述决定的当天下午，我一个在师大工作的孩子得知上述分房信息异常兴奋，以为可以借此机会，改善一下自己比较窘迫的住房环境，于是急匆匆地赶回家中，以防有变。回到家中，当得知我已放弃，且无法挽回时，心中自然沮丧。他说，刚听到这个消息，就急着往家赶，没想到，还是迟了一步。孩子怕我因此纠结，只好转而表示理解，进而安慰道：既然已经放弃了，那就不用再想啦！孩子的良苦用心，我能理解。不久，在我的部分帮助下，经他自己多方筹集，凑齐了一笔钱，从而在校外买了一套房子。这也算是我对他有所安抚。这样一来，在这个问题上，不管是外面的事，还是自家的事，也就都有了一个妥帖的处理。

写作此文是为了给我的子孙后代留下一点精神财富，教他们善良为人，踏实做事，不做名利的奴隶，成为一个给人温暖的人。其实，给人温暖，才能使自己温暖。另外，我也希望有着几千年仁爱传统的我们的民族，在经济日益繁荣和物质不断丰富的同时，人心越来越暖，好人越来越多。为了对实现这一目标有所助力，我在行文中，谈到了自己在待人接物方面的一些做法和体验，以及自以为的一些真知灼见，这不是自我表扬，而是对自我守持的一种肯定，即说出一些事实及认知，或曰实话实说，借以现身说法，从而告知人们，选择善良不是道德说教，也不是止于口头的闪光语言，而是完全可以做到的实际行动。

景行篇

教授的风采*

提起陶富源老师，同学们都会如数家珍地谈起他娴熟驾驭教学的能力。陶老师在教学中不是只滔滔不绝地阐述抽象的哲学原理，而是把马克思主义世界观的基本原理生动具体地化为对同学们人生观的教育，把哲学原理的教学与现代社会重大问题和学生的思想实际结合起来讲授。为了讲解"爱智"这一哲学的古代含义，陶老师列举了苏格拉底和孔子的例子，苏格拉底不愿人们称他为"智者"，而自称"智慧的爱好者"（哲人），可见苏格拉底十分谦虚；孔子讲"三人行，必有我师焉"，表明孔子也很谦虚。古今中外大凡是真正的学问家都是很谦虚的。

陶老师三言两语的讲述既传授了有关哲学的知识，又使同学们受到了教育，陶冶了情操。陶老师十分注重提高同学们学习哲学的兴趣，带动同学们学好哲学。在"哲学原理课"的教学中，为了把第一章"绪论"教得更加精彩，陶老师打破传统的教学模式，他用三个标题把全部内容贯穿起来。第一个标题是"我爱哲学"。在这个标题下他讲到哲学是他的"精神家园"，讲到他对哲学如痴如醉的感情以及所从事的哲学教学和研究的情况。第二个标题是"我更爱马克思主义哲学"。在这个标题下他讲述了马克思主义哲学的创立及其重大意义。第三个标题是"同学们也应该爱哲学"。他对我们说，安徽师大是一所师范院校，培养的是未来的人民教师，第一流的教师应该是具有哲学素养的教师。他这样把学哲学与个人成才的关系具体地阐述出来，激发了同学们学哲学的内在动力和强烈愿望。现在正师从他的一位研究生说："听了陶老师的课，我逐渐爱上了哲学。并致力于哲学基本理论的研究。"学生们对学习和研究哲学的热情在很大程度上源于陶老师对哲学

* 作者石红星，原刊于《安徽师大报》，1998—1—8。

教学与科研的钟情。

为了引导同学们参与教学过程，陶老师在教学中经常提出问题，启发学生思考和讨论。记得在讨论一位哲人所谓"历史者英雄之舞台也，舍英雄几无历史"的观点时，同学们踊跃发言，气氛热烈。讨论过后，陶老师及时进行评析，明确指出，这是一种错误的英雄史观，我们应坚持人民群众创造历史的历史唯物主义观点。为了使同学们对问题进行深入理性的思考，他亲自组织全班同学学习写作哲学小论文，并审阅批改。不仅如此，他还善于把握学生的思想脉搏，结合自己的所见所闻、所感所思，坦率地与同学们交流思想，既针对学生关心的社会民生热点难点问题作出令人信服的回答，又旗帜鲜明地批判"马克思主义过时论""真理多元论"等错误观点，帮助同学们提高对错误思潮的识别和抵制能力，坚定了大家的社会主义信念。

最近，经济法政学院组织了一次陶富源老师观摩教学，听课的十多位中青年教师都认为，陶老师的教学，理论联系实际，具有很强的吸引力和感染力，体现了学者的魅力、教授的风采。笔者记得陶老师在一篇论文中写道，哲学所追求的是世界观意义上的真善美的统一，使之成为"时代精神的精华"和"文明的活的灵魂"。这句话，不也折射出陶富源老师所追求的哲学教学上的真善美吗？

青年学子的良师慈父*

转眼间，我和妻子从安徽师范大学政法学院马哲专业硕士研究生班毕业一年有余。三年的读研生活，值得回味的东西太多。如画般的校园，厚重的文化底蕴，浓厚的学习氛围，融洽的师生关系，同学之间的倾心交流……这一切都已成为我内心深处的美好记忆。

在我珍藏的记忆中，印象最深的是陶富源教授。他那极富感染力的声音，总在耳畔响起；他忙碌的身影，特别是他那丝丝白发、道道皱纹，常在脑海中浮现；他的亦师亦父的教诲，已驻入我的心田。记得第一次上课时，先生自我介绍"我叫陶富源"，说着随手在黑板上写下了自己的名字，然后又轻轻擦去。我本以为先生会借此机会在我们这些新生面前"自我表扬"一番，谁知非我所料，先生惜言如金，不肯多说一句。

其实，从师兄师姐那里，对先生的情况已有所闻。先生毕业于北京大学哲学系，是安师大资深教授。大学毕业后，先生被分配到芜湖师专任教，1984年，曾担任校长。然而先生在打开工作局面后，却主动辞去职务，继续当一名老师。一次交谈我探问此事，觉得不好理解。先生淡淡地说，我喜欢当老师，喜欢教哲学，喜欢做学问。据了解，截至目前，先生共发表各种学术论文160多篇，其中有8篇发表在《哲学研究》上；出版著作10多部（独撰7部），其代表性著作有《形上智慧论》《实践主导论》《终极关怀论》等，代表性论文有《青年马克思与费尔巴哈》《地理环境与人类社会》《哲学、人学与人》等。从先生课堂上走出的学生成千上万，分别活跃在政法、教育和行政等战线上。如今，在教学岗位上已经奉献了近四十载的先生，仍然耕耘在教学第一线。先生点题开讲后，一下子就吸引了我们。设问的步步深入，推

* 作者王景，原刊于《教育文汇》，2009（10）。

理的层层展开，语调、手势的变换以及讲台前的左右移步，无不使我们零距离地见识到真正的学者风度、名师风采。从此，我们和先生的交往多了起来，不仅为先生渊博的学识所倾倒，为先生淡泊名利的人格魅力所折服，更为先生对学生的思想、学习和生活的关心所彰显的大爱所感动。

作为一位著名教授，先生每次讲课都像第一次给我们上课一样，准备充分，讲得精彩。在完成规定的教学内容后，先生总是找一切可能的机会把理论界的最新研究成果介绍给我们，并将自己创造性的学术见解与我们共享，更喜欢把当下的前沿性学术争论观点提出来和我们一起探讨。师生切磋的内容非常广泛，既有哲学本质的基本定位，也有对哲学基本问题的认识沿革；既有对黑格尔绝对理性主义的历史评判，也有对费尔巴哈人本学唯物主义的价值分析；既有对西方马克思主义哲学曲折性发展的理性梳理，也有对马克思主义中国化日趋成熟的整体把握等。由于哲学理论本身特有的属性，这种探讨自然大多很难得出广泛认同的结论，但大家却在讨论中从不同的角度深化了对诸多问题的认识。这正是先生所要达到的目的。先生总是谦虚地说这种"不着边际"的讨论，给了他很多灵感。

我们那批读研的部分学生是跨学科报考，基础理论素养参差不齐，所以，有的学生对能否做好研究信心不足。作为导师组组长、学科带头人，先生便经常利用休息时间给学生开"小灶"，鼓励大家准确定位，找到差距，针对差距，挤时间"恶补"。那几年，先生多次应邀到省内不少大学作报告，主题是《与青年学子谈读书》。先生指导我们这届同学研学的第一步，就是谈如何读书。读研第一年，先生充分结合自己的教学经验，给不同层次的学生开出不同的阅读书目。针对基础相对薄弱的同学，先生就列出具有综合性特点的读本，如《马克思主义哲学》《中国哲学史》等；开给基础较好的同学的书目则体现专业性特征，如《小逻辑》《1844年经济学哲学手稿》等。经过近一年的努力，基础弱的同学逐渐赶了上来，基础较好的同学素养也得到了极大提升。

先生常说，传授知识固然重要，学生的人格塑造更重要。先生反复告诫学生，要做好学问，首先要学会做人。2005年，先生曾出版过《学术论文写作通鉴》。书中不仅讲论文写法，还有两章专门讲学术研究的境界、风范。由此可见，先生是看重人品的。记得我的一篇论文《应从人的维度探究马克思的社会主体理论》，因为时间紧，写完后没有仔细检查就匆忙交给了先生，第二天我就被他叫去痛批了一顿。先生在文章中用红笔把错别字和不当的标点符号一一指出并作了纠正，还写上了这样两句话"做学问绝不能马虎，要对自己所做的事情负责。做学问也是做人，文字就是你的人格在纸上的体现"。这些话我至今铭记于心。

2006年初，在《高校理论战线》上，我参与发表了一篇题为《恩格斯认同黑格尔"思维与存在的同质性观点"吗》的商榷性的论文。写作之前，先生再三叮嘱：学术争论是非常正常的事情，在争论过程中首先要尊重对方，然后谈问题；很多观点只有通过反复争论才能明晰，才能逐渐被学界所认同；争论中一定要有理、有节，决不能把学术争论搞成人身攻击或争雄斗胜。这些话我记忆犹新。

先生不仅注重学生的人格塑造，还加强对学生的思想引导。面对高额的学费和现实物质利益的诱惑，有的研究生从一年级开始就忙着在外面找兼职，学习反倒被放在了后位。先生知道我最有可能外出兼职以贴补家用，便几次找我谈心。先生说，做学问是十分辛苦的，这不仅需要灵活的头脑，更需要毅力。从事社科类的理论研究，尤其是哲学研究，很多人都觉得这是一个没有"前途"和"钱途"的专业，整天去钻故纸堆，要想出点成绩也不容易。时代变了，诱惑太多，所以很多人都无法静下心来做学问。但如果你选择了这样一条道路，就要踏踏实实走下去，排除一切干扰，只要全身心投入，总会做出成绩。导师的谆谆告诫，成了我学习的航标，使我在逆境中没有迷失方向。

学习上，先生是良师；生活上，先生是慈父。对这一点，在我们2005级的二十位同学中，我的感受最深。一则先生是我的导师，所以我自然往先生家跑得较勤；二则我和妻子当时是变卖了结婚时置的家当，带上年幼的孩子和仅有的一点积蓄，踏上艰难的读研之路的，所以生活境况可想而知。三年时间里，先生不仅主动资助我们，还经常把我们一家三口叫去做客，借机改善我们的生活。师母和奶奶的热情与好客，有时让我们无所适从。于是，如何拒绝吃饭便成了我们一家的业余话题，虽然我们绞尽脑汁，但成功"逃离"的机会并不多。我们这一届，先生共指导四位硕士研究生，其中有三位来自农村，生活都比较清苦。有一次，一位同学生病，因为经济困难，准备中断治疗。先生得知后，及时解囊相助，直到这位同学痊愈。毕业前，我和另外两位同学因经济困难，还欠学校一笔高昂的学费。按规定如不交清，就不能按期毕业，也就无法找工作。先生急我们之所急，在手头并不宽裕的情况下，想方设法从亲友处筹措，帮我们解了燃眉之急。

还有这样一件事。我为赶写一篇论文，连续熬夜一周，头痛得厉害。先生得知情况后，竟在课间用那双有力的大手亲自帮我按摩头部穴位，使我的疼痛感一下子得到了缓解。在人生的关键阶段能够师从陶先生，我们真是太幸运了。师爱博大，师恩难忘。为了不辜负恩师的培养，我时刻提醒自己，可以不聪明，但不可以不勤奋，任何时候都不能懈怠。尽管生活清苦，但我和妻子坚持没有做兼职，把时间和精力全部用在了学习上。教室、资料室、图书馆里留下了我们三年的大部分时间。为了撰写论文，我们经常加班加点到深夜。我的文章陆续在一些刊物上发表，其中有一篇还是国家重点期刊。由于表现突出，我还有幸参加汤文曙教授的省级重点社科项目课题组。读研期间，我获得了安徽师范大学研究生最高荣誉奖——朱敬文特别奖学金，填补了该奖学金设置十年来政法学院的空白。我的毕业论文无论是随机请外省专家评审，还是论文答辩时学校专家的评审，均获优秀。这一来之不易的成绩倾注着先生的大量心血，从选题立意，到谋篇布局，从材料的搜集整理，到文字的润色加工，先生不知花去多少时间！

陶先生对学生关爱备至，对母亲也十分孝顺。先生曾说，一个对父母都不爱的人，又怎么可能去爱他人、爱社会。陶先生出生在江苏海安一个贫寒家庭，父亲早逝，小时候与母亲相依为命。后来先生把母亲从农村老家接来城里生活。先生说，一切以老人的高兴为原则。我们每次迈入先生的家门，那种自然的和睦气息，犹如三月的春风扑面。先生每次受邀外出讲学，无论时间早晚，都不会忘记给年近九旬的老母亲打个电话，叙上几句。先生说，这样老人家才能睡得踏实。至今还清晰记得没有预约的几次造访，我都遇见先生在陪母亲聊天，老人家表情愉悦，气氛是那样轻松融洽。尽管奶奶的听力不是很好，我们之间的交流也不是很多，但是从老人不多的言语中，能明显感受到她的幸福和快乐。我的案头有一本陶先生的著作《终极关怀论》。我想，先生对弟子的关怀、对老人的敬爱，不正是渗透了他的这种关怀理念吗?

从安师大读研毕业后,由于方方面面的原因,我没有能从事喜爱的教师职业,现在的工作也与当初的理论研究有相当的距离,但研究生阶段所得到的境界提升、学业长进、能力锻炼和科学思维方式的养成,尤其是陶教授在为学、为人上对我的言传身教,都为我胜任现在的工作打下了良好的基础。

我深深懂得,对老师辛勤付出最好的感恩方式就是像先生教导的那样做人做事。一年多来,无论是单位的领导还是同事,都对我的工作表现给予了相当高的评价。当然,我也清醒地认识到,我所做的一切,与先生所期望的还很远很远……

把学生放在心上[*]

当今社会，各种诱惑太多，在这样的氛围中，能埋头治学，且把学生放在心上的大学老师，包括博士生导师，实属难能可贵，令人佩服。我的博士生导师陶富源教授就是这样一位把学生放在心上的人。他以自己的学养激励着弟子的成长，是我们的良师益友。

一、不能克隆别人，也不能克隆自己

先生给我们这届博士生上的第一门课是"马克思主义基本原理专题研究"。这门课通常的讲法是就原理讲原理，但先生却另辟蹊径，在分析和解决重大现实问题的过程中运用原理，深度开掘、显示亮点。他列出了十三个专题，每个专题讲解一次，一次三个多小时。其中有"马克思主义的当代命运""世界历史视野中的当代资本主义""经济全球化与中国现代化""发展核心竞争力与建设创新型国家""社会关系形成的主体向度及契约方式"等。这些专题都具有历史穿透力和强烈现实感，且颇为吸引人眼球。然而要把这一系列事关重大的专题讲好，即讲出水平，讲出境界，并非轻松之事，但先生做到了。他的讲课不仅使本点的博士生大开眼界，受益匪浅，而且还吸引了外点的博士生前来听课。一个老师如果对上课不是十分认真，对学生不是充满感情，是绝不会如此投入的。他说，马克思主义的教学和科研都应该直面现实，特别是直面重大现实问题，不能克隆别人，也不能克隆自己，而应该主动迎接挑战，激发探索热情。

先生在教学中，不主张教师单向操作，而主张师生互动，双向交流。每次讲完课，他都留出一定的时间，征求学生意见，鼓励学生提

---

*作者汪盛玉。

出问题，发表见解。他也经常提出一些问题，让我们展开讨论。在讨论中，先生总是认真倾听每个学生的发言，其专注的神情，现在回忆起来，还历历在目。每次讨论，先生都要进行点评，并作总结发言。

二、开辟自己的学术阵地

对博士生来说，压力最大的是博士论文的撰写，而其中尤以确定选题最为头痛。对此，先生也十分重视。记得在第一学期期末，先生要我选择几个题目向他汇报。看到我列的几个题目后，先生说，毕业论文选题要坚持"三个原则"和"三种境界"。

"三个原则"，一是专业性原则，毕业论文是专业学位论文，要在专业范围内选题；二是价值性原则，选题要新颖别致，要有理论和实践价值；三是可实现原则，要根据自己的基础和能力进行选题。

"三种境界"，一是把选题的目的仅限于完成一篇毕业论文；二是以选题的确定为研究契机，开辟自己学术研究的一块新阵地；三是通过选题的研究为学术界打开一片新天地。

他说，我列的这几个题目，只有"马克思社会公正观研究"才符合上述三个原则，才可以达到以上第二种境界。先生"三个原则"和"三种境界"的观点，是我生平第一次听说，特别是他的"三种境界"说，使我深为佩服。"马克思社会公正观研究"作为我的毕业论文选题，在先生的鼓励和帮助下，后来成功申报了国家社科基金项目。

三、塑造好学术道路上的里程碑

毕业论文的选题确定以后，如何看待它，如何做好它，先生认为要树立一个理念。这个理念就是要把博士毕业论文当作学术道路上的一个里程碑来看待，应该为塑造好自己的这个学术里程碑而不懈奋斗，精雕细刻。博士毕业论文达到合格等级，只是一个基本条件、一个底线，不能把这个底线当作目的。他曾举例说，一些学术前辈，比如冯友兰先生于20世纪20年代在美国哥伦比亚大学留学，其博士论文《天人损益论》几十年后读起来还那样耐人寻味、发人深省。我们可能做不到这一点，但一定要以他们为榜样，树立精品意识。先生是这样教导我们，也是这样严格要求自己的。先生极为珍惜时间，对学习和写作满怀热情，十分勤奋。他的每篇论文都是有感而发、字斟句酌而成，他的每部著述都是精心研究、反复提炼而出。如此长期倾心于学术研究，先生对大量原著文本都能够准确道出、诠释恰当，对许多前沿观点都能够全面评述、引证传神……这让他的每一个弟子都感触至深。

四、温厚淡雅的人生风采

在我读博期间，还经历了这样一件事：学校为了改善博士点负责人的居住条件，给他们每位优惠配备了一套150平方米左右的住房。这对许多人来说，是求之不得的。可先生婉言谢绝了这种优惠。在一次交谈中，我探问此事，先生淡淡地说："我作为一个普通教师，没有做出什么大贡献，享受这种优惠，我会心中不安的。"这就是陶先生温厚淡雅的人生风采。先生心装学生，并以自己独特的人格魅力和深厚学养影响着学生。受益于先生的教导，先生所指导的近四届7名博士生弟子中，有3人成功申报了省部级及以上社科基金项目，5人发表国家重点以及中文核心期刊学术论文20余篇。

与学生为友，以教书为乐*

陶富源教授是我省乃至全国的知名教授。陶老师曾获得包括"全国模范教师"在内的种种耀眼的称号和荣誉，令我们这些后生小辈肃然起敬。听说陶老师要给我们（2014级马克思主义基本原理和思想政治教育专业博士生）上课，大家都感到十分荣幸，特别是那些来自外校、外地的同学更是满怀期待，愿通过上课，领略先生的风采，并从先生那里获得教益。出乎我们意料的是，先生对给我们上课也抱有期待。陶先生上第一堂课，说的第一句话就是："我期待给你们上课。"他那略带江苏海安口音的沉稳语调和古稀长者的凝重神情，令我们这些青年学生心头一震，为之动容，并随之定格为一种永恒。从来只有学生期待好老师上课，哪里听说，有老师期待给学生上课的呢？我们有些不解。在课堂上，陶先生一语带过，对此没有多说。只是在课间休息与先生闲聊时，我们才对先生此语有了进一步的理解。先生年过七十，从教44年，2010年退休。但先生退而不休，继续从事科研，并承担了本科生及研究生的部分教学工作。用先生的话说："我这一辈子，与学生为友，以教书为乐，走上讲台就兴奋，学生满意就高兴。"先生说："毕竟老了。再过几年，想要上课也讲不动了。来日无多，因此我珍惜每一次上课的机会。"先生对教育事业和青年学生的拳拳之心，溢于言表，令人感叹！

一、研讨式的授课方式

陶先生的授课方式与不少老师不同。上课前的两个星期，他把自

---

*作者张筱荣、牛云芳、张园园、毛加兴，源自安徽师范大学新闻网，原标题为《陶富源教授："我期待给你们上课"》。

己这门课包含有"十六讲"的内容授课大纲，和围绕该大纲，他所撰写的二十多万字的教学材料，用电子邮件发给了我们，并给每个博士生分配了两三个专题的主讲任务，要求主讲者围绕授课大纲，预习理解、充实他所发的讲课材料，其他非主讲同学也要预习、理解，以便有准备地上课。在课堂上大家围坐在一起，主讲同学以个性化的方式阐述主讲的内容，谈自己的学习体会，提出自己尚不理解的问题。其间，其他同学也可以就某个观点进行提问、讨论，甚至争论。而陶老师则在其中负责引导、启发、拓展和延伸，并进行最后的总结。

这种研讨式的授课方式，对于习惯于"老师讲，学生听"的我们来说，特别新鲜、特别带劲、特有收获。一是同学们上课都是有备而来。也就是说，打的不是被动的仗，而是主动的仗。几乎每个同学在准备主讲稿时，对陶老师下发的教学材料，都至少阅读、学习了三遍。另外，还需要自己搜集、补充一些材料，加以反复思考，进行归纳总结。这其中的工作量可不小，但做得很值得。因为其效果不是那种被动听课的所谓"雨过地皮湿"所能比拟的。二是通过讨论拓展了教学空间。主讲同学在课堂上对自己分到的专题侃侃而谈，其他同学提出或赞同、或补充、或反对的意见，于是少不了一番你争我辩。正是在这种辩论中深化了思想认识，在碰撞中激发了学术火花，从而极大地调动了同学们学习的主动性、积极性。三是通过老师的引导总结提升了教学层次。同学们讨论时，坐在一旁的陶老师聚精会神，仔细倾听。他不随便打断同学们的交流，可一旦发现有同学的观点或论证有明显的硬伤、思路有所偏离，以及难点没有突破，便随时加以纠正，或在重点的地方引申阐述。陶老师关于讨论的总结给大家留下了深刻印象。有一位同学曾感叹说，如果把陶老师总结的内容加以扩充、展开，那么可就是一篇完整的学术论文了。

这种研讨式的授课方式所营造的热烈气氛，感染了我们每一个人，以至有两位中年访问学者也主动前来听课，直到这门课结束。每个专题的讲授、讨论，大都延续整整一个上午或一个下午，长达三四个小时，但大家仍兴趣盎然。

二、贴近现实的专题设置

据我们所知，有些老师也想采用研讨式的授课方式，但最终都以效果不佳而草草收场。关于其中原因，我们曾特意请教过陶先生。先生说，这里的关键在于要精心进行专题设置。所谓精心，就是要围绕现实问题，包括现实理论问题和现实社会问题进行专题设置，这样才能调动学生的兴趣和热情，研讨式教学才能顺利并成功进行下去。否则，就会讨论不起来，或讨论不下去，出现所谓的"冷场"。前文提及陶先生为这门课设置的十六个专题，应该说，是下了一番功夫的，是体现了强烈的现实问题意识的。比如，针对西方延续几十年的"马克思恩格斯对立论"思潮，授课大纲设置了"马克思主义创立者述评"专题，针对所谓"马克思主义哲学超越论"的观点设置了"坚持唯物主义，反对'超越论'思维"的专题。另外，针对如何认识当代资本主义、如何评价民主社会主义、如何理解全球化与中国特色社会主义的关系、如何看待苏联解体、如何进行当代中国利益关系的协调、如何建设创新型国家、如何进行社会治理等问题，陶先生都设置了相关专题。通过这些专题的设置和讲解，引导我们坚持理论联系实际，用马克思主义理论去分析问题、解决问题，并在分析和解决问题的过程中，学习和掌握马克思主义基本原理。陶先生这样来讲授马克思主义基本原理，确实使我们开了眼界，一改"原理课"在不少学生心目中那种刻板枯燥的形象，而生动鲜活了起来。有同学感慨说："这样讲授的马克思主义才是能触动人心灵的可亲的马克思主义。"

三、先生的格言

陶先生为人随和，和同学们交流，脸上总是面带微笑。有时开读书会，我们因全神贯注忘记了给他杯子里倒开水，老师便站起来，自己倒，并不忘给坐在他身边的同学杯子里续水。此情此景，虽说平常，但令人感动。陶先生上课总是提前十分钟到达。这让拎着早点或是以各种借口踩点到的同学感到很不好意思，这样一来大家也都意识到要规范自己的行为。陶先生在讲授中，给我们留下深刻印象的还有这样一点，即他在讲授中，不经意说出的一些闪烁着人生智慧的、珠玉般的语言。我们班有一位同学，把这些语言加以汇集，名曰陶富源先生格言。比如在谈到做学问不要急于求成时，先生说："只要方向正确，不怕路途遥远"；在谈到人生命运时，先生说："命运握在自己手中，人生的起点低并不代表终点低"；在谈到高校教师如何处理教学与科研的关系时，先生说："搞好教学是立足之本，搞好科研是发展之路"；在谈到教师工作的意义时，先生说："教师的工作台并不宽大，但他手中握有祖国的未来"；在谈到师生关系时，先生说："教师不只是燃烧了自己，点亮了别人，而是师生相互点燃，共烛光明"；在谈到要多读书时，先生说："大凡所学，皆成性格"；等等。陶先生这些凝结人生信仰、思想境界的语言，将使我们终身受益。

著名教育家梅贻琦先生曾说："所谓大学者，非谓有大楼之谓也，有大师之谓也。"对我们这些学生来说，在求学期间，能有机会受业于陶先生门下，实为人生之大幸。

名师访谈*

编者按：2021年7月，习近平总书记在庆祝中国共产党成立100周年大会上的讲话中指出："中国共产党为什么能，中国特色社会主义为什么好，归根到底是因为马克思主义行！"而马克思主义为什么行，准确回答这一问题，就需要继续深入学习和理解马克思主义。基于此，近日，滁州学院马克思主义学院陈光洁博士围绕马克思主义的文化属性、马克思主义的真理性和价值性、如何理解社会主义初级阶段以及社会主义条件下对资本的使用、构建"人类命运共同体"理念与马克思主义的关系等问题，向安徽师范大学马克思主义学院陶富源教授进行了专门求教。先生对关于马克思主义理论的这些重要且现实的问题都一一进行了深邃且富有洞见的解答，字里行间无不显现出先生的真知灼见与人文情怀，从而为新时代中国马克思主义理论工作者更好地学习、理解，进而运用马克思主义做出了榜样。

陈光洁：陶老师您好！请问您，马克思主义是否属于西方文化？

陶富源：在西方，特别是欧洲，尤其是德国思想界，一般是这样认为的，即马克思主义属于西方文化。在我国马克思主义学者中，谈论这个问题的人不多，其中有一些人比较强调马克思主义属于全人类。

陈光洁：怎样看待这两种观点的分歧呢？

陶富源：如果从马克思、恩格斯创立马克思主义之地域文化特点的维度说，马克思主义产生于西欧，马克思、恩格斯都是德国人，从小受西方文化的教育，因而他们创立的马克思主义植根于西方文化的土壤，烙有西方文化的印记，这是没有疑义的。马克思、恩格斯自己也曾一再指明，他们创立的科学社会主义学说，只能是德国的辩证法

---

* 作者陈光洁、陶富源。此文为2021年安徽省哲学年会线上交流论文，原标题为《深入学习和理解马克思主义——访安徽师范大学马克思主义学院陶富源教授》。

批判，以及"英国和法国的发达的经济关系和政治关系"的逻辑结果。①因而在这个意义上，说马克思主义属于西方文化，并无不可。需要指明的是，这里的"西方"是指民族文化意义上的西方，即西方民族文化，而非政治思想意义上的西方，即西方资本主义。

但如果从马克思、恩格斯创立的马克思主义之基本观点、基本原理、基本方法的维度说，马克思主义所反映和代表的是全世界无产阶级和广大人民群众的需要、利益和愿望，是他们闹翻身、求解放，实现当家作主，争取自由全面发展之美好前程的思想武器。因而在这个意义上，说马克思主义属于全人类，也是十分正确的。这里的属于全人类，也就是通常所说的，马克思主义是"放之四海而皆准"的科学理论，属于全人类的，自然也属于中华民族。因此，在这个意义上说，不能把马克思主义视为一般意义上的外来文化或西方文化。

陈光洁：那么可否换一个角度说，狭义的马克思主义即马克思、恩格斯所创立的马克思主义，属西方文化；而广义的马克思主义即马克思、恩格斯所创立，其后继者所发展的马克思主义，属于全人类？

陶富源：这里首先要弄清什么是广义的马克思主义以及狭义的马克思主义。在我看来，所谓广义的马克思主义就是在全世界广泛适用的，蕴含于狭义的马克思主义之中的，作为基本观点、基本原理、基本方法的马克思主义。概括地说，广义的马克思主义是由马克思、恩格斯创立，为他们的后继者所发展的，以无产阶级和人类解放为使命，以建设共产主义为最高目标的科学理论体系。所谓狭义的马克思主义，是指以一定民族特色对广义的马克思主义进行具体表现的马克思主义。比如，马克思、恩格斯创立的西欧特色的马克思主义，列宁创立的俄国特色的马克思主义，毛泽东及其后继者创立和发展的中国特色马克思主义等，就其民族特色来说，都是狭义的马克思主义。从广义的马克思主义或马克思主义的广义性来说，马克思主义属于全人类；从狭义的马克思主义或马克思主义的狭义性来说，具有民族特色的马克思主义，在文化上属于该民族。

陈光洁：过去在书里看到"马克思主义是放之四海而皆准的普遍真理"，那么能否说，马克思主义有"普世价值"呢？

---

① 参见《马克思恩格斯选集》第3卷，691页注①，北京：人民出版社，1995年。

陶富源：这个问题提得好，也很尖锐。

什么是真理，真理只问是非，不问利害。评定是非的标准，不在认识主体，即不以主体的主观为标准，而在于认识客体，即符合客体的本质和规律。或者说，符合客体的本质和规律的认识，就是真理。然而不同真理的适用范围是不一样的。马克思、恩格斯创立的马克思主义，从其适用范围的维度来说，其揭示的真理有三个层次：一是普遍原理，二是非普遍原理，三是个别结论。只有作为普遍原理的马克思主义才是"放之四海而皆准"的普遍真理，即任何民族、国家、阶级和个人，按照这些普遍真理所指的方向去行动，才能获得成功，不然，肯定失败。这就是所谓的"放之四海而皆准"。诚然，这些普遍原理必须与各国国情相结合，才能发挥推动历史前进的作用。

什么是价值？价值只问利害，不问是非。因而谬误对有些人也有价值。判断利害的标准不在价值客体，而在价值主体，即满足主体的必要需求和利益。而在现实社会中，主体是一种多样性存在，在阶级社会和有阶级存在的社会中，主体不仅有多样性，而且还有对抗性。因此，任何一个社会科学的真理，包括马克思主义的普遍真理，对存在多样性甚至对抗性的主体来说，不可能对人人有利，或对人人有价值，即有所谓"普世价值"。

陈光洁：自然科学真理没有社会科学真理所具有的意识形态性，那么能否说，自然科学真理对所有人来说有"普世价值"呢？

陶富源：并非如此。因为同一个价值客体，即便是自然科学真理，对存在多样性甚至对抗性的主体来说，价值必然是分殊，甚至对立的。在资本主义社会中，资产阶级正是利用科学技术作为手段，对工人加强压迫剥削的。因此，在世界上只有"放之四海而皆准"的普遍真理，并无对人人皆有利的"普世价值"。

陈光洁：否认"普世价值"，那么是否也否定了人类的共同价值呢？

陶富源："普世价值"并非共同价值。"普世价值"是超时代、超群体、超个人角色的，无条件适用于所有人的价值。相反，共同价值是人类生活的共同体的价值，也即作为共同体成员的共同价值。家庭、民族、国家，就是不同层次存在的人类生活共同体。这些共同体各有自己的价值。或者说，各有自己成员的共同价值。任何共同体都是一定条件下，历史发展的产物，共同的生活、共同的利益，即共同体生存、发展的利益，也就是该共同体的价值。在当今时代条件下，人类命运共同体的价值，就是和平、发展、合作、共赢。这也是当今时代条件下，体现人类发展方向的，以热爱和平、共促发展、实现共赢为主体的广大进步国家和人民的共同价值，简称人类的共同价值。为了实现这种共同价值，就必须与霸权主义者、零和主义者、恐怖主义者进行斗争。因此，不能把人类的共同价值与"普世价值"混为一谈。

陈光洁：如何理解社会主义初级阶段？可否认为它属于马克思社会发展三形态理论的第二阶段，即"物的依赖性"的阶段？

陶富源：我国理论界存在这样一种观点。我认为，这种观点是对马克思社会发展三形态理论的误读误用。

我国社会主义初级阶段，既不是马克思社会发展三形态理论中与"人的全面发展"相对应的共产主义社会，也不是与"物的依赖性"相对应的资本主义社会，而是当年马克思未曾预料到的，在一个经济文化相对落后的国度中，所建立的不够格的社会主义社会。在这个社会阶段，既存在"人的依赖性"，也存在"物的依赖性"，还存在不断发展着的"人的全面发展性"。中国共产党的任务就是领导人民借助"物的依赖性"来克服"人的依赖性"，同时又要借助"人的全面发展性"来实现人对"物的依赖性"的超越。也就是说，不断为人的全面发展创造条件。这个社会阶段，就是我们称之为初级阶段的社会主义。我们不能因为这个社会中还存在"人的依赖性"，而把它归结为"人的依赖性"的社会。同样，也不能因为这个社会中存在"物的依赖性"，而把它归结为"物的依赖性"的社会。如果从中国共产党的使命来说，社会主义初级阶段，就是中国共产党带领人民不断克服"人的依赖性"和"物的依赖性"，而不断增进"人的全面发展性"的社会阶段。

陈光洁：马克思批判和否定资本，中国的改革实践利用、发展和规范资本，在有些人看来，这二者之间有些不一致，甚至背道而驰？您怎么看？

陶富源：这一认识是建立在概念不清基础上的。资本是一个统摄了多种特殊形态的一般概念。

马克思《资本论》所批判的资本，并非一般资本，也非作为资本特殊形态的在商品经济中运行的公有资本和一般私人资本，而仅是与资本主义制度相联系的资本主义资本，即在资本主义社会中，受资本主义制度保障的、占统治地位的资本。马克思主义对这种资本主义资本的批判，也就是批判其所承载的资本主义经济关系。用马克思的话说，其所研究的"是资本主义生产方式以及和它相适应的生产关系和交换关系"①。

马克思主张社会主义要消灭与资本主义制度相联系的资本主义资本，要消灭这种资本对国家和社会的主宰。在马克思看来，这种资本主义"资本是资产阶级社会的支配一切的经济权力"②。它是一种灾难性的力量。

在旧中国，这种对国家和社会具有主宰性的资本，就是占全国工业、运输业80%的官僚资本。中国革命成功后没收了这种资本。但在消灭了这种具有主宰性的资本主义资本的同时，如何处理社会主义与非主宰性资本主义资本的关系，马克思没有涉及，我们党在这方面也有过教训，吃过大亏。正是在总结了以往经验教训的基础上，我国通过改革，走出了一条在社会主义制度下，运用、发展和规范非主宰性资本主义资本，来为社会主义服务的路子。为什么要对其运用、发展？因为它有利于国计民生。为什么要对其加以规范？这是因为要防止其野蛮扩张、形成垄断，以至成为主宰。这样，也就把马克思关于社会主义对主宰性资本主义资本的消灭论，丰富和发展为社会主义对主宰性资本主义资本的消灭与对非主宰性资本主义资本的利用、规范和最终消灭的统一论。这一理论的创新、发展，在现实中转化为一种巨大力量，给中国人民带来了巨大的福祉。

因此，不能把非主宰性资本主义资本等同于主宰性资本主义资本，不能把利用和规范非主宰性资本主义资本的中国改革实践，说成是所谓"补资本主义的课"，不能把对非主宰性资本主义资本进行利用和规范的中国特色社会主义，说成是所谓社会资本主义，这是不可以的，错误的。也就是说，中国社会主义改革实践与马克思的资本批判理论是根本一致的，是对它的继承、丰富和发展。

陈光洁：如何理解"马克思主义所主张的社会主义最终要取代资本主义"，这与我们现在提出的"构建人类命运共同体"的关系如何？

① 《马克思恩格斯文集》第5卷，8页，北京：人民出版社，2009年。
② 《马克思恩格斯全集》第30卷，49页，北京：人民出版社，1995年。

陶富源："社会主义最终要取代资本主义"，这是马克思主义的一个基本原理。这个原理所揭示的是资本主义来到世界以后，人类发展的总趋势。到目前为止，我们仍处在这一人类历史的进程之中。至于如何在全人类意义上，实现社会主义对资本主义的取代，从马克思主义诞生以来，一直就是共产党人不断求索的一个待解的重大问题。为此，在马克思主义发展史上，先后提出了三种见解。

一是，马克思、恩格斯的"同时革命论"，即认为上述取代应通过欧美主要资本主义国家，即英国、法国、德国和美国的同时革命来实现。实践证明，这个设想行不通。因为各国的国情不同，由此所决定的各国革命的条件不可能同时成熟，因而所谓的"同时革命"也就必然落空。列宁吸取了这一教训，提出了新的观点。

二是，苏俄的"输出革命论"。在领导苏俄革命的过程中，列宁放弃了马克思、恩格斯的"同时革命论"，而提出了社会主义革命在"一国首先胜利论"，并认为，一国胜利以后，可以以此为基地，向世界其他各国输出革命，于是提出了"输出革命论"。十月革命胜利以后，向外输出革命的机会似乎出现了，即在苏俄红军击败了波兰军队对苏俄的入侵之际，以胜利之师的姿态反转过来跨进波兰领土，进行"革命输出"。然而对这种"革命输出"，波兰人民没有表示欢迎，而是视为侵略，加以坚决抵抗。结果这次所谓"革命输出"的事件，也就以失败告终。为什么失败？因为各国革命是各国人民自己的事，革命不可替代，不可输出。不过苏联共产党执着于这种"输出革命"的理念，直到亡党以前都没能认真总结这一方面的教训。

三是，"人类命运共同体建构论"。早在新中国成立之初，我国就提出了处理国际关系的和平共处五项原则。在全球化深度发展的时代条件下，为了实现世界绝大多数人要求和平发展、合作共赢的利益诉求，以习近平同志为主要代表的中国共产党人，继承和发展了和平共处五项原则的基本精神，提出了"构建人类命运共同体"的理念。这一理念主张以尊重各国的制度安排和道路选择为前提，以世界多样性为基础，正确处理多样性与共同性的关系，通过"友好合作、平等协商"来解决各种利益分歧，通过"共谋发展、合作共赢"，不断增进各国利益的共同点，扩大利益的交汇点，从而去建设一个持久和平、普遍安全、共同繁荣、开放包容、清洁美丽的世界。

在构建人类命运共同体的过程中，壮大社会主义国家的力量，显示社会主义制度的优越性，通过为人类多做贡献，多提供公共产品，多进行公共服务，来提升社会主义国家可爱可亲的美好形象，借以赢得人心，赢得信任，从而促进社会主义事业在全世界的发展。但如前所说，社会主义取代资本主义是全人类的事业，是世界各国人民的共同事业，不可能由少数几个社会主义国家越俎代庖。另外，一国的资本主义，只能由觉悟起来的本国人民去消灭，并用社会主义取而代之，别国只能尊重该国人民的制度选择，而不能包办代替。

陈光洁：马克思主义是为无产阶级服务的，为什么又说它是为着解放全人类？

陶富源：其一，在资本主义社会中，无产阶级除了双手以外，一无所有，处于社会的最底层，生活最为困难。因而力图改变现状的革命意志最为坚决。另外，工人阶级作为先进生产力的代表，与大机器生产相联系，相对于农民和其他社会力量，最为集中、最有组织纪律性，因而无产阶级才成为推翻资产阶级反动统治的领导阶级，才成为其他被压迫阶级和阶层闹翻身、求解放的希望所在。其二，无产阶级仅靠自身的力量还不足以推翻资产阶级的反动统治，因而它必须联合其他革命阶级和阶层，结成最广泛的统一战线，才能完成自己的历史使命。正是在这个意义上，马克思说，无产阶级只有解放全人类，才能最后解放自己。因而在这个意义上可以说，马克思主义是无产阶级解放也是全人类解放的思想武器。

诚然，在全人类解放的过程中，即消灭了资产阶级反动统治的过程中，资产阶级也从统治和剥削的关系中获得了解放，即通过改造，他们由过去的剥削者变成了自食其力的社会新人。诚然，这种解放，是一种不同于工农解放的另一种意义上的解放。

陈光洁：中国共产党人的最高理想是实现共产主义，这里的最高理想与唯物辩证的发展观相矛盾吗？怎样理解？

陶富源：共产党是广大人民群众推翻旧世界、建设新世界，实现共产主义的领路人。对广大共产党人来说，他们的最高理想就是实现共产主义。如果将来有一天实现了，那么共产党和广大共产党人的使命也就完成了。到那一天，阶级消亡了，作为无产阶级先锋队的共产党自然也消亡了。在这个意义上说，共产党人所进行的一切工作都是为了使自己消亡的那一天尽快到来。至于人类进入共产主义社会以后，是否就到顶了，停滞不前了，不会的。1893年5月，恩格斯在同法国《费加罗报》记者的谈话中就曾指出："我们没有最终目标。我们是不断发展论者，我们不打算把什么最终规律强加给人类。"[1]他还曾说过："历史同认识一样，永远不会在人类的一种完美的理想状态中最终结束；完美的社会、完美的国家是只有在幻想中才能存在的东西；相反，一切依次更替的历史状态都只是人类社会由低级到高级的无穷发展进程中的暂时阶段。"[2]从这种历史辩证论的观点看来，共产主义不是一个固定的所在，而是一个不断趋于美好的方向。从美好的发展程度来说，共产主义社会也还会区分不同的发展阶段，至于它将经历哪些阶段，以及每个阶段如何建设，这已不是共产党人的事，而是未来共产主义社会中成长起来的新人的事。

---

[1] 《马克思恩格斯文集》第4卷，561页，北京：人民出版社，2009年。
[2] 《马克思恩格斯文集》第4卷，270页，北京：人民出版社，2009年。

名家之作[*]

2016年6月10日是一个值得纪念的日子，陶富源先生学术思想研讨会暨《陶富源文集》十卷本出版首发式在我院隆重召开。来自上海财经大学、华东师范大学、苏州大学、合肥工业大学、安徽大学、安徽医科大学、安徽师范大学、安徽工程大学、皖南医学院、浙江越秀外国语学院等10多所高校的专家学者，和来自安徽日报社、安徽师范大学出版社等媒体单位的领导、记者，济济一堂，共同见证《陶富源文集》十卷本的首发仪式，并对陶富源教授的哲学和马克思主义哲学研究成果进行深入研讨。

会议由高正礼院长主持。他指出，在社会各界深入学习和践行习近平同志5月17日构建中国特色哲学社会科学重要讲话精神之际，我们举行这样的研讨会意义重大。

苏州大学王金福教授首先发言，他认为陶富源教授作为国内很有影响的资深马克思主义哲学研究专家，在马克思主义哲学的三个基本学科内——马克思主义哲学原著、马克思主义哲学史、马克思主义哲学原理——都进行了深入的研究，并取得了丰硕的学术成果。

上海财经大学鲁品越教授抚摸着十卷本文集，深情地说：这是一部厚重的"等心"之作，是陶富源教授孜孜不倦，追求真理的结晶，文集的出版是这一代学人的象征和符号。

来自华东师范大学的陈立新教授动情地回顾了与陶富源先生的交集，感佩陶先生的道德文章，认为文集是陶先生40年才情的凝结，文集表明陶先生一直行走在马克思主义哲学的前沿地带，能敏锐地抓住时代的潮流，对中国特色社会主义的伟大实践进行深刻的理论总结。

---

* 源自安徽师范大学马克思主义学院网站，原标题为《陶富源先生学术思想研讨会——暨〈陶富源文集〉十卷本出版首发式召开》。

来自安徽大学的王孝哲教授认为，陶富源教授是当今讲授和研究马克思主义哲学的大学问家。他很欣赏文集对于我国当今社会现实问题的关注与研究。安徽医科大学的王兆良教授认为十卷本文集的面世，是哲学界的喜事、盛事，是哲学人值得品尝的一次盛宴，如此的鸿篇巨著，为我国哲学社会科学的繁荣和发展奉献了一份丰厚的优秀成果，陶富源教授实乃安徽哲学界第一人。合肥工业大学的唐莉教授深情回顾了她第一次聆听陶教授讲课的情形：1999 年初夏，合肥工业大学斛兵塘畔的教室被围得水泄不通，挤满了前来听陶老师讲座的学生。她认为文集对丰富和发展马克思主义做出了重要贡献，观照现实和强烈的问题意识是文集的第一个鲜明特点，着力于马克思主义在当代的丰富与发展是文集的第二个鲜明特点，文集的第三个鲜明特点是坚持"在现实中发展着的马克思主义"，即对马克思主义唯物辩证法的游刃有余的运用。

安徽师范大学的郭淑新教授、戴兆国教授、干成俊教授、汪盛玉教授等专家都作了真诚的、感人的发言，指出该文集全景式地展现了一代哲学家的思想轨迹和学术贡献，从一个侧面反映了我国哲学理论研究的新进展和新成果。

陶富源先生对与会的嘉宾表达了衷心的感谢，表示自己深受鼓舞，会再接再厉，生命不息，"学术不止"。

马克思主义哲学的当代守正与创新[*]

编者按：陶富源（1944—　　），男，江苏海安人，安徽师范大学马克思主义学院教授、博士生导师，毕业于北京大学哲学系。潜心学术五十余载，心无旁骛，笔耕不辍，成果丰硕。陶富源教授主要研究领域有哲学元理论、马克思主义哲学基本理论、马克思主义人学理论、中国特色社会主义实践中的哲学问题。他认为，哲学是以普遍方式理解和协调人与世界关系的理论；马克思主义哲学是实践主导的辩证唯物主义；马克思主义辩证论是过程辩证论与系统的统一论；马克思列宁主义哲学的终极关怀是提升人的主体性和自由度。以现实的人为本是马克思学说的主题；哲学社会科学通过管理转变为现实的生产力；社会关系是通过强制、契约、情感所结成的人与人之间的关系；社会机体是在自发调节的基础上，不断提升为自为调节的运动过程；马克思主义人学是以实践为基础来理解人和全面塑造人的科学；人类认识是感性、理性、统性三阶段的统一。2016年6月10日，陶富源先生学术思想研讨会暨《陶富源文集》十卷本出版首发式在芜湖举行，与会者就陶富源先生的学术思想展开了热烈的讨论。现将部分发言整理刊发，以飨读者。

陶富源教授在马克思与费尔巴哈关系问题上的理论贡献

王金福（苏州大学教授）

陶富源教授在马克思主义哲学的三个基本学科内，都进行了深入的研究，取得了丰硕的学术成果。这三个基本学科是：马克思主义哲学原著、马克思主义哲学史、马克思主义哲学原理。在马克思主义哲学史领域内，陶教授研究的重点之一，是马克思主义哲学创立史。马

---

* 原刊于《安徽师范大学学报》（人文社会科学版），2016（6）。

克思主义哲学创立史的一个重要课题，是马克思和费尔巴哈的关系。我这里不能全面叙说陶教授在马克思主义哲学研究上的重大贡献，而只说一个小的方面，陶教授在马克思与费尔巴哈关系问题上的重大的理论贡献，可以概括为：发现事实，揭示真相。

马克思与费尔巴哈的关系，既是马克思主义哲学研究中的一个老的研究领域，又是一个马克思主义哲学研究始终绕不过去的领域。因为它是一个老的研究领域，前人已经有了许多的研究成果，有了许多的定论，不少定论具有极大的权威性，统治着一百多年来人们的头脑，所以在这个领域想要取得新的研究成果就十分困难，更需要研究者有实事求是的精神，去发现前人没有看到、没有重视的事实，更需要研究者具有打破定论、冲破权威的勇气和掌握科学的思维方法。这个领域的研究成果，对于正确认识马克思，正确理解马克思主义哲学的实质，具有十分重大的意义。

一百多年以来，在马克思与费尔巴哈的关系问题上，有三个极具权威性的观点一直统治着人们的头脑，限制了人们的视野。第一个观点是，包括费尔巴哈的唯物主义在内的旧唯物主义是机械的形而上学的唯物主义，是和辩证法分家的唯物主义。第二个观点是，马克思通过费尔巴哈转向唯物主义，但不是转向旧的唯物主义，而是转向新的唯物主义，马克思主义的唯物主义，也就是说，马克思思想发展中并没有一个接受费尔巴哈人本主义原则的时期，没有一个主要受费尔巴哈影响的时期。第三个观点是，马克思转向的唯物主义，马克思所创立的新唯物主义，是辩证的唯物主义，马克思克服了旧唯物主义的机械性、形而上学性的缺点，把唯物主义和辩证法统一起来，并把辩证唯物主义的世界观彻底贯彻到历史领域，创立了历史唯物主义。

陶富源教授通过对费尔巴哈和马克思的原著的深入解读，发现了能够打破以上传统的权威观点的历史事实，提出了自己的独特的观点。

陶富源教授发现了三个事实。第一个事实是，费尔巴哈哲学不仅是唯物主义哲学，而且具有丰富的辩证法思想。第二个事实是，马克思在1843年、1844年，对费尔巴哈是崇拜、迷信的，马克思曾用费尔巴哈人本学唯物主义的一些基本方法、基本原则去解决社会历史问题。例如，运用费尔巴哈的唯物主义的颠倒的方法去解决国家和市民社会的关系问题，运用"人是人的最高本质"这一人本主义原则去说明人的本质、解决劳动异化的问题和共产主义的问题，等等。第三个事实是，马克思在创立新唯物主义时，没有说包括费尔巴哈在内的旧唯物主义的缺点是机械性、形而上学性，而是说，包括费尔巴哈的唯物主义在内的从前的一切唯物主义的主要缺点，是对对象、现实、感性作了直观的理解。在陶先生看来，直观性是形而上学的一种表现。

陶富源教授发现的这三个事实，对颠覆百年来统治人们的一些旧观念，对重新理解马克思主义哲学的实质具有重要的理论意义和学术价值。

发现事实、尊重事实并不是一件容易的事。事实是客观存在的，但事实并不会自动地跑到研究者面前来，跑到研究者的头脑中去。事实往往是被遮蔽的，遮蔽事实的因素有很多，其中一个重要的因素，就是研究者的视野。我们看东西要有一个视野，我们只能看到视野范围内的东西，视野范围外的东西是看不到的。我们看问题的视野就是我们的前理解，即我们头脑中既有的思想、观念。我们的前理解让我们看问题的视野具有双重的功能，既去蔽又遮蔽。去蔽就是让我们看到东西，遮蔽就是让我们看不到东西。举上面的例子是为了说明视野的遮蔽功能。费尔巴哈的哲学中存在着丰富的辩证法思想，这是一个事实，费尔巴哈的文本可证实。但为什么长期以来人们不去看费尔巴哈的著作，或者即使看了他的著作，也看不到他的丰富的辩证法思想呢？因为我们受到一些前理解的束缚，我们有这样的一种前理解：旧唯物主义是机械的形而上学的唯物主义，权威人物是这么说的，教科书是这么说的，他们说的不会错；马克思主义哲学是辩证的唯物主义，旧唯物主义，包括费尔巴哈的唯物主义当然只能是机械的、形而上学的唯物主义。这个前理解成了我们看东西的视野，这个视野就遮蔽了费尔巴哈具有丰富的辩证法思想这个事实。要发现这个事实，就要有新的视野，这个新的视野就是：学术研究不能迷信权威，一定要尊重事实，实事求是。陶富源教授之所以能发现费尔巴哈具有丰富的辩证法思想这一事实，就是因为他不崇拜权威，不固守传统之见，不人云亦云，具有实事求是的思想，同时又舍得花大量的时间去阅读原著。

陶富源教授以发现的事实为根据，得出了三个打破传统观点的新看法。第一个看法是，作为马克思主义哲学理论来源之一的费尔巴哈的唯物主义是具有丰富辩证法思想的唯物主义。第二个看法是，马克思在脱离青年黑格尔派以后，不是直接地形成了马克思主义的世界观，而是有一个走向费尔巴哈，然后经过对费尔巴哈的批判，又超越费尔巴哈而创立马克思主义哲学的时期。第三个看法是，实践原则是马克思主义哲学的主导原则，马克思主义哲学的主要优点，是把感性理解为人的感性活动，理解为实践。马克思主义哲学是把感性理解为实践活动的唯物主义，可以叫作实践的唯物主义。这三个观点，是对统治了人们头脑一百多年的三个传统观念的打破，是对马克思主义哲学研究的重大贡献。

厚重的"等心"之作

鲁品越（上海财经大学教授）

作为一位哲学家，陶富源先生以探索真理为终生的追求。在这条探索真理的道路上，陶先生的五十载心路历程，集毕生苦心孤诣之所得，悉数凝结于这套皇皇巨著之中，并且成为对真理的系统化探索。第1卷《形上智慧论》乃是"元哲学"，即关于哲学本身的哲学思考；第2卷《实践主导论》用意于一切真理源于实践，实践性是马克思主义哲学的本质特征；第3卷《终极关怀论》阐述人生的价值追求，阐明在价值目标上马克思主义哲学与其他哲学之本质区别；第4卷《哲学与马克思主义哲学》论证马克思主义哲学何以是人类哲学的最高境界；第5卷《青年马克思与费尔巴哈》追溯作为人类哲学最高境界的马克思主义哲学的发现史；第6卷《唯物辩证论与实践智慧》、第7卷《唯物史观在当代》是关于马克思主义哲学的两大部分——辩证唯物主义与历史唯物主义的研究；第8卷《政治文明的哲学观照》、第9卷《精神家园的哲学守望》是用马克思主义哲学对当代两大上层建筑领域的分析；而第10卷《学术论文写作通鉴》作为这套文集的收官之作，乃是作者毕生从事学术研究所积累的宝贵经验与心得，并欲薪火相传以授青年学子。10卷汇聚一体，蔚然成一体系。太史公曰："究天人之际，通古今之变，成一家之言。"这句话对陶富源先生来说，最为贴切不过了。能达到这一目标，乃是哲学家们梦寐以求的最高境界。陶先生的这套著作，正是他努力攀登这一最高目标的标志性著作。正是在哲学上的这种毕生探索，使陶富源先生成为安徽哲学界的代表人物之一。

马克思主义哲学与其他哲学的本质区别在于：它不是为真理而真理，而是将以人民为中心，以人类解放为使命作为其价值观的灵魂，为此而探索真理，由此达到真、善、美的统一。陶富源先生正是怀着这一崇高的使命来探索与研究马克思主义哲学，不断站在当代实践的基础上，发掘马克思主义哲学中的思想矿藏，纠正对马克思主义哲学及其发展史的各种误解，努力进行理论创新。在此仅举一例：众所周知，马克思是通过对黑格尔唯心主义辩证法的"颠倒"创立他的哲学的。而人们习以为常的观点认为费尔巴哈抛弃了黑格尔的辩证法。而陶先生通过对历史与文献的缜密考证，鲜明地提出：马克思的"颠倒方法"来源于费尔巴哈，而马克思的伟大贡献在于对费尔巴哈"颠倒方法"运用范围的超越，将其运用于社会历史领域，并且开辟了哲学研究的新方向——历史唯物主义。文集中众多对真理与真相的探索，限于篇幅，在此不再列举。正是对马克思主义的真诚信仰，对马克思主义哲学真理与真相的深入探索，使陶富源先生成为安徽师范大学马克思主义哲学研究的标志性学者，也是安徽省马克思主义哲学界的重要代表人物。

习近平总书记在《在哲学社会科学工作座谈会上的讲话》中发出千钧之言："坚持以马克思主义为指导，是当代中国哲学社会科学区别于其他哲学社会科学的根本标志，必须旗帜鲜明加以坚持。"①在这样的时刻，安徽师范大学推出陶先生的这套著作，具有特殊意义。这部文集凝结着安徽师范大学及其政治学院对一位将整个人生献给马克思主义哲学研究的学者的褒奖与敬仰，必将推动安徽师范大学的哲学研究提高到新的水平。

马克思主义哲学前沿研究的守望者

陈立新（华东师范大学教授）

马克思是通过并超越德国古典哲学而成为马克思的，马克思主义哲学是充分吸收人类文明优秀成果的思想学说，马克思主义哲学毋庸置疑有其不可或缺的学术基础。正如列宁所洞察到并多次强调的，不钻研和不理解黑格尔的逻辑学，就不能完全理解马克思的《资本论》；

---

① 习近平：《在哲学社会科学工作座谈会上的讲话》，8页，北京：人民出版社，2016年。

马克思虽然没有留下大写的逻辑，却留下了《资本论》的逻辑，应当充分利用这种逻辑来解决当前的问题。这里提到的逻辑，在主要的方面，无疑包含着对马克思主义哲学之学术基础的肯认。马克思主义哲学的学术基础是马克思发掘并整合优秀思想史资源的结果，而又经受了生活世界现实运动的检验，从而既具有一般思想学说皆有的共同点，也有自身的特点。正是这样，改革开放以来的中国马克思主义哲学研究，一个鲜明且有着本质重要性的取向，就是大力加强马克思主义哲学的学术化建设，着力提升马克思主义哲学研究问题的学术含量，构成了中国马克思主义哲学研究在这一时期的热点和前沿。陶富源教授敏锐地洞察到中国学术发展的这一特质，并自始至终在自己的学术研究中予以落实。具体的做法，就是以马克思主义的原典为文本依据，以当代世界特别是当代中国社会的现实问题为导向，深入挖潜和吸收西方传统哲学、中国传统文化、西方当代哲学的思想资源，力图阐明马克思主义哲学的学脉源承、理论硬核、思想关切。我们从这套文集的有关部分可以直接看得出来。

马克思曾认为，哲学不是世界之外的遐想，任何哲学不仅在形式上而且在内容方面都要和自己的时代接触并相互作用。中国新时期的马克思主义哲学研究所建构的另一个前沿问题，就是马克思主义哲学的现实化问题，亦即马克思主义哲学的理论实现问题。诚如马克思所指出的，理论在一个国家的实现程度，取决于理论满足这个国家需要的程度。新时期马克思主义哲学的学术化研究，已然面临着如何运用马克思主义哲学来解决现实生活中的实际问题。这是因为，马克思主义哲学正是在参与并回答现实问题中而走向学术化的，马克思主义哲学的学术化不可否认地要以马克思提出的"改变世界"来定向，而不是延续以某个范畴或原理为核心来建构理论体系的那种哲学史惯例或套路。更为关键的还在于，中国特色社会主义举世瞩目的成就，对发展马克思主义哲学提出了新的要求和新的课题，为马克思主义哲学的现实化提供了新的契机。正是这样，中国最近十多年的马克思主义哲学研究，开辟了马克思主义哲学现实化问题研究这一新的前沿领域。陶富源教授对马克思主义哲学研究的变化有着高度的敏感，并展开了富有学术深度的研究。诸如当代生活本质及其表现、当代精神生活建构、社会主义市场经济、当代中国民主政治和协商民主、生态文明、社会公平与正义等问题，在这套文集中皆有程度不同的探讨，由此彰显了这套文集出版的重要现实意义。

在现实中弘扬发展着的马克思主义

唐莉（合肥工业大学教授）

观照现实和强烈的问题意识是文集第一个鲜明特点。文集论域覆盖面非常广泛，涉及了马克思主义哲学中最核心的概念、范畴、原理，它们在文集中，环环相扣，逐步推进与深化。文集的字里行间蕴含着一种执着、浓烈的探求真理之精神。大多数论文都以提出问题开始，逐步展开分析，直至提出作者的见解。直面当代中国的现实问题，在各卷中都有不同程度的呈现。如关于社会主义改革理论、社会主义初级阶段的阶级论（第7卷）。再如正面回应西方马克思主义关于"人学的空场"时指出，马克思主义的终极关怀（人本性）与异化史观的人道主义是根本对立的。社会比人更根本，更具有基础性，应该从社会出发说明人性的变化，而不是从人性出发说明社会。以此为逻辑前提对科学发展观进行了哲学阐释（第3卷）。而《政治文明的哲学关照》（第8卷）、《精神家园的哲学守望》（第9卷）更是集中地体现了观照现实的精神。正如黄枬森教授在第3卷序言（2004）中所写的那样："以当代中国社会现实为立足点，以马克思主义为指导……提出了不少新鲜见解。……评说歧见、博采众长，阐明应持的观点。"陶富源教授用40多年的思想求索生动地践行了马克思的那句名言："哲学家们只是用不同的方式解释世界，而问题在于改变世界。"①

着力于马克思主义在当代的丰富与发展是文集第二个鲜明特点。这是观照现实所带来的必然成果。在文集的任何一卷都可找到丰富马克思主义的例证。如第3卷中："马克思主义哲学是唯物辩证法、实践主导论、个性自由论和自由社会论相统一的科学理论体系。这个关于马克思主义的本质规定，体现了马克思主义哲学的三大特性，即科学性、实践性、人本性及其统一。"主张"哲学是以人为中心的世界观理论，人学是关于人一般本性的理论""社会主义社会只有坚持集体主义，才能实现个体与群体的和谐发展"等，丰富和深化了关于马克思

---

① 《马克思恩格斯文集》第1卷，506页，北京：人民出版社，2009年。

主义哲学、马克思主义人学、集体主义等基本理论问题的内涵。再如第6卷中提出：唯物辩证论、历史辩证论、实践辩证论在根本上是一致的；唯物辩证论是历史辩证论与实践辩证论的逻辑依据，历史辩证论与实践辩证论是唯物辩证论的逻辑引申。以此为前提，提出辩证唯物主义与历史唯物主义的根本观点是同时产生的。世界是辩证统一的物质世界，是自在态、自为态、人工态三种物质形态的辩证统一体等，这些深化了对马克思主义哲学的理解。第7卷中提出：唯物史观作为马克思的伟大发现"不是对人的发现，也不是从观念、动机、个人行为层面对人的活动的发现，而是对人的活动规律的发现"。以实践主导论为逻辑前提，提出"社会实践是动态的社会存在""社会存在具有能动性"，这些观点应该是目前国内外关于唯物史观的研究成果中，最贴近马克思思想的诠释以及最清晰的说明。其中关于生产力的本质内涵、构成要素、系统结构、运动规律和发展动力的系统研究等，极大地丰富和发展了马克思主义关于生产力的理论。文集中所有这些关于马克思主义哲学实质的概括，用孙伯鍨的话说，一方面"言简意赅、一目了然"；另一方面，又"对既有的马克思主义哲学原理进行了创造性的理解和说明"。

坚持"在现实中发展着的马克思主义"，是文集第三个鲜明特点，即对马克思主义唯物辩证法的游刃有余的运用。10卷文集自始至终都贯穿着马克思主义的立场、观点和方法。而对马克思主义进行整体性研究，则是文集方法论的鲜明特征。尽管文集中的多数论题都是关于哲学的，但并没有就哲学谈论哲学问题，而是站在马克思主义思想体系的整体性高度进行研究。从时间维度上，文集把具体论题放在马克思主义发展史，乃至整个人类思想史中加以研究和考察；从空间维度上，一方面，文集把具体论题置于马克思主义思想体系结构中，即哲学、政治经济学、科学社会主义的内在逻辑联系中去研究；另一方面，则把具体论题置于当代西方马克思主义，以及各种思潮和流派的理论观点的比较中进行研判，从而实现了对马克思主义的守正与创新相统一的理解和阐释。

坚定文化自信　坚守哲学创造

戴兆国（安徽师范大学教授）

习近平总书记在《在哲学社会科学工作座谈会上的讲话》中指出，构建中国特色哲学社会科学要把握住三个主要方面，即体现继承性、民族性，原创性、时代性，系统性、专业性。这三个方面的统一，是中国特色哲学社会科学构建和发展的必然要求。

一、陶富源先生的哲学创作体现了继承性和民族性的统一

任何哲学的创造都是继承中的创造，都是在对前人接着讲、照着讲的基础上的反思着讲、创新着讲。那种简单地抱着"为学术而学术"的信念的人，并没有充分认识到学者所肩负的社会责任。"为天地立心，为生民立命"是哲学社会科学的题中之义。只有那些抱有家国情怀，直面现实问题，勇于参加实践的人，才能够真正做到为人民代言，为人民立言，为人民践言。整套文集的创作既有对传统马克思主义哲学乃至马克思主义基本理论的继承和发展，也有对当代中国马克思主义的继承和发展。曾几何时，历史虚无主义甚嚣尘上，陶富源老师就此撰文予以激烈的批判。在批判过程中，他充分运用唯物史观理论，并结合当代中国实际，揭示了历史虚无主义理论的荒谬性。类似的反思式的批判性论文在文集中随处可见。正如先生在文集总序中提到的那样，他信奉马克思主义哲学，但也知道马克思主义哲学会随着时代的变化而发展。它的某些具体结论和具体原理，有的可能有错，而被证伪，有的也会过时，而被取代，但其基本原理具有持久的生命力，是不会从根本上被驳倒、被推翻的，因而是必须坚持的。我想这样的态度就是继承性和民族性的统一。

二、陶富源先生的哲学创作体现了原创性和时代性的统一

原创性就是要有主体性，通俗地说，就是要有志气和信心。马克思曾经指出，真正的哲学是时代精神的精华，我们要做哲学的同时代人，而不仅仅是历史的同时代人。陶富源先生时常激励我们，希望我们有学术的志气和信心。陶老师曾经对我说，我们能不能创造安徽师

范大学哲学学派？我说应该能够。文集的出版对此作出了最好的解答。我校哲学学科更老一辈的学者文秉模先生和方永祥先生也多次对我说，学哲学的人要有自信和志气，要敢于言他人所未言，行他人所未行。去年刚刚放下教鞭的臧宏先生多次对我说，陶老师是一个能够受得住寂寞的人，是一个能够做出学问的人。臧宏先生自己也一样，虽然已经80多岁，但仍然笔耕不辍。他对儒释道贯通的研究成果虽然还未出版，但其所形成的哲学架构已经基本完成。在他们的影响下，安徽师范大学一大批中青年哲学研究工作者，在哲学研究领域正在形成各自的理论风格。在这样浓厚的哲学思考的氛围中，陶富源老师的哲学创造自然有着源源不竭的动力。陶老师说他出身平凡，但他却始终以关心时代为己任。正是本着这种文化自信，陶老师回顾自己几十年的哲学研究时说，他的哲学思考时时想到国家，想到社会，想到自己的责任，因而对治学始终持一种认真的态度，并以能为马克思主义哲学的宣传和发展尽自己的一点微力，而感到欣慰。

三、陶富源先生的哲学创作体现了系统性和专业性的统一

人类对哲学的反思永远是未竟的事业。哲学研究的系统性要求研究者有发展的眼光和世界的视野。陶富源老师早年的哲学研究也曾受到苏联教科书的影响，带有特定时代的痕迹。陶老师为了掌握第一手资料，自己专门出版了俄文的翻译著作。后期研究过程中还经常关注现代西方哲学的最新研究成果，以及中国传统哲学的典籍。他虽然以马克思主义哲学作为自己研究的重心，但任何涉及哲学的话题他都积极关注。文集十卷本中既有对马克思主义哲学的系统考察的论文和专著，也有对西方哲学、中国哲学中思想家的分析和解说；既有对传统哲学问题的追问，也有对改革开放以来出现的各种新的哲学问题的沉思。除此之外，文集对哲学教育、青年人的成长成才等问题也有专门的讨论篇章。文集蕴含的理论丰富，内容充实，反映了一个哲学家甘于寂寞、勇于坚守的志气和哲学思想创造的自信，体现了哲学研究的系统性和专业性的统一。

贴近时代的哲学

葛贤平（铜陵学院教授）

我国马克思主义哲学的发展历程，大体上有一个较为清晰的脉络，那就是改革开放前过多强调唯物原则，比较忽视实践原则；过多强调客体原则，比较忽视主体原则；过多强调真理原则，比较忽视价值原则。即"三个过多，三个忽视"的问题。20世纪80年代中期以后，学界在深入反思并取得不少学术成果的同时，却也走向了"实践本体论""唯主体论"和"唯价值论"的另一个极端。

在此背景下，陶先生明确提出了要自觉坚持唯物原则与实践原则、主体原则与客体原则、真理原则与价值原则的辩证统一。这三个辩证统一现在看来人所共知，但在30多年前提出来，是需要底气、勇气和智慧的。在理论推进的浪潮中，先生没有停留在一般原则上，而是深入思考如何把这些原则贯彻到哲学原理中并指导实践。

实践本体论是20世纪80年代中期开始并延续多年的，是在关于辩证唯物主义和实践唯物主义关系的讨论中，一些论者提出的一个理论观点。鉴于以往哲学教科书对马克思主义哲学本质精神理解的偏颇，和对这种偏颇所做的过度反拨的"实践本体论"，为了正本清源，先生以《关于费尔巴哈的提纲》作为理论源头，在文集第2卷，以及其他卷的多篇论文中系统地阐述了实践主导论的观点。先生认为，哲学的变革从根本方面来说，是指符合时代进步要求的哲学主导原则的转换，辩证唯物主义的顶层设计是世界观，其子层是自然观、历史观、人观、认识观、价值观和方法观，这些层次相互交结，并为之旋转的枢纽叫科学的实践观，实践观点所发挥的这种作用，可以被称为实践主导论。先生认为，要把实践唯物主义、历史唯物主义、辩证唯物主义等马克思主义哲学的不同称谓做统一的而不是相互排斥的理解。

早在1983年，先生在《哲学研究》上撰文提出，必须从作为主体的社会的人与作为客体的自然界的关系出发，来探讨认识的源泉。前者是认识起源的自然基础，后者则是认识起源的社会实践基础，其中实践的作用是第一位的、基本的。

陶先生还认为，社会关系的形成要从客体向度、主体向度及其统一中去加以说明。社会关系是客体，人是主体；社会关系的内容是客观的，但其形式要依靠主体的人的实践来赋予，来实现。从主体向度来说，强制、契约、情感是社会关系形成的三种方式。

在生产力与主体的关系方面，陶先生早在1990年主编的《现代生产力发展概论》一书中便有涉及，后又围绕生产力主题发表了十多篇文章，阐述了许多创新观点。比如说，他提出生产力要素可以划分为劳动主体、工具系统、能源系统、基础设施、原材料、科学技术、生产信息、生产管理、现代教育等九个要素。在30年前先生就明确指出了管理、信息、教育这些要素的作用，在当时具有超前性和创新性。先生还提出，需要和利益是劳动者主体积极性的源泉，坚持利益与劳动的直联、正比关系，这与当前解决贫富差距，确立劳动报酬在整个分配体系中比重的方向一致。

关于外因作用的两种形式，他早在1993年就撰文提出，外因作为条件通过内因而起作用这是一种形式，而外因经过内化而起作用，这也是一种普遍性存在，特别是表现在人际关系方面。

改革开放以来，我国马克思主义价值论的研究取得了不小的成就，但在价值本质、价值评价、价值选择和价值创新等一些基本理论方面，以及如何看待"普世价值"等问题上，还需要澄清是非，深化认识。而唯主体价值论把价值生成归结为主体，认为客体是否有意义，有多大意义，完全取决于主体对客体之意义的给予。这种观点在肯定主体在价值生成中作用的同时，走向了极端。先生在文集第1卷明确提出，真理原则与价值原则是在人类实践、人类利益、人类理想这三个客观基础上的有机统一。

关于"普世价值"，先生在文集第9卷中提出，不能把普世需要同"普世价值"，普遍价值和"普世价值"混为一谈。普遍价值是相对的，是相对于特殊价值而言的，没有离开特殊价值且不受其制约的"普世价值"；相对于不同层次的价值特殊性，其价值普遍性的内涵是不同的；相对于一定层次的价值特殊性的价值普遍性是客观存在的，是底线价值；任何层次的普遍价值，其形成的根据在于：该层次上各种主体价值的整体关联性。这对我们当前正确认识和弘扬社会主义核心价值观具有重要指导意义。

守正与创新的辩证统一

陶庭马（皖南医学院副教授）、张涛（安徽师范大学讲师）

陶富源先生始终以战斗的唯物主义精神进行马克思主义研究，他的研究既坚持马克思主义基本原理，又推进了马克思主义哲学的丰富和发展。可以这样概括其哲学研究的特质：守正与创新的统一。

第一，马克思主义唯物论是辩证物质本体论。这是关于马克思主义唯物论的新说明。陶先生通过对物质具体形态及其统一性、物质观与实践观的辩证统一，以及马克思主义哲学本体论是辩证物质本体论等的具体分析讲清楚了"物"。在他看来，物质的具体形态包括自在态物质、自为态物质和人工态物质三类。自在态物质是指尚未被人类作用和改造过的，以自在自然为形态表现的物质；自为态物质是指创造对象同时也创造自身的从事实践活动的人，或人的实践活动；人工态物质是指作为人的实践所生成的人工自然物，形成的社会关系、社会组织和生成着的人自身。三者尽管各自有各自的特点，但它们都是物质的具体表现形态，都统一于物质，即客观实在性。自在态物质、自为态物质、人工态物质三者，是在人的能动的实践活动中实现的辩证历史发展中的物质统一。人如果只具有动物的本能，而没有能动的实践，那么自在态物质就永远不会产生出自为态物质与人工态物质。不仅如此，作为自在态物质的死的历史，在积淀和转化为人的实践活动的环境和对象的过程中，也就变成了通过实践呈现和展开的，对人来说的活的历史，即通过实践复活了既往的历史，又开创了新的历史。因此，世界的物质统一性和永恒运动性，对人来说，是通过实践活动获得现实展示的能动的辩证的历史的统一。也就是说，实践活动不仅自身具有物质性，以物质统一性为前提；而且，更需要强调的是，实践活动又是物质客观性的能动展示和退后证明。

第二，马克思主义辩证法是过程辩证法与系统辩证法的统一。这是关于马克思主义辩证法的新概括。以往我们讲辩证法侧重讲运动、变化、发展的过程辩证法，但陶富源先生讲辩证法有一体两面，即辩证法体现为过程辩证法和系统辩证法两个方面，是这两个方面的有机统一。过程辩证法是对唯物辩证法的纵向展开，系统辩证法是对唯物辩证法的横向展开。过程辩证法和系统辩证法，共同统一于唯物辩证法的联系范畴，既以联系范畴为逻辑根据，又是联系范畴的展开和具体化。由这一点所决定，过程辩证法和系统辩证法在内容上也是互相依赖、互相渗透、互为补充的。

第三，马克思主义认识论的四层次理论。这是关于马克思主义认识论逻辑体系的新构建。陶先生认为，马克思主义认识论自身是由若干层次构成的理论体系。这些层次包括四个方面，即逻辑根据层次、基础核心层次、内在机制层次和微观展开层次。逻辑根据层次是关于物质和精神关系问题的辩证唯物主义说明：物质决定精神，精神又反作用于物质，即"物质→精神→物质"。物质如何决定精神，精神又如何反作用于物质？对于这个问题的科学解答又引申出了关于实践与认识关系的辩证唯物主义说明，即认识从实践中来，又回到实践中去。由此，"实践→认识→实践"就成为马克思主义认识论的基础核心层次。认识如何从实践中来，又如何回到实践中去，即认识从实践中产生的机制，以及认识指导实践的机制分别又是什么？对于这样两个互相联系的问题的回答，又引申出了认识在实践基础上通过反映形成观念，又在一定观念指导下，通过设计去指导和规范实践的逻辑结论。于是，"反映→观念→设计"也就成为马克思主义认识论的内在机制层次。反映通过某些形式或认识阶段形成观念，由此引申出了感性、理性、统性等三种认识形式或三个认识阶段的理论，它们构成了反映的三个子层次；观念从内容来说，又表现为认知观念、价值观念和审美观念等三层内容，它们构成了观念的三个子层次；设计的具体步骤又可分为确立目标、选择方案和制订计划等三个环节，它们是设计的三个子层次。以上三个方面所包含的若干子层次，是马克思主义认识论的微观展开层次。

第四，马克思主义哲学的本质精神是实践主导的辩证唯物主义。这是关于马克思主义哲学本质精神的新揭示。陶先生把马克思主义哲学的本质精神概括表述为实践主导的辩证唯物主义。基本内涵可以归纳为以下三个方面。其一，实践主导的辩证唯物主义是关于以实践为主导环节，能动呈现和展示客观世界辩证运动的科学世界观理论。其二，实践主导的辩证唯物主义是关于以实践为首要基础能动反映世界，又通过观念设计去能动改造世界的科学认识论理论。其三，实践主导的辩证唯物主义是关于以实践为根本道路实现个性自由和自由社会的科学价值观理论。坚持实践主导的辩证唯物主义，对深刻把握马克思主义哲学革命的实质和根本精神，以及在当代条件下坚持和发展马克思主义哲学，都是具有根本意义的。

第五，马克思主义哲学结构是社会解放论和生态建设论的统一。这是关于马克思主义哲学结构的新理解。陶先生认为，马克思主义哲学是二维结构，即社会解放论和生态建设论的有机统一。由于自然史和人类史相互制约，因此人的存在、人的处境，也就具有了双重关系，或曰双重矛盾。一是人与人的矛盾，二是人与自然的矛盾。这两个矛盾互为条件、相互交织。人的这种双重处境和人的这种双重性质，从根本上决定了人的彻底解放的科学，必然是以解决人与人的矛盾为旨归的社会解放论，和以解决人与自然的矛盾为旨归的生态建设论相统一的理论。马克思主义哲学是关于人的彻底解放的科学。这里的彻底解放，主要是指要把人从资本价值主导的生产和消费方式所造成的人剥削人的关系中彻底解放出来；同时也是指，要从这种方式所造成的人与自然的负面关系中彻底解放出来。前一个解放是通过社会变革来进行的，因而可称之为社会变革论，或社会解放论。后一个解放是以前一个解放为前提，主要是通过生态建设来实现的，于是可称之为生态建设论，或生态文明建设论。马克思主义哲学人的彻底解放学说形成了这样一个主辅统一的二维结构，人类史与自然史的相互制约，以及以这种相互制约为基础的人的生活处境的双重矛盾，正是这种双重矛盾决定了马克思主义哲学的二维结构是其本然的存在。

陶先生在学术探索中，始终秉承这样的原则：既坚持马克思主义基本原理，又根据现实的实践来丰富发展之。除了上述五个方面外，类似的例子还有很多，比如他提出矛盾只能一分为二，事物可以一分为三，要从客体向度、主体向度及其统一向度去说明社会关系的形成，等等。总之，坚持守正与创新的辩证统一是陶先生哲学研究的一大特色。

砥砺名行*

欢迎辞——欢迎诸位学者的光临指导

尊敬的各位领导和哲学同仁：

大家下午好！

今天，这里高朋满座，令人欣喜。欢迎大家的光临！近一段时间以来，有三件事出乎我的意料。一是我工作的安徽师范大学政治学院的领导，把我的文集出版，视为学院工作中的一件大事、盛事，如此重视，这是我没有想到的。二是筹备和召开这样一个关于个人学术思想的研讨会，这在我院60多年历史上还是首次。邀请到这么多知名的省内外专家、媒体记者与会，我校党委宣传部、科技处、出版社的领导也亲临指导，如此大的动静，这是我没有预料到的。三是一个多月前，学院领导出面，先是电话邀请今天在座的专家学者前来与会，事后他们告诉我，专家们十分热情，一口应允，有的人还说了一些感人肺腑、在我看来有些言重的话，这份学术情谊令我感动，也出乎我的意料。

我的这一套文集今天能以这样一个面貌呈现在诸位面前，得到了学校王伦校长的关心。一年前的今天，我向王校长提交了一份出版经费申请书。王校长接过申请书，浏览了一下，当即在上面批示：学校支持此事，请从校长机动经费中支持20万元，并签上了自己的大名。此事也得到了政治学院领导、科技处领导、安师大出版社、学界同仁、我的学生和我的家人的鼓励和支持。在这里，借此机会，对各方的关心和支持表示衷心的感谢。

---

* "陶富源先生学术思想研讨会暨《陶富源文集》十卷本出版首发式"的欢迎辞和答谢辞。

会议的主题是关于我的学术思想研讨会，作为当事人，作为哲学研究者，学术思想或学术见解无疑是有一些的，至于这些思想和见解的对错如何、有多少真理性，以及其价值几许等问题，自己说了不算，最有发言权的还是作为同行的专家、学者。因此，在这里，感谢学院领导提供了这样一个学术交流的平台，使我获得了一个向诸位学习的极好机会。恳请与会的诸位畅所欲言，不吝指点。

谢谢！

答谢辞——感谢诸位学者的鼓励鞭策

尊敬的各位领导和哲学界同仁：

刚才听了诸位发自内心的、十分精彩的发言，我思绪涌动，心潮难平。感谢诸位对我的科研成果的肯定，特别是在座的有好几位专家是哲学界学养深厚的厉害角色，能获得你们的认可，对我来说，特别值得高兴。不过，我的科研成绩并没有诸位赞扬的那么大，那么好！对于大家的厚爱、高抬、过誉，我除了表示感谢之外，还将视为对自己的一种鼓励和鞭策。

近一些年，有一些新老朋友不止一次地问我，写了几十年了，退休了，还在写写写，为啥把自己搞得这么累？仔细想来，这是习惯和兴趣，但主要还是信仰和责任使然。

所谓信仰是指，我坚信，在当代众多哲学中，马克思主义哲学仍然是最科学、最有魅力、最管用的哲学。用一句文学的语言来说，它是我心中的太阳。

由于有了这种信仰，因而心中常怀一种冲动，即老是想着，要为马克思主义哲学的当代发展做点什么。或者说，在马克思主义哲学的指导下，通过哲学的研究和书写，要为表现当代中国的尊严与自信、豪迈与梦想做点什么，并把它视为自己的一种责任和担当。幸运的是，在这条道路上，我并不孤单，而是朋友多多。这使我获得了鼓舞和力量。

我今年七十有二，常有朋友提醒或祝愿，要保重身体。我认为，这很重要。除了要合理安排膳食、锻炼和休息等事项以外，我以为，对老年学者来说，在身体条件允许的情况下，利用平生所学所思，继续做一些有益于学术、有益于后辈的事，不仅是完全应该，而且也是一种养身之道。故而，我当以此自勉自励。

最后，再次感谢诸位饱含情谊、富有品位、令我感动的发言。